222

Voies vers Soi

Le guide pratique de transformation personnelle

Ferhat REHANE
2025

ISBN : 978-2-3225-7847-4

© Ferhat REHANE 2025
Juin 2025

Édition : BoD · Books on Demand, 31 avenue Saint-Rémy, 57600 Forbach, bod@bod.fr
Impression : Libri Plureos GmbH, Friedensallee 273, 22763 Hamburg (Allemagne)
Dépôt légal : Juin 2025

Table des matières

Méditations & Pleine Conscience 19

- Exercice 1 — Méditation sonore de l'Anahat Nad............................ 19
- Exercice 2 — Méditation du Tambour Chamanique Intérieur.......... 20
- Exercice 3 — Méditation sonore du OM... 21
- Exercice 4 — La Pleine Conscience des Goûts et des Textures 22
- Exercice 5 — Contemplation de l'aube et du crépuscule 24
- Exercice 6 — Méditation du son primordial 25
- Exercice 7 — La pratique du Conseil des Sages Intérieurs 27
- Exercice 8 — Méditation vibratoire par le chant des voyelles.......... 28
- Exercice 9 — Le défusing des pensées auto-agressives.................... 30
- Exercice 10 — Le Pardon en Actes 31
- Exercice 11 — Contemplation d'un paysage naturel......................... 33
- Exercice 12 — La Contemplation des Souffrances du Monde 34
- Exercice 13 — Méditation de l'étoile d'or... 36
- Exercice 14 — Accordage somato-psychique par la Méthode Danis Bois... 37
- Exercice 15 — Méditation de la respiration consciente.................... 39
- Exercice 16 — Méditation de la cascade purificatrice...................... 40
- Exercice 17 — L'exercice du "Je te comprends..." (CNV)............... 41
- Exercice 18 — Méditation des sphères de couleurs.......................... 42
- Exercice 19 — Plongeon Contemplatif d'un Pétale 44
- Exercice 20 — Le nettoyage énergétique par les courants telluriques 45
- Exercice 21 — Le désamorçage des croyances auto-sabotantes 46
- Exercice 22 — Le Désamorçage des Pensées Catastrophiques 47
- Exercice 23 — Exploration d'un souvenir positif avec les 5 sens.... 48

Exercice 24 — L'exercice du feed-back positif authentique............ 50

Exercice 25 — L'Exercice d'attention consciente à la nature........... 51

Exercice 26 — Étirements et assouplissements en conscience 53

Exercice 27 — La Communication Non Violente(CNV)................ 55

Exercice 28 — Le Body Scan de la Détente Profonde 56

Exercice 29 — La pratique de la médiation consciente 58

Exercice 30 — La Psychothérapie Intégrative (approche de Richard Meyer) 60

Exercice 31 — La lettre de pardon radical à un proche................... 62

Exercice 32 — L'Exercice du "Et si..." (Sid Meier) 64

Exercice 33 — La Lettre au Futur Soi 66

Exercice 34 - La Pratique des Cercles de Parole............................... 67

Exercice 35 — Répétition mentale d'une performance sportive 69

Exercice 36 — Projection dans le corps d'un être totémique 70

Exercice 37 — Projection dans un futur inspirant........................... 71

Exercice 38 — Visualisation de la flamme violette........................... 72

Exercice 39 — L'écriture émotionnelle libératrice........................... 74

Exercice 40 — Contemplation d'un mandala 76

Exercice 41 — Méditation marchée en pleine conscience............... 78

Exercice 42 — L'Acte créateur dédié au Divin................................. 79

Exercice 43 — Méditation du Tai Chi 81

Exercice 44 — La Méditation de Tonglen pour l'Humanité 82

Exercice 45 — La Méditation de la Présence bienveillante.............. 84

Exercice 46 — Méditation du Mandala humain.............................. 86

Exercice 47 — Méditation du Yoga des yeux................................... 87

Exercice 48 — L'Autel des Beautés du Quotidien............................ 89

Exercice 49 — La Pêche aux Insights 90

Exercice 50 — La Prière d'abandon du Soi dans le Divin 91

Exercice 51 — La pratique du Ho'oponopono 92

Exercice 52 — Méditation de la présence absolue 94

Exercice 53 — Méditation de la vision pénétrante 95

Exercice 54 — Méditation sur un objet (bougie, pierre, etc.) 96

Exercice 55 — Méditation des sons extérieurs 98

Exercice 56 — Méditation de l'espace entre les pensées 99

Exercice 57 — Contemplation du feu de camp 100

Exercice 58 — Méditation de l'impermanence 101

Exercice 59 — Méditation des cinq éléments 103

Exercice 60 — Contemplation des cycles lunaires 104

Exercice 61 — Méditation de la prairie fleurie 105

Exercice 62 — La contemplation de l'humanité partagée en chacun 106

Exercice 63 — Méditation du vide fertile 108

Exercice 64 — Contemplation du fil d'Ariane intérieur 109

Exercice 65 — Méditation de la pleine conscience (sensations corporelles) 111

Exercice 66 — L'Exercice d'expansion de la Conscience cosmique 112

Exercice 67 — La Méditation de la Bonté Impartiale 114

Exercice 68 — Méditation du sourire intérieur 115

Exercice 69 — Méditation de l'amour bienveillant pour soi 116

Exercice 70 — Méditation de la bienveillance aimante (Metta) 117

Exercice 71 — La méditation poétique 119

Exercice 72 — Méditation de la lumière intérieure 120

Exercice 73 — Méditation sonore des mantras-semences (Bîja)... 122

Exercice 74 — L'Art de la pause sacrée au cœur de l'action 123

Respiration & Énergie Vitale 126

Exercice 75 — Le Qi Gong des Organes Vitaux 126

Exercice 76 - La Respiration Consciente de la Graine 127

Exercice 77 — Initiation à la respiration holotrope 129

Exercice 78 — La Cohérence Cardiaque 130

Exercice 79 — Respiration du souffle de feu (Kapalabhati) 131

Exercice 80 — Respiration alternée des narines (Nadi Shodana).. 132

Exercice 81 — Respiration abdominale inversée 133

Exercice 82 — Conscience du souffle et ouverture du cœur 134

Exercice 83 — Respiration des Cinq Souffles Alchimiques 135

Exercice 84 — Assise immobile du souffle naturel 136

Exercice 85 — Réveil de l'énergie vitale par la respiration embryonnaire 137

Exercice 86 — Respiration du souffle du cœur 139

Exercice 87 — Pranayama du souffle égal (SamaVritti) 140

Exercice 88 — Respiration de l'infini 141

Exercice 89 — Méditation du lac tranquille 143

Exercice 90 — Respiration des 3 étages (ventrale, thoracique, claviculaire) 144

Exercice 91 — Automassages énergétiques des méridiens 146

Exercice 92 — Exploration du souffle circulaire continu 148

Exercice 93 — Respiration fractionnée du Pranayama 149

Exercice 94 — Tonification globale par le Wai Tan Kung 151

Exercice 95 — Circulation du Qi dans les méridiens 153

Exercice 96 — Oscillation respiratoire et équilibre du Qi 154

Exercice 97 — Déblocage énergétique par le Do-In 155

Exercice 98 — La Bioénergie (méthode de Alexander Lowen) 157

Mouvement Conscient & Corps 160

Exercice 99 — Mouvements énergétiques des mains 160

Exercice 100 — La pratique du Namaste (salutation à la lumière) 162

Exercice 101 — Exercices de renforcement musculaire conscient 163

Exercice 102 — Éveil corporel par le Body-Mind Centering 165

Exercice 103 — La Danse de la Victoire 166

Exercice 104 — Mouvement authentique (Authentic Movement) 167

Exercice 105 — Les Salutations au Soleil 168

Exercice 106 — Le Yoga du Rire 169

Exercice 107 — Le Hatha Yoga des Émotions 171

Exercice 108 — Danse des 5 rythmes de Gabrielle Roth 172

Exercice 109 — La photographie contemplative au fil d'une marche 173

Exercice 110 — Reliance au vivant par la Biodanza 174

Exercice 111 — Exploration sensorielle par le Contact Improvisation 176

Exercice 112 — La danse libre 178

Sons, Vibrations & Mantras 181

Exercice 113 — La sculpture de totems personnels 181

Exercice 114 — La composition spontanée au piano (ou autre instrument) 182

Exercice 115 — Exploration des sons et chants intuitifs 183

Exercice 116 — Harmonisation sonore des centres énergétiques subtils 185

Exercice 117 — L'écriture créative de son mythe personnel 187

Exercice 118 — Chant diphonique harmonisant 189

Exercice 119 — Le Bain de Forêt (ShinrinYoku) 190

Exercice 120 — La lettre à son enfant intérieur blessé 193

Exercice 121 — Le rituel de réconciliation avec son corps 194

Exercice 122 — Chant des ragas indiens 196

Exercice 123 — L'Art du Pistage Animal 198

Exercice 124 — La calligraphie et les mantras visuels 200

Exercice 125 — Le chant spontané 202

Exercice 126 — Visualisation de l'arbre intérieur 204

Exercice 127 — Purification énergétique par les Sons de guérison 206

Exercice 128 — L'accueil bienveillant des sub-personnalités 207

Exercice 129 — Voyage intérieur dans un paysage de guérison 209

Exercice 130 — Rituel d'Écriture de sa Légende Personnelle 210

Exercice 131 — La Visualisation de son Lieu de Sérénité 211

Exercice 132 — Visualisation du fil d'or de son identité profonde 212

Exercice 133 — Visualisation d'autoguérison d'une partie du corps 214

Exercice 134 — Cérémonie du pardon au fil des saisons 216

Exercice 135 — La métaphore narrative de guérison émotionnelle 217

Exercice 136 — Vocalisation des sons thérapeutiques 219

Visualisation & Imagination Créatrice 222

Exercice 137 — Cérémonie chamanique de la hutte de sudation . 222

Exercice 138 — Activation onirique d'un souvenir ressource 223

Exercice 139 — Visualisation d'expansion et de contraction de l'aura 225

Exercice 140 — Visualisation des perles de lumières 226

Exercice 141 — Visualisation d'un bouclier de protection psychique 228

Exercice 142 — Visualisation d'harmonisation des polarités intérieures 229

Exercice 143 — Invocation visuelle des forces de la nature 231

Exercice 144 — Imagerie mentale à partir d'un support visuel inspirant 232

Exercice 145 — La Gestalt-thérapie des rêves récurrents 234

Exercice 146 — Imagerie mentale d'un paysage de sérénité 235

Exercice 147 — Visualisation créatrice d'un projet ou d'un souhait 237

Exercice 148 — Visualisation des Lettres de Feu 238

Exercice 149 — Visualisation du Bouclier de Roses 239

Exercice 150 — Rencontre onirique avec un guide intérieur 241

Exercice 151 — Le Festin Sensoriel Imaginaire 242

Exercice 152 — Le Voyage Chamanique 243

Exercice 153 — Cérémonie d'offrandes à la Pachamama 245

Exercice 154 — Visualisation du chemin de vie et ses étapes clés 246

Exercice 155 — Visualisation de la spirale d'ADN éveillée 247

Exercice 156 — Visualisation de sa pierre de naissance et ses qualités 249

Exercice 157 — La Visualisation créatrice d'une journée idéale ... 250

Exercice 158 — Visualisation purificatrice d'un océan de lumière blanche 252

Exercice 159 — Imagerie mentale à partir d'un texte poétique..... 253

Art & Créativité Intuitive 257

Exercice 160 — Le Collage Intuitif 257

Exercice 161 — Les Asanas de l'Acceptation 258

Exercice 162 — Le Land Art éphémère et naturel 259

Exercice 163 — L'exploration intuitive de la peinture 260

Exercice 164 — Le tissage intuitif de fibres naturelles 261

Exercice 165 — Le modelage de formes organiques en argile 263

Exercice 166 — La peinture intuitive et méditative 264

Exercice 167 — Le dessin spontané 266

Exercice 168 — L'improvisation théâtrale 268

Exercice 169 — La création de bijoux naturels et symboliques 270

Exercice 170 — La carte aux trésors des émotions 272

Exercice 171 — La Cérémonie des Quatre Directions 274

Exercice 172 — L'exploration du clair-obscur en dessin 276

Exercice 173 — Le dialogue créatif entre 2 médiums artistiques .. 277

Exercice 174 — Méditation de la Montagne 278

Exercice 175 — L'écriture sous contrainte littéraire (Oulipo) 280

Exercice 176 — Rituel de consécration d'un objet de pouvoir 281

Exercice 177 — L'écriture intuitive 283

Exercice 178 — Le haïku et la poésie contemplative 284

Exercice 179 — Le Morning Pages (Julia Cameron) 286

Rituels & Cérémonies 289

Exercice 180 — L'Oracle des Synchronicités 289

Exercice 181 — Cérémonie de purification par les encens sacrés . 290

Exercice 182 — Rituel de passage des âges de la vie 291

Exercice 183 — Rituel du feu intérieur 293

Exercice 184 — Purification respiratoire des sinus (Jala Neti) 294

Exercice 185 — Rituel du cacao sacré 296

Exercice 186 — Les rituels de reliance en groupe 298

Exercice 187 — Rituel de Sourire au Monde 299

Exercice 188 — Rituel de la pleine lune 300

Exercice 189 — Rituel d'abondance et de prospérité 301

Exercice 190 — Rituel de nouvelle lune 303

Exercice 191 — Rituel de reconnexion avec les ancêtres 304

Exercice 192 — Rituel de libération des schémas de vie limitants 306

Exercice 193 — Rituel thérapeutique du Reiki 307

Exercice 194 — Rituel d'engagement des vœux du cœur 308

Exercice 195 — La Célébration des petites victoires du quotidien
.... 310

Exercice 196 — Le Journal des Petits Miracles 311

Exercice 197 — Le Yoga Nidra des Rêves Éveillés 312

Exercice 198 — Les rituels de deuil et de libération 313

Épanouissement Personnel & Relations Harmonieuses 317

Exercice 199 — Les constellations familiales en figurines 317

Exercice 200 — L'ancrage dans "l'ici et maintenant" au cœur du projet 318

Exercice 201 — L'EFT des émotions difficiles 320

Exercice 202 — L'Ancrage du Guerrier Pacifique 321

Exercice 203 — L'Ancrage des 5 Éléments 323

Exercice 204 — Harmonisation émotionnelle par la gamme des soupirs 325

Exercice 205 — Rituel de renouveau au lever du soleil 326

Exercice 206 — L'accueil bienveillant des polarités intérieures 328

Exercice 207 — Ancrage tellurique et rayonnement céleste 330

Exercice 208 — L'exercice du témoin éveillé (en situations relationnelles) 331

Exercice 209 — La transmutation alchimique des blessures en forces 333

Exercice 210 — Le Dialogue Intérieur 334

Exercice 211 — La Méthode Sedona 336

Exercice 212 — La pratique du rire libérateur 338

Exercice 213 — La Pratique du Témoin dans l'action 340

Exercice 214 — L'Ancrage des Ressources Positives 341

Exercice 215 — L'exercice de gratitude envers ses émotions 342

Exercice 216 — Le Regard Compatissant 344

Exercice 217 — Visualisation purificatrice d'une vague d'amour cosmique 345

Exercice 218 — L'Écoute Empathique en Binôme 346

Exercice 219 — La pratique du Volontariat conscient 348

Exercice 220 — Rituel de gratitude matinal 349

Exercice 221 — L'écriture d'une lettre de gratitude vivante (à transmettre) 351

Exercice 222 — Les Actes de Gentillesse Aléatoires (AGA) 352

Conclusion 354

Pour aller plus loin: 355

« *Qui regarde dehors rêve, qui regarde dedans s'éveille.* »
Carl Gustav Jung

Introduction

Combien de fois avons-nous refermé un livre de développement personnel en nous demandant : "Et maintenant, que faire concrètement ?". Tel un chercheur d'or qui rentre bredouille après avoir parcouru des kilomètres et sillonné des rivières à la recherche de la fameuse pépite qui va changer sa vie, nous restons souvent sur notre faim malgré des heures de lecture. Les belles théories s'envolent, les concepts s'évaporent. **Ce qui compte vraiment, c'est ce que nous vivons dans notre chair.** Ce qui demeure gravé, et il en reste malheureusement très peu.

C'est exactement ce qui m'a poussé à écrire ce livre différent des tous ce que vous avez déjà lu. Vous avez entre les mains **222 pratiques concrètes** – exercices, rituels, méthodes et protocoles – choisies pour une raison simple : elles marchent. Chacune vous ouvre une porte vers une expérience réelle : apprendre à respirer autrement, bouger avec conscience, écrire depuis votre intuition, créer des rituels personnels, visualiser avec puissance, méditer par le son, incarner la gratitude au quotidien et bien plus.

J'ai gardé juste ce qu'il faut d'explications théoriques pour que vous compreniez l'essentiel. Le reste, c'est à vous de le découvrir en pratiquant, encore et encore, en ajustant selon votre personnalité et vos besoins.

Ces pratiques viennent d'horizons très variés : yoga tantrique, sagesses amérindiennes, rites de passage, neurosciences, psychologie humaniste, arts créatifs, management conscient. Cette richesse reflète une vérité simple : nous sommes des êtres complets où corps, émotions, mental, énergie et esprit dansent ensemble.

Comment tirer parti de ce livre ?

Suivez votre instinct du moment. Feuilletez, laissez-vous attirer par un titre, une image qui vous parle, une vibration particulière.

Tenez un carnet de bord. Notez vos intentions avant de commencer, ce que vous ressentez pendant et après, ce que vous apprenez. L'écriture ancre vos transformations.

Donnez sa chance à chaque pratique. Une technique révèle sa profondeur avec le temps. Accordez-lui le temps nécessaire avant de la juger. Laissez-la agir.

Écoutez-vous vraiment : votre souffle, vos muscles, votre humeur. Si un exercice vous met mal à l'aise et que cela dure, faites une pause ; au besoin, tournez-vous vers un professionnel compétent.

Ce livre, pensez-le comme un atelier en libre-service. Que vous accompagniez des clients, formiez des élèves ou cherchiez simplement à grandir, piochez l'outil qui résonne, laissez de côté celui qui ne vous parle pas et revenez-y plus tard. Le secret n'est pas de tout essayer ; c'est de choisir, à chaque instant, la pratique juste pour la bonne personne.

Dans notre époque paradoxale où l'humanité n'a jamais connu autant de confort matériel tout en ressentant un tel manque de sens et de joie, ces expériences agissent comme des cristaux de cohérence. Chacune condense des siècles de sagesse dans des gestes précis, immédiats, que vous pouvez pratiquer et transmettre à votre tour.

Je ne prêche ni la "performance" spirituelle ni l'"abondance" comme une obsession. Je reconnais simplement **votre légitime désir d'aller mieux** et la nécessité de passer des bonnes intentions aux actes concrets. Là où une belle histoire nous touche quelques heures, **une expérience vécue laisse une empreinte durable dans notre mémoire corporelle.** Comme dit Goethe *"La connaissance véritable est celle qui devient chair et sang."*

Puissiez-vous découvrir dans ces pages **les techniques qui vous parlent**, les adapter à votre manière, les partager autour de vous, et surtout les vivre pleinement. Chacune est un pas vers une humanité plus consciente, plus aimante, plus créatrice. N'oubliez jamais : votre propre transformation rayonne sur le monde entier.

Prenez votre tamis d'explorateur, plongez dans cette rivière de pratiques. Les pépites sont déjà là, qui scintillent sous la surface. À vous de les saisir, de les polir, et d'en faire la lumière qui éclairera votre chemin.

Ferhat REHANE

Méditations
& Pleine Conscience

Méditations & Pleine Conscience

Exercice 1 — Méditation sonore de l'Anahat Nad

Description :

Une méditation utilisant le son intérieur subtil (Anahat Nad) pour se relier à l'essence vibratoire de l'être et transcender le mental.

Instructions

1. Asseyez-vous en posture de méditation, le dos droit, les yeux fermés, les mains posées sur les genoux. Détendez tout votre corps en respirant calmement et profondément.

2. Portez votre attention sur l'espace entre vos sourcils ; c'est là qu'on situe le troisième œil. Écoutez attentivement les sons qui vous entourent, les plus proches comme les plus lointains. Sans les juger, prenez-en simplement conscience.

3. Puis écoutez les sons de votre corps : le souffle, le cœur, la digestion, la circulation... Accueillez ce bruissement de vie en vous.

4. Allez plus profondément à l'écoute du silence. Dans l'espace entre les sons, dans les interstices. Entendez-vous un son très subtil, continu, comme une vibration de fond ?

5. Ce son primordial est appelé l'Anahat Nad, la vibration non frappée, non produite par un choc. Elle émane de l'essence de toute vie, c'est le son de l'âme, le son de l'univers...

6. Laissez toute votre conscience se fondre dans ce son intérieur. Ne cherchez plus à l'entendre mais devenez ce son... Votre mental s'apaise, vos pensées se résorbent dans cette unique vibration.

7. Savourez cet état de grâce où seul demeure le son primordial et votre pure présence qui l'écoute. Vous êtes Cette conscience vibrante, ici et maintenant...

8. Pour terminer, réancrez-vous dans votre corps, dans votre souffle juste en y prêtant attention. Le son s'éloigne mais vous pouvez y revenir à tout moment, il est le cœur battant de votre être essentiel.

Exercice 2 — Méditation du Tambour Chamanique Intérieur

Description :

Une pratique méditative utilisant le son intérieur d'un tambour imaginaire pour induire un état modifié de conscience et voyager dans les espaces intimes de son être.

Instructions

1. Allongez-vous confortablement sur le dos, dans un endroit calme. Fermez les yeux et détendez-vous en respirant profondément.

2. Visualisez un magnifique tambour ethnique posé sur votre ventre. Détaillez sa forme, sa couleur, sa texture : tous les détails que vous pouvez visualiser. Ressentez sa présence vivante.

3. Imaginez vos mains se poser sur la peau tendue du tambour. Connectez-vous à son énergie puissante et bienveillante.

4. Commencez à le frapper intérieurement, à un rythme lent et profond, comme le battement d'un cœur. Entendez sa résonance grave emplir l'espace.

5. Imprégnez-vous du rythme, laissez-le imprimer ses vibrations dans chaque cellule de votre corps. Votre respiration s'accorde naturellement au tempo.

6. Progressivement, accélérez la cadence. Les battements s'intensifient, le son monte en puissance. Les pulsations parcourent votre être.

7. Le rythme s'accélère encore, les frappes se font plus rapides, plus intenses. Votre corps vibre tout entier. Votre esprit s'élève, entre en transe...

8. Vous voilà plongé dans un état de conscience modifié. Sur le tambour chamanique de votre être intime, vous voyagez dans vos profondeurs...

9. Laissez émerger les images, les sensations, les intuitions. Appréciez chaque élément qui émerge sans le retenir ni le chasser. Parcourez librement vos paysages intérieurs, en explorateur de vous-même...

10. Quand vous sentez qu'il est temps, laissez le rythme ralentir peu à peu, s'apaiser, revenir à une pulsation paisible. Reprenez conscience de votre corps.

11. Reposez-vous encore un moment dans le silence intérieur, en contact avec les précieux enseignements glanés lors de ce voyage...

Exercice 3 — Méditation sonore du OM
Description :

Une pratique de méditation utilisant le son primordial OM pour harmoniser le corps et l'esprit, se relier à la vibration de l'univers et expérimenter la paix intérieure.

Instructions

1. Asseyez-vous dans une posture de méditation, le dos droit, les mains posées sur les genoux. Fermez doucement les yeux et prenez quelques grandes respirations pour vous centrer.

2. Inspirez profondément par le nez, en gonflant l'abdomen. Puis, en expirant par la bouche, émettez le son OM, en le faisant résonner dans tout votre corps.

3. Écoutez attentivement le son tandis que vous le chantez. Ressentez les vibrations qui se propagent dans votre poitrine, votre gorge, votre tête, jusqu'au sommet du crâne.

4. Essayez de maintenir le son aussi longtemps que possible sur l'expiration, sans forcer. Puis inspirez à nouveau et répétez le OM, en vous accordant au rythme naturel de votre respiration.

5. Visualisez le son OM qui emplit l'espace autour de vous, qui se répand dans la pièce, le bâtiment, la ville... Imaginez que vous vous accordez progressivement à la vibration subtile de l'univers.

6. Concentrez-vous sur la résonance du OM en vous et autour de vous. Si des pensées surgissent, laissez-les passer comme des nuages dans le ciel, sans vous y attacher, et revenez au son primordial.

7. Après 10 à 15 minutes de cette pratique, laissez le son s'estomper naturellement, en écoutant le silence qui s'installe en vous. Savourez cet état de paix intérieure, d'unité avec le tout.

8. Lorsque vous sentez que la pratique est complète, prenez une grande inspiration et expirez lentement, en laissant aller toutes les tensions. Puis rouvrez doucement les yeux, en emportant avec vous cette vibration harmonieuse.

9. Intégrez cette méditation du OM dans votre routine quotidienne, pour vous ressourcer, vous aligner avec votre être profond et cultiver un sentiment de connexion avec la symphonie de l'univers.

Exercice 4 — La Pleine Conscience des Goûts et des Textures
Description :

Un rituel de dégustation en pleine conscience, pour affiner son palais et sa présence à l'expérience gustative.

Instructions

1. Choisissez un aliment aux saveurs et textures variées : un morceau de fruit juteux, un carré de chocolat noir, un biscuit craquant... Optez pour un produit simple et naturel.

2. Asseyez-vous dans un endroit calme, loin de toute distraction. Éliminez les pensées parasites en respirant profondément. Votre attention est dans l'instant présent.

3. Contemplez l'aliment dans votre main... Observez ses couleurs, ses reflets, ses ombres... Notez la beauté de ses irrégularités naturelles, comme une œuvre d'art comestible .

4. Portez l'aliment à votre oreille... Tendez l'ouïe pour percevoir sa "mélodie" : son craquement, son frottement, son glissement... C'est comme une petite musique alléchante .

5. Humez ensuite l'aliment... Laissez les effluves vous pénétrer, éveiller vos narines, titiller votre imagination... Essayez de décoder chaque note olfactive, comme un parfumeur des saveurs.

6. Effleurez l'aliment du bout des lèvres, sans le mettre en bouche... Ressentez sa température, sa consistance... Votre épiderme réagit à son contact soyeux, rugueux ou velouté...

7. Déposez délicatement l'aliment sur votre langue... Ici, pas de mastication précipitée . Laissez-le fondre lentement au contact de votre salive... Imprégnez-vous de ses saveurs primaires (sucré, salé, acide, amer, umami...).

8. Lorsque vous sentez le besoin de mâcher, faites-le avec une lenteur délibérée... Suivez la transformation des textures et des arômes à chaque mouvement des mâchoires... Votre palais s'éveille .

9. Quand vient le moment d'avaler, suivez en conscience le trajet vers votre œsophage puis votre estomac... Visualisez cette substance précieuse qui se diffuse dans tout votre organisme...

10. Achevez la dégustation en expirant lentement, les yeux fermés. Captez la subtile rémanence des saveurs en bouche, la douce chaleur digestive, l'énergie vitale qui infuse votre corps...

11. Renouvelez cette expérience avec d'autres aliments variés, en affinant à chaque fois votre présence et votre capacité à jouir de chaque étape. La vie est un banquet de sensations .

Exercice 5 — Contemplation de l'aube et du crépuscule

Description :

Une pratique contemplative en pleine nature pour se relier aux moments de transition du jour et de la nuit, et intégrer leurs enseignements dans son chemin d'éveil.

Instructions

1. Choisissez un lieu où vous pouvez observer le lever ou le coucher du soleil. De préférence un endroit avec une belle perspective (sommet, plage, clairière) et peu de pollution lumineuse.

2. Installez-vous confortablement face à l'horizon, assis ou debout. Commencez par prendre conscience de votre corps, de votre respiration. Enracinez votre présence dans l'instant.

3. Contemplez le ciel qui progressivement se teinte des couleurs de l'aube ou du crépuscule. Soyez attentif aux variations subtiles de lumière, de texture des nuages, d'ambiance.

4. Imprégnez-vous de la quiétude de ce moment de transition, de basculement. Ressentez comment la nature autour de vous vit ce passage : le chant des oiseaux, la rosée, les ombres...

5. Méditez sur les symboliques de l'aube et du crépuscule. L'aube comme un renouveau, une promesse, une naissance à soi. Le crépuscule comme un effacement, un lâcher-prise, une mort initiatique.

6. Respirez consciemment dans les couleurs chatoyantes du ciel. Visualisez cette lumière qui vous pénètre et imprègne chacune de vos cellules. Votre corps et votre âme se parent des teintes de l'Éveil.

7. Accueillez les enseignements de la transition aube/crépuscule. L'impermanence de toute chose, le cycle permanent de la vie et de la mort, de la manifestation et du retrait.

8. Ressentez votre appartenance à ce grand mouvement de la Vie, à ce perpetuum mobile de l'univers. Au plus intime de votre être, vous êtes ce changement, cette aube et ce crépuscule sans fin.

9. Demeurez dans la contemplation tranquille jusqu'à ce que le soleil soit levé ou couché. Achevez en vous prosternant au Soleil intérieur, la Lumière de Conscience qui brille en vous.

10. Avant de partir, parcourez le paysage du regard en pleine conscience. Rendez grâce à la beauté sans cesse renouvelée de la Vie. Reliez-vous au mystère du visible/invisible.

11. Vous pouvez renouveler cette contemplation aux solstices et équinoxes qui marquent les grandes transitions de l'année. Ou simplement lorsque le besoin d'intériorité et de connexion à la nature se fait sentir.

Exercice 6 — Méditation du son primordial
Description :

Une pratique de retour à la source à travers l'écoute du son originel qui anime toute vie.

Instructions

1. Installe-toi dans un lieu tranquille, dans une posture confortable et stable. Ferme les yeux et prends quelques respirations profondes pour t'intérioriser.

2. Porte ton attention sur les sons de l'environnement. Écoute les bruits proches et lointains, ceux de la nature (chants d'oiseaux, bruissement des feuilles...) et ceux des activités humaines. Accueille-les sans t'y attacher.

3. Affine ton écoute pour capter des sons plus subtils : le murmure du vent, le craquement d'une branche... Puis perçois les sons de ton propre corps : le souffle, les battements du cœur, la rumeur de la circulation sanguine...

4. Descends plus profondément dans l'écoute en te rendant attentif aux interstices entre les sons. Entends-tu le silence qui les sous-tend, cette toile de fond sur laquelle ils se détachent ? Plonge dans cette qualité de silence...

5. Dans le silence intérieur, au creux de ton oreille, discernes-tu une vibration très subtile et continue, comme un son infini, un bourdonnement à peine perceptible ? C'est le son primordial de l'univers, l'Anahat Nad...

6. Tout ton être s'accorde sur la fréquence de ce son originel, cette note fondamentale qui contient en germe toutes les harmoniques. Ton corps, ton cœur et ton esprit vibrent à l'unisson de cette musique primordiale...

7. Deviens ce son : immuable et illimité, sans commencement ni fin. Ta conscience se dissout dans cette pure vibration non manifestée qui précède et embrasse toutes choses... Tu renoues avec ta nature essentielle.

8. Demeure ainsi en communion avec le son du silence, la vacuité sonore, pendant de longues minutes. C'est un bain sonore extatique qui te régénère et te transmute en profondeur, bien au-delà des mots...

9. Pour finir, reviens progressivement à la conscience ordinaire, en réancrant ta présence dans les sensations corporelles. Mais garde en toi cette connexion à la Source vibrante des mondes, prête à réenchanter chaque instant.

10. La contemplation du feu, de la lune et l'écoute du son originel nous reconnectent au mystère sacré de la vie. Puissent ces pratiques éveiller ta sensibilité subtile aux forces de la nature et à l'origine vibrante de ton être essentiel .

Exercice 7 — La pratique du Conseil des Sages Intérieurs

Description :

Un exercice intuitif pour consulter sa sagesse intérieure en dialoguant avec les différentes facettes de son être.

Instructions

1. Choisissez une question importante sur laquelle vous aimeriez recevoir des éclairages intérieurs (une décision à prendre, un problème à résoudre, un projet à lancer...). Formulez-la clairement.

2. Trouvez un endroit calme et installez-vous confortablement, le dos droit. Fermez les yeux et suivez votre respiration pendant quelques instants. Visualisez un cercle de lumière blanche autour de vous.

3. Imaginez qu'au centre de ce cercle se dresse un grand arbre majestueux, avec un large tronc et une ramure accueillante. Cet arbre représente votre Soi profond, votre nature essentielle.

4. Autour de l'arbre, dans le cercle, visualisez 4 à 8 sièges (des pierres, des souches, des coussins...). Sur chaque siège prend place une facette de vous-même, un "sous-personnage" qui incarne une de vos qualités.

5. Un à un, laissez émerger spontanément ces Sages intérieurs : votre Sage de la Créativité, votre Guerrier du Courage, votre Déesse de la Sensualité, votre Roi de l'Abondance, votre Guérisseur Bienveillant...

6. Observez chacun de ces personnages, leur posture, leurs attributs. Ressentez leur énergie singulière, leur force de caractère. Saluez-les avec respect et demandez-leur de former votre Conseil des Sages.

7. À tour de rôle, exposez votre question ou préoccupation à chacun des Sages et écoutez le message qu'il vous délivre en retour. Soyez attentif aux mots, aux images, aux sensations qu'il partage avec vous.

8. Accueillez ces éclairages multiples avec une oreille de discernement, sans les juger. Certains sembleront contradictoires, d'autres convergeront... Laissez la mosaïque se former, sans chercher une réponse unique.

9. Quand chacun s'est exprimé, remerciez du fond du cœur votre Conseil des Sages. Saluez chaque personnage et regardez-le se dissoudre peu à peu dans le cercle de lumière. Puis imaginez cette lumière qui reflue en vous.

10. Revenez à votre respiration et à vos sensations corporelles, en laissant infuser les messages reçus. Prenez le temps, dans les heures ou les jours qui viennent, d'intégrer ces éclairages dans votre réflexion.

11. Répétez cet exercice aussi souvent que nécessaire, en variant la composition de votre Conseil selon les besoins. Vous disposez en vous-même d'une source inépuisable de sagesse, à reconnaître et consulter.

Exercice 8 — Méditation vibratoire par le chant des voyelles
Description :

Un exercice sonore qui utilise la vibration subtile des voyelles pour harmoniser les centres énergétiques et se relier à l'Essence.

Instructions

1. Installez-vous en position assise confortable, le dos droit, les mains posées sur les genoux. Fermez les yeux, prenez quelques respirations profondes pour vous intérioriser.

2. Portez votre attention à la base de votre colonne vertébrale. Inspirez puis chantez un son « OU » grave et profond. Ressentez la vibration qui monte le long de votre colonne.

3. Focalisez-vous sur votre ventre. Inspirez et émettez la voyelle « O » ronde et pleine. Sentez votre bassin et vos organes qui vibrent, se détendent, se régénèrent.

4. Montez la conscience au niveau du plexus solaire. Après une inspiration, chantez un « A » clair et dynamique. La vibration diffuse confiance et vitalité dans tout votre être.

5. Continuez la montée intérieure jusqu'à votre cœur. Inspirez puis fredonnez un « È » doux et paisible. Votre poitrine s'emplit de la fréquence subtile de l'amour, de la gratitude.

6. Dirigez-vous vers votre gorge. En inspirant puis chantant un « I » cristallin, stimulez votre expression créatrice, votre communication authentique. La gorge s'ouvre, se purifie.

7. Entre vos sourcils, le troisième œil s'éveille. Inspirez et entonnez un son « IN » nasalisé. La vibration fine vous relie à votre sagesse intérieure, votre intuition, votre clairvoyance.

8. Au sommet de votre crâne, inspirez profondément puis émettez 3 fois le son primordial « OM ». Tout votre être vibre à l'unisson de la Création, de la Conscience universelle.

9. Pour finir, fredonnez doucement la voyelle de votre choix, celle qui vous attire le plus. Imprégnez-vous de sa vibration unique, de sa couleur, de sa lumière. Fusionnez avec elle.

10. Chantez de plus en plus doucement jusqu'à revenir au silence intérieur. Respirez dans ce silence habité, dans cette plénitude vibrante. Vous êtes pure présence, pur rayonnement.

11. Lorsque vous vous sentez prêts, réancrez-vous dans votre corps, dans votre respiration. Réintégrez l'espace et le temps ordinaires, tout en préservant le parfum subtil de cette expérience.

12. Vous pouvez pratiquez cette méditation sonore chaque fois que vous avez besoin de vous recentrer, de vous accorder à votre Essence. Votre voix est une clé vibratoire vers votre être unifié.

Exercice 9 — Le défusing des pensées auto-agressives
Description :

Un protocole de pleine conscience pour se désidentifier de son discours mental négatif.

Instructions

1. Lorsque vous êtes assailli(e) par des pensées auto-agressives (critiques, injonctions, comparaisons...), prenez un instant pour respirer profondément. Acceptez la présence de ces pensées, sans les combattre ni les fuir.

2. Puis formulez intérieurement : "J'observe en moi la pensée que..." et complétez avec le contenu de votre discours mental. Par exemple : "J'observe en moi la pensée que je suis un(e) raté(e)".

3. Cette tournure permet de mettre une saine distance entre vous et la pensée. Vous réalisez que ce n'est qu'un événement mental transitoire, et non une vérité absolue vous concernant.

4. Poursuivez l'exercice en explorant d'autres formules de défusion, comme "J'entends une voix dans ma tête qui me dit que...", "Mon esprit est en train de créer une histoire comme quoi...", etc.

5. Vous pouvez aussi répéter la pensée en boucle intérieurement, de façon mécanique et rapide. Ou la chanter sur un air enfantin. Cela participe à dédramatiser son contenu, à le vider de son venin.

6. Observez ce qui se passe en vous quand vous créez cet espace entre vous et votre pensée. Un soulagement, un recul, une prise de conscience... Goûtez la liberté de ce détachement.

7. Vous pouvez aussi visualiser la pensée comme un nuage qui passe dans le ciel de votre esprit, un texte qui défile sur un écran... Un simple événement mental parmi d'autres, sans substance propre.

8. Rappelez-vous que vous n'êtes pas vos pensées : vous êtes la conscience vaste et ouverte qui les accueille. En vous entraînant à les voir passer sans vous y accrocher, vous retrouvez votre stabilité intérieure.

9. Cet exercice ne vise pas à supprimer les pensées difficiles, mais à transformer votre relation avec elles. En les observant sans les nourrir, vous les laissez s'éteindre d'elles-mêmes, telles des feux de paille.

10. À chaque fois que les pensées automatiques reviennent, appliquez patiemment le processus. Célébrez chaque instant où vous n'êtes pas immergé(e) en elles. Ainsi, vous reprenez le pouvoir sur votre vie intérieure.

11. La pratique régulière du défusing vous permettra d'accueillir les orages mentaux avec toujours plus de sérénité, de bienveillance. Vous devenez le capitaine de votre esprit, plutôt que son esclave.

Exercice 10 — Le Pardon en Actes
Description :

Une pratique intégrative pour déployer son pardon et l'incarner dans des actions concrètes de réconciliation.

Instructions

1. Choisissez une relation conflictuelle de votre vie que vous aspirez à transformer. La personne vous a blessé mais vous sentez prêt(e) à la démarche du pardon pour votre libération intérieure.

2. Dans votre journal intime, décrivez en détail la situation douloureuse. Exprimez sans censure vos émotions et vos souffrances. Soyez attentif(ve) aux signes corporels de votre mal-être.

3. Maintenant, cherchez à comprendre l'autre au-delà de vos griefs. Quelle enfance a-t-il/elle eu ? Quelles blessures secrètes a-t-il/elle pu subir ? En quoi ses actes reflètent un mal-être intérieur ?

4. Créez un espace intérieur pour accueillir sa différence, sa fragilité. Réalisez que son comportement découle de causes et conditions dont beaucoup le/la dépassent... Cultivez la compréhension plutôt que le jugement.

5. Méditez sur la souffrance que vous vous infligez en restant dans le ressentiment. L'autre souffre aussi, d'une façon ou d'une autre. Seule la compassion peut briser ce cercle vicieux.

6. Imaginez que vous vous adressez à cette personne et exprimez votre pardon : "Je comprends ta souffrance. Je choisis de me libérer de ma rancœur envers toi. Je te souhaite de trouver la paix."

7. Ancrez ce pardon dans votre corps et votre cœur. Observez les effets d'apaisement en vous. La blessure initiale se referme, votre énergie est libérée pour aller de l'avant.

8. Réfléchissez maintenant à un geste concret qui incarne votre pardon et ouvre la porte à une réconciliation : un message bienveillant, un cadeau symbolique, une invitation à échanger...

9. Passez à l'action avec cœur, sans attendre de réciprocité. Votre motivation est d'exprimer la paix retrouvée en vous. La façon dont l'autre reçoit votre geste ne vous appartient pas.

10. Si une rencontre a lieu, communiquez avec authenticité et écoute. Cherchez des points de convergence, célébrez la force de vie en chacun. À défaut d'affinités, une reconnaissance mutuelle est possible.

11. Célébrez cette démarche de pardon, quelle que soit l'issue extérieure. Votre élan sincère a transformé votre cœur et laissé une empreinte bénéfique dans le champ des relations.

12. Pratiquez le pardon en actes dans différents domaines de vie : couple, famille, travail, communauté... À chaque libération intérieure, vous ouvrez un chemin vers plus d'harmonie dans le monde .

Exercice 11 — Contemplation d'un paysage naturel

Description :

Une pratique contemplative en pleine nature pour se relier à la beauté du vivant, nourrir son émerveillement et son sentiment d'appartenance au Tout.

Instructions

1. Choisissez un lieu naturel qui vous inspire, en fonction de vos attraits et de vos possibilités : une forêt, une plage, une montagne, un parc, votre jardin...

2. Prenez le temps d'y flâner tranquillement, sans but précis. Laissez vos pas vous guider au gré de votre inspiration. Respirez profondément l'air vivifiant.

3. Quand vous vous sentez appelé par un coin précis du paysage, arrêtez-vous. Installez-vous confortablement pour contempler calmement ce panorama.

4. Ouvrez grand vos sens et votre cœur aux beautés sauvages qui vous entourent. Le jeu des lumières, les nuances de couleurs, les lignes du relief, les textures...

5. Écoutez la musique unique de ce lieu : le bruissement du vent, le chant des oiseaux, les craquements du bois, le silence majestueux des grands espaces...

6. Humez les senteurs fraiches, terreuses, iodées, florales... Goûtez l'air vif qui caresse votre visage. Ressentez la terre meuble ou rocailleuse sous vos pieds...

7. Observez les traces visibles du Vivant : empreintes d'animaux, plumes égarées, fruits sauvages, feuilles balayées, jeux d'ombres et de lumière à travers les frondaisons...

8. Contemplez chaque détail avec un regard neuf, émerveillé, comme un enfant qui découvre le monde. Soyez présent à la grâce de chaque instant.

9. Puis laissez votre regard s'élargir pour embrasser le paysage dans son ensemble. Percevez les cycles à l'œuvre : saisons, marées, alternance du jour et de la nuit...

10. Méditez sur la beauté sans fard offerte par la nature, généreuse et bienveillante. Sentez votre petitesse devant la grandeur des éléments, votre humilité et votre gratitude.

11. Ressentez votre connexion profonde avec ce monde naturel. Vous en faites partie intégrante. Ses rythmes sont vos rythmes. Sa force est votre force...

12. Goûtez ce sentiment d'unité et d'harmonie avec plus grand que vous. Laissez la sérénité de la nature imprégnez chacune de vos cellules. Faites-en provision .

13. Vous pouvez conclure en formulant intérieurement une prière de gratitude, un vœu de contribuer à la préservation de cette Terre qui vous nourrit et vous inspire.

14. Prenez le temps de savourer encore quelques instants la majesté vibrante de ce paysage. Puis quittez doucement les lieux, en emportant ses trésors dans votre cœur.

Exercice 12 — La Contemplation des Souffrances du Monde
Description :

Une pratique contemplative inspirée du bouddhisme pour ouvrir son cœur aux malheurs du monde, sans sombrer dans l'impuissance.

Instructions

1. Installez-vous dans un endroit tranquille où vous ne serez pas dérangé. Allumez éventuellement une bougie, symbole de compassion pour la souffrance des êtres.

2. En position assise, prenez quelques grandes respirations pour vous centrer. Imaginez que votre cœur s'ouvre et s'élargit à chaque inspiration, prêt à accueillir les souffrances du monde.

3. Laissez émerger à votre conscience une situation de détresse, proche ou lointaine. Une personne malade, un animal maltraité, une catastrophe naturelle, une injustice criante...

4. Représentez-vous le plus concrètement possible la réalité vécue par les êtres touchés. Imaginez leur quotidien bouleversé, leurs peurs et leurs peines, l'angoisse dans leurs regards...

5. Ressentez la souffrance de ces êtres comme si c'était la vôtre. Laissez votre cœur se serrer, vos entrailles se nouer... Ne fuyez pas le malaise qui monte ; laissez-le vous traverser, sans résistance.

6. Accueillez maintenant les pensées et émotions suscitées en vous : impuissance, colère, découragement, révolte... Reconnaissez-les sans les juger. Votre conscience les embrasse et les apaise.

7. Connectez-vous à la soif de bonheur derrière chaque souffrance. Formulez pour ces êtres en détresse un souhait de soulagement, avec toute la force de votre cœur : "Puissiez-vous être libérés de la souffrance. Puissiez-vous connaître la paix."

8. Visualisez un rayon de lumière qui part de votre cœur et enveloppe ces êtres d'une bienveillance infinie. Sentez que votre compassion, même à distance, leur apporte un peu de réconfort et d'espoir.

9. Élargissez progressivement votre contemplation à toutes les souffrances du monde, visibles et invisibles. En cet instant, réalisez que des millions d'êtres partagent les mêmes peines que vous... Vous n'êtes pas seul dans votre tourment.

10. Depuis cette conscience élargie, vos difficultés personnelles prennent une autre dimension. Votre cœur s'ouvre sur un océan de sagesse et de compassion, au-delà des identifications passagères.

11. Pour clore la pratique, formulez une dédicace intérieure : "Par le mérite de cette contemplation, puissé-je développer la compassion pour tous les êtres. Puissé-je contribuer à soulager la souffrance sous toutes ses formes."

12. Revenez à votre respiration, à la simplicité de l'instant. Dans vos activités quotidiennes, restez à l'écoute de cet élan altruiste qui vibre en vous. Il est votre contribution unique à un monde plus aimant .

Exercice 13 — Méditation de l'étoile d'or
Description :

Une méditation guidée pour rayonner sa lumière intérieure et réaliser son potentiel d'éveil.

Instructions

1. Allonge-toi sur le dos dans une posture confortable, les bras le long du corps, paumes vers le ciel. Ferme doucement les yeux et détends-toi en respirant profondément par le ventre.

2. Imagine un ciel d'un bleu nuit profond au-dessus de toi, parsemé d'étoiles scintillantes. Parmi cette voûte céleste, repère l'étoile la plus brillante, celle qui capte ton regard.

3. Vois cette étoile grossir et se rapprocher jusqu'à occuper tout ton champ de vision. C'est une étoile d'une lumière dorée, chaleureuse, éblouissante. Contemplé sa beauté, sa pureté.

4. Laisse maintenant cette étoile d'or descendre lentement vers toi et venir se poser sur ton front, au niveau du troisième œil. Son halo irradie ton visage d'une douce clarté, réveille ton regard intérieur...

5. L'étoile se fond dans ta peau, te transmettant sa lumière et sa conscience. Elle descend le long de ton visage, de ta gorge, investit ton cœur, imprégnant chaque cellule de son scintillement d'éveil...

6. Elle poursuit sa descente dans ton ventre, ton bassin, tes jambes jusqu'à tes pieds, illuminant sur son passage chaque organe, chaque muscle, chaque os. Ton corps entier est un ciel constellé d'or...

7. Des extrémités de ton corps, la lumière de l'étoile remonte maintenant comme une sève, une vibration solaire qui vient jaillir au sommet de ton crâne, telle une fontaine d'or en fusion.

8. Un geyser d'or bouillonnant fuse à travers ta fontanelle et déploie tout autour de toi un halo lumineux, comme une immense étoile d'or dont tu serais le cœur. Tu irradies dans la nuit...

9. Toute ta présence est un rayonnement doré, pur, lumineux. Tu es cette étoile qui prodigue sa lumière de sagesse dans toutes les directions de l'univers. Aucune ombre ne peut diminuer ton éclat...

10. Pendant plusieurs minutes, savoure cette expansion de lumière, cette conscience illimitée de ton être solaire. Plus rien n'entrave ton rayonnement essentiel. Tu es lumière. Tu es éveil...

11. Pour finir, réabsorbe progressivement l'étoile d'or en toi. Mais sache qu'elle demeure toujours en ton cœur : ton noyau vibratoire, ton potentiel d'éveil infini. Tu peux te reconnecter à elle à tout instant.

12. Puissent le mandala, le rituel de libération et l'étoile d'or te révéler l'artisan(e) de lumière que tu es . À toi de jouer avec ces pratiques inspirantes pour avancer sur ton chemin d'évolution.

Exercice 14 — Accordage somato-psychique par la Méthode Danis Bois

Description :

Une pratique psychocorporelle pour affiner la perception de son corps et expérimenter la globalité sensorielle et la présence à soi unifiée.

Instructions

1. Allongez-vous confortablement sur un tapis, sur le dos. Installez-vous de façon stable et détendue à la fois, comme dans la posture du "cadavre" en yoga. Fermez les yeux.

2. Commencez par porter votre attention sur les appuis du corps sur le sol. Passez-les mentalement en revue : talons, mollets, cuisses, bassin, dos, bras, arrière du crâne...

3. À l'aide de votre attention, "pénétrez" progressivement l'intériorité de votre corps. Glissez-vous sous la peau, à la rencontre de vos muscles, vos organes, vos os...

4. Effectuez ce voyage intérieur lentement, en détail. Explorez les différentes régions dans un ordre qui vous convient : pieds et jambes,

bassin et bas ventre, colonne et dos, cage thoracique, épaules et bras, cou et tête...

5. Dans chaque zone, observez les sensations présentes : chaleur ou fraîcheur, tension ou détente, opacité ou transparence, lourdeur ou légèreté... Accueillez ce que vous percevez, sans jugement.

6. Au fur et à mesure, vous affinez votre perception des détails, des nuances. Vous développez un véritable "toucher intérieur" de plus en plus sensitif, de plus en plus global aussi.

7. Progressivement, des liens se font entre les différentes parties du corps. Vous expérimentez un sentiment d'unification, de cohérence interne. Votre corps devient un paysage global.

8. Vous pouvez ressentir comme une "épaisseur" de bien-être qui nappe l'ensemble du corps. Une sorte de "bain corporel" homogène, fait de détente profonde et de présence unifiée.

9. Au cœur de cette globalité, percevez la respiration qui anime l'ensemble, comme une vague qui imprègne la matière corporelle. La respiration comme une sensation d'ensemble.

10. Savourez cette perception unifiée, ce corps sensible qui se révèle. Vous réalisez que vous êtes cette présence incarnée, intime et vaste à la fois. Présence sensible et Sensible.

11. Pendant la dernière phase de l'exercice, imprégnez-vous de la saveur de cette expérience : saveur de simplicité, de justesse, d'évidence intérieure. Le goût de la présence à soi.

12. Pour revenir, réancrez-vous progressivement à l'environnement extérieur. Réintroduisez le mouvement dans vos membres, dans votre respiration. Ouvrez doucement les yeux.

13. Vous pouvez prolonger cette perception de globalité sensorielle dans vos activités. Votre corps est une navette sensorielle qui vous unifie et vous ancre dans la présence, à chaque instant.

14. Cette méthode d'accordage somato-psychique approfondit votre rapport au corps et la qualité de votre présence. C'est un apprentissage progressif, qui se goûte dans la durée et la répétition.

Exercice 15 — Méditation de la respiration consciente
Description :

Une pratique simple mais puissante pour apaiser le mental et se recentrer dans l'instant présent, en portant une attention bienveillante au souffle.

Instructions

1. Asseyez-vous confortablement, le dos droit, les épaules étendues. Fermez les yeux ou gardez un regard doux et détendu.

2. Portez votre attention sur votre respiration, sans chercher à la contrôler ou à la modifier. Observez simplement le mouvement naturel de l'air qui entre et qui sort de vos narines.

3. À chaque inspiration, ressentez l'air frais qui entre, et à chaque expiration, ressentez l'air tiède qui sort. Suivez ce flux continu, ce va-et-vient apaisant.

4. Si votre esprit s'égare dans des pensées, des préoccupations ou des distractions, ne vous jugez pas. Constatez simplement que votre attention s'est éloignée et ramenez-la en douceur sur votre respiration.

5. Restez ainsi pendant 5 à 10 minutes, en cultivant une présence attentive et bienveillante à votre souffle, instant après instant.

6. Avant de terminer, prenez un moment pour ressentir les bienfaits de cette pratique – un esprit plus calme, une présence renforcée. Puis rouvrez doucement les yeux, étirez-vous si besoin et reprenez vos activités avec cette qualité d'attention.

Exercice 16 — Méditation de la cascade purificatrice

Description :

Une visualisation méditative pour relâcher le stress, nettoyer les pensées négatives et restaurer sa clarté intérieure.

Instructions

1. Asseyez-vous en position méditative, le dos bien droit. Fermez les yeux et suivez le rythme naturel de votre respiration. Imaginez que vous vous tenez au pied d'une majestueuse cascade, dans une forêt luxuriante.

2. Observez l'eau cristalline et scintillante qui se déverse avec grâce du haut de la falaise. Écoutez son grondement à la fois puissant et apaisant. Admirez les myriades de gouttelettes qui créent des arcs-en-ciel irisés dans la lumière.

3. Avancez maintenant sous la cascade et laissez cette eau pure ruisseler sur votre corps. Accueillez la sensation vivifiante de ces milliers de gouttes qui tombent sur votre tête, vos épaules, votre dos...

4. À mesure que l'eau cascade sur vous, visualisez qu'elle dissout toutes vos préoccupations, vos tensions mentales, vos pensées limitantes. Imagine qu'elle emporte avec elle tout votre stress, toute négativité, comme des particules grises qui se diluent dans le flot.

5. Ressentez cette eau bienfaisante qui purifie votre esprit, lave votre fatigue, nettoie votre champ énergétique. Votre corps et votre âme se libèrent de tous résidus toxiques, de toute lourdeur. Vous retrouvez clarté et légèreté...

6. Éprouvez la fraîcheur et la pureté de cette eau régénératrice qui éveille chacune de vos cellules. Vous vous sentez renouvelé(e), revitalisé(e), vibrant(e) de vitalité et d'énergie positive.

7. Après vous être longuement ressourcé(e) sous la cascade, sortez de sous le flot et éloignez-vous de quelques pas. L'eau ruisselante a creusé un profond bassin turquoise au pied de la chute. Allongez-vous dans ce bain naturel et laissez-vous flotter avec délice...

8. Savourez cet état de détente profonde, de pureté et de clarté intérieure. Votre esprit est lavé de ses tourments, votre cœur allégé de ses fardeaux. Vous irradiez la fraîcheur et la lumière de votre essence.

9. Lorsque vous vous sentez régénéré(e), sortez du bassin et réancrez-vous dans l'instant présent. Prenez quelques grandes inspirations et réappropriez-vous votre corps. Vous emportez avec vous cette clarté purifiée, cette énergie cristalline de la cascade.

Exercice 17 — L'exercice du "Je te comprends..." (CNV)
Description :

Une pratique d'écoute empathique et de reformulation inspirée de la Communication Non Violente (CNV).

Instructions

1. En situation d'interaction délicate ou conflictuelle, ancrée dans une respiration profonde et offrez une qualité de présence attentive à l'autre.

2. Quand votre interlocuteur exprime un point de vue divergent du vôtre ou une émotion difficile, résistez à la tentation de le contredire ou le conseiller. Concentre-vous d'abord sur son écoute.

3. Au-delà de vos grilles de lecture habituelles, écoutez-le avec tout votre corps, comme si vous découvriez une langue étrangère. Repérez le langage verbal et non verbal de ses sentiments et de ses besoins.

4. Puis adressez-vous à lui avec douceur, sur un ton de voix posé. Reformulez ce que vous avez perçu, en commençant par "Si je te comprends bien..." ou "J'entends que...". Verbalisez son sentiment et son besoin sous-jacent.

5. Par exemple : "Si je te comprends bien, tu es en colère car tu aurais besoin de plus de reconnaissance dans ce projet, c'est ça ?" ou "J'entends que tu es triste car tu aspires à plus de proximité entre nous, ai-je bien saisi ?"

6. Votre reformulation empathique agit comme un miroir bienveillant qui offre à l'autre une clarification sur son propre vécu. Vous l'aidez à se sentir compris au-delà des mots, dans ses élans profonds.

7. Ajustez votre reflet verbal en fonction des réactions de l'autre, jusqu'à ce qu'il se sente pleinement entendu et reconnu. Votre écoute empathique lui permet de prendre du recul sur son expérience.

8. Évitez à ce stade les interprétations ou les jugements (même positifs). Votre compréhension accueillante et dénuée d'intention est votre plus beau cadeau. L'autre se sent rejoint dans son humanité.

9. Gardez une respiration consciente et une posture intérieure de non-violence, quelles que soient les paroles de l'autre. Votre sérénité et votre ouverture de cœur sont contagieuses...

10. Une fois que votre interlocuteur est apaisé et disponible, vous pourrez formuler à votre tour vos sentiments et vos besoins avec des messages en "Je". L'expression authentique devient possible.

11. L'exercice du "Je te comprends" est une clé magique pour désamorcer les conflits et favoriser des relations de cœur à cœur. Il demande de l'entraînement... mais la qualité de vos liens en sera sublimée .

Exercice 18 — Méditation des sphères de couleurs
Description :

Un voyage méditatif à travers les sphères colorées des chakras pour équilibrer et harmoniser ses centres d'énergie.

Instructions

1. Asseyez-vous le dos bien droit, dans une position confortable. Fermez les yeux et concentrez-vous sur votre respiration, lente et profonde. Visualisez vos 7 centres d'énergie comme des sphères lumineuses alignées le long de votre colonne vertébrale.

2. Portez votre attention sur la sphère rouge à la base de votre colonne. En inspirant, visualisez une lumière rouge vif qui gonfle cette sphère, la

charge d'une énergie puissante, enracinée. Expirez toutes vos peurs, vos insécurités. La sphère rouge rayonne, votre ancrage est solide.

3. Montez à la sphère orange dans votre bas-ventre. À l'inspiration, visualisez une lumière orangée chaude qui emplit cette sphère, réveille votre créativité, votre désir. À l'expiration, relâchez vos culpabilités, vos blocages. La sphère orange irradie, votre énergie vitale est libérée.

4. Élevez-vous à la sphère jaune au niveau du plexus solaire. En inspirant, imaginez une vive lumière dorée qui remplit ce centre, stimule votre confiance, votre force. En expirant, évacuez angoisses et colères. La sphère jaune brille de tous ses feux, votre puissance intérieure est restaurée.

5. Continuez votre ascension jusqu'à la sphère verte au milieu de la poitrine. À l'inspiration, visualisez une lumière verte éclatante qui gonfle votre cœur d'amour et de gratitude. À l'expiration, libérez chagrins et ressentiments. La sphère verte scintille, votre amour rayonne sans condition.

6. Montez encore jusqu'à la sphère bleu clair de la gorge. En inspirant, imaginez une claire lumière turquoise qui purifie ce centre, éveille votre expression authentique. En expirant, relâchez non-dits et mensonges. La sphère bleue vibre, votre vérité jaillit limpide.

7. Accédez maintenant à la sphère indigo entre vos sourcils. À l'inspiration, visualisez une profonde lumière bleu nuit qui illumine votre troisième œil, aiguise votre intuition. Expirez doutes et illusions. La sphère indigo tournoie, votre vision intérieure est éveillée.

8. Atteignez enfin la sphère violette au sommet de votre crâne. En inspirant, recevez la pure lumière violette qui inonde votre couronne, vous relie au divin. En expirant, dissolvez votre ego dans cette lumière transcendante. La sphère violette irradie, votre être fusionné avec le Tout.

9. Contemplez les 7 sphères de lumière colorée, vibrantes et harmonieuses, qui vous traversent de bas en haut. Ressentez comme cette alliance équilibrée des couleurs-énergies vous recentre, vous unifie, vous vivifie.

10. Achevez la méditation en ramenant votre conscience dans votre cœur. Ressentez-y la synthèse de toutes les couleurs en une lumière blanche éclatante, la lumière de votre être essentiel. Rayonnez de cet état de plénitude...

Exercice 19 — Plongeon Contemplatif d'un Pétale
Description :

Une pratique contemplative d'éveil à la beauté et à l'impermanence, en observant avec une attention soutenue les transformations d'un pétale dans l'eau.

Instructions

1. Choisissez un pétale de fleur fraîche, de préférence de couleur claire. Trouvez un endroit calme, près d'un bol d'eau pure.

2. Installez-vous confortablement, avec le bol posé devant vous. Contemplez quelques instants la délicatesse et la beauté parfaite du pétale.

3. Déposez-le délicatement à la surface de l'eau. Observez comment il flotte, comme un radeau fragile et gracieux.

4. Avec une attention soutenue et non jugeante, contemplez les subtiles transformations que subit le pétale au fil des minutes.

5. Remarquez les nuances changeantes de sa couleur, la dentelle de plus en plus translucide de sa chair, les bords qui s'imbibent peu à peu...

6. Instant après instant, soyez le témoin intime de son déploiement éphémère, au rythme de sa lente impermanence...

7. Observez, émerveillé, la façon dont beauté et fragilité se mêlent à chaque seconde de sa mutation silencieuse.

8. Quand le pétale, totalement imbibé, finit par couler au fond du bol, contemplez son absence avec équanimité. Il a accompli son cycle.

9. Méditez sur la nature de toute vie, précieuse et vulnérable, qui s'épanouit un temps pour mieux se fondre dans le grand flux...

Exercice 20 — Le nettoyage énergétique par les courants telluriques

Description :

Un exercice pour se ressourcer et se purifier en se reconnectant aux forces vives de la Terre.

Instructions

1. Trouvez un lieu dans la nature où vous vous sentez particulièrement bien : une forêt, une plage, un jardin... Marchez lentement en ressentant le contact de vos pieds nus sur le sol.

2. Arrêtez-vous à un endroit qui vous attire. Fermez les yeux et enracinez-vous profondément. Imaginez des racines puissantes qui partent de vos pieds et s'enfoncent dans la terre.

3. Ressentez la force et la stabilité de cette connexion tellurique. Visualisez les courants d'énergie terrestre qui montent le long de vos racines, pénètrent vos pieds et remontent dans tout votre corps.

4. À chaque inspiration, attirez cette énergie purificatrice dans vos jambes, votre bassin, votre colonne vertébrale, jusqu'au sommet du crâne. Elle nettoie toutes vos cellules, organes, centres énergétiques.

5. À chaque expiration, relâchez dans la terre les énergies usées, les pensées toxiques, les émotions stagnantes. La Terre les recycle et les transmute dans son immense sagesse.

6. Continuez cette respiration énergétique pendant plusieurs minutes, en cultivant un profond sentiment de confiance et de gratitude envers la Terre nourricière qui vous régénère.

7. Pour finir, rayonnez par le cœur l'énergie purifiée dans tout votre être. Puis visualisez-la qui s'étend autour de vous, bénissant tout votre environnement naturel.

8. Remerciez la Terre pour son soutien inconditionnel. Enraciné et ressourcé, vous pouvez retourner à vos activités avec un sentiment de pureté et de vitalité renouvelée.

Exercice 21 — Le désamorçage des croyances auto-sabotantes
Description :

Un protocole pour identifier et transformer les croyances limitantes qui nous empêchent d'exprimer notre plein potentiel.

Instructions

1. Faites la liste des domaines de votre vie où vous vous sentez limités, contrariés ou insatisfaits (relations, travail, santé, créativité...). Soyez honnête avec vous-même.

2. Pour chaque domaine, formulez les pensées négatives qui vous viennent spontanément. Par exemple : "Je ne mérite pas l'amour", "Je ne suis pas capable de réussir", "La vie est une lutte"...

3. Identifiez sous ces pensées les croyances profondes, les postulats sur vous et la vie qu'elles reflètent. Souvent des généralisations abusives ancrées depuis l'enfance.

4. Questionnez chaque croyance limitante avec discernement : est-elle absolument vraie ? Quelles preuves j'en ai ? Comment je limite mon potentiel en y adhérant ?

5. Pour chaque croyance, formulez maintenant 3 pensées alternatives positives et motivantes. Par exemple : "Je suis digne de l'amour", "J'apprends de mes erreurs", "La vie m'apporte des opportunités"...

6. Respirez profondément et ancrez ces nouvelles croyances dans votre corps en les répétant d'une voix affirmée, la main sur le cœur. Imprégnez-vous de leur résonance positive.

7. Visualisez-vous désormais agir et réagir dans les domaines de votre vie concernés avec ces nouvelles croyances inspirantes. Ressentez votre potentiel, votre confiance décuplés.

8. Répétez régulièrement cet exercice de flexibilité mentale pour créer de nouveaux sillons de pensée qui vous élèvent et vous encourage à oser être et faire ce que vous désirez vraiment.

9. Remerciez vos croyances limitantes pour ce qu'elles peuvent vous apprendre sur vous. Puis congédiez-les avec gratitude, en choisissant désormais de cultiver votre grandeur.

Exercice 22 — Le Désamorçage des Pensées Catastrophiques
Description :

Un processus mental pour identifier ses scénarios catastrophes, les remettre en perspective et générer des pensées alternatives réalistes.

Instructions

1. Lorsque vous vous sentez submergé par une pensée catastrophique (du type "c'est fichu, je n'y arriverai jamais", "tout va s'effondrer"...), isolez-la et écrivez-la.

2. Identifiez l'émotion qu'elle génère en vous (peur, colère, honte, impuissance...). Accueillez cette émotion avec bienveillance, sans la combattre. Respirez dans sa présence.

3. Sur une échelle de 0 à 100, évaluez à quel point vous croyez en cette pensée négative à cet instant. Notez le pourcentage, sans le juger.

4. Puis imaginez : quelles seraient les conséquences réelles, concrètes, si ce scénario catastrophe se produisait ? Écrivez-les factuellement, sans les amplifier.

5. Pour chaque conséquence, trouvez au moins une façon d'y faire face, une ressource intérieure ou extérieure sur laquelle vous pourriez vous appuyer. Vous avez des forces .

6. Maintenant, disputez rationnellement cette pensée catastrophique en trouvant 3 arguments logiques qui la contredisent. Par exemple, rappelez-vous les fois où vous avez surmonté ce genre de difficultés par le passé.

7. Élaborez une pensée alternative réaliste, qui tient compte des difficultés mais aussi de vos ressources et des nuances de la situation. Par exemple : "La situation est complexe mais j'ai en moi la force d'y faire face, pas à pas".

8. Répétez cette pensée alternative en boucle pendant quelques minutes, en la savourant, en la ressentant vraie dans votre corps. Évaluez à nouveau votre degré de croyance dans la pensée catastrophique de départ. Il a probablement diminué.

9. Chaque fois qu'elle revient vous titiller, opposez-lui calmement votre pensée alternative, sans vous laisser entraîner dans son tourbillon. Vous êtes le capitaine de votre mental.

Exercice 23 — Exploration d'un souvenir positif avec les 5 sens
Description :

Un voyage méditatif dans une mémoire heureuse pour la revivre pleinement et l'intégrer.

Instructions

1. Installez-vous dans un endroit confortable où vous ne serez pas dérangé(e). Fermez les yeux et effectuez quelques respirations profondes pour détendre votre corps et votre mental.

2. Évoquez un souvenir agréable, un moment simple de votre passé qui vous a procuré un sentiment de bien-être, de paix ou de joie. Ravivez l'image de cet instant dans ses détails...

3. Commencez par revivre la scène avec votre vue intérieure. Observez les couleurs, les formes, la lumière particulière... Votre regard embrasse le décor et s'attarde sur certains détails.

4. Puis prêtez attention aux sons, aux paroles prononcées dans ce souvenir. Y a-t-il une musique, des bruits de fond, une voix familière ? Votre oreille s'ouvre à l'ambiance sonore du moment.

5. Dirigez maintenant votre conscience vers les sensations corporelles. Le contact d'un tissu sur votre peau, une main aimante posée sur vous, un mouvement... Votre corps s'éveille à ces impressions tactiles.

6. Humez l'air, comme pour capter un parfum subtil. Peut-être une odeur de cuisine, de sous-bois, une fragrance épicée... Votre mémoire olfactive aiguise la vivacité de l'instant.

7. Enfin, goûtez la saveur de ce moment. Un plat réconfortant, un fruit juteux, le sel sur vos lèvres... Votre palais s'imprègne de ces arômes délicats qui ont nourri votre plaisir d'alors.

8. Vos cinq sens sont en éveil, comme des portails vers l'essence même de cet instant précieux. Globalement, ressentez l'émotion positive qui vous habitait : légèreté, plénitude, tendresse, gratitude...

9. Demeurez quelques minutes dans cet état d'être relié au meilleur de vous-même, à la saveur unique de ce vécu. Imprégnez-vous de sa douceur, de sa lumière, de sa beauté simple...

10. Lorsque vous sentez que vous avez fait le plein de cette sensation ressource, imaginez que vous placez le souvenir tout contre votre cœur pour le chérir et le préserver.

11. Réouvrez lentement les yeux, en étirant votre corps avec gratitude. L'exploration sensible de vos souvenirs positifs est une merveilleuse façon de vous relier à votre identité profonde .

12. Cette mémoire sensorielle est désormais votre refuge intérieur, votre ancrage secret pour les jours de grands vents. Vous savez qu'en fermant les yeux, vous pouvez convoquer sa douceur et sa force en vous.

Exercice 24 — L'exercice du feed-back positif authentique

Description :

Une pratique pour développer la capacité à donner et recevoir des appréciations bienveillantes qui renforcent l'estime de soi et la coopération.

Instructions

1. Dans vos relations personnelles ou professionnelles, prenez l'habitude d'exprimer régulièrement à vos interlocuteurs ce que vous appréciez concrètement chez eux.

2. Choisissez des moments opportuns pour formuler vos appréciations : après un échange, en conclusion d'une réunion, dans un message écrit... Créez une occasion .

3. Veillez à ce que vos feed-back soient descriptifs et spécifiques. Plutôt que "Tu es génial", préférez "J'ai apprécié ta rigueur dans la relecture du dossier, cela m'a fait gagner un temps précieux ."

4. Orientez vos appréciations sur les compétences, les talents et les qualités d'être de la personne. Mettez en valeur ce qui la rend unique à vos yeux.

5. Variez les registres. Saluez autant les prouesses visibles que les petites attentions du quotidien ; les exploits professionnels que les qualités humaines discrètes...

6. Quand vous formulez une appréciation, regardez votre interlocuteur dans les yeux. Imprégnez-la d'une intention sincère, donnez-lui du poids, de la valeur.

7. Soyez attentif à l'effet que votre feed-back produit chez l'autre. Accueillez avec douceur ses réactions (joie, surprise, gêne, émotion...). Votre présence est un cadeau.

8. Lorsque vous recevez vous-même une appréciation positive, apprenez à l'accueillir pleinement. Respirez-la, laissez-la imprégner votre cœur, nourrissez-vous en .

9. Si une partie de vous tend à la minimiser ou la rejeter, observez ce mécanisme avec bienveillance. Puis recentrez-vous sur la générosité de ce qui vous est offert.

10. Remerciez sincèrement la personne pour son feed-back, partagez avec elle l'effet que cela vous fait de vous voir ainsi reconnu(e). C'est un moment d'intimité précieux.

11. Au fil de la pratique, vous deviendrez de plus en plus confortable pour donner et recevoir des appréciations. Votre regard sur vous-même et les autres s'en trouvera élargi.

12. Vous découvrirez le pouvoir créateur des feed-back : ils renforcent les talents nommés, ils donnent des ailes pour réaliser son potentiel, ils nourrissent le lien de reconnaissance...

13. Vous deviendrez un leader rayonnant, qui sait percevoir et valider le meilleur de chacun. Vous créerez autour de vous une culture de la célébration et de la collaboration.

14. Cet exercice est un entraînement à poser sur le monde un regard appréciatif plutôt que critique. Un regard qui magnifie la beauté, réchauffe les cœurs et donne vie à la bonté .

Exercice 25 — L'Exercice d'attention consciente à la nature
Description :

Une pratique pour aiguiser ses perceptions et renouer avec l'intelligence miraculeuse du vivant.

Instructions

1. Choisissez un élément naturel sur lequel poser votre attention consciente pendant quelques minutes : une plante, un arbre, une pierre, un oiseau, une rivière, un paysage... Installez-vous dans une position confortable.

2. Avant de débuter votre contemplation, offrez-vous trois respirations profondes pour vous ancrer dans l'instant présent. Votre corps et vos sens s'éveillent, votre mental s'apaise...

3. Dans un premier temps, parcourez lentement du regard votre objet d'attention, comme si vous le découvriez pour la première fois. Notez chaque détail, chaque nuance, chaque particularité avec un émerveillement neuf.

4. Si des pensées ou des jugements surviennent, laissez-les passer avec bienveillance et revenez à votre observation minutieuse, tel un explorateur curieux et attentif. Vos sens s'affinent au fur et à mesure...

5. Puis fermez les yeux quelques instants et ouvrez-vous aux parfums, aux textures, aux sons, aux saveurs de cet élément naturel. Respirez son odeur, effleurez sa surface, écoutez sa musique secrète, goûtez son essence...

6. Entrez dans une communication subtile avec cet être de la nature. Au-delà des mots, percevez son langage vibratoire, son rayonnement unique, peut-être même la conscience qui l'anime... Votre sensibilité s'élargit.

7. Tout en maintenant cette qualité de présence éveillée, imprégnez-vous de l'intelligence à l'œuvre dans cet objet naturel : sa beauté, son organisation, son rythme de croissance, sa place dans l'écosystème... Un sentiment de gratitude et de connexion vous gagne.

8. Voyez comment cet élément s'inscrit dans un ordre plus vaste, en relation intime avec les autres règnes... Un arbre puise l'eau, la lumière, les sels minéraux pour déployer ses branches et abriter de multiples vies : racines de sagesse, tronc de force, couronne de générosité...

9. Méditez quelques instants sur les enseignements muets que vous transmet cet élément naturel, par sa simple présence. Que vous inspire son exemple pour votre propre évolution, vos relations, votre action ? Laissez émerger une parole, un symbole...

10. Pour clore cet exercice, adressez un merci silencieux à votre "professeur" du jour. La nature est une école inépuisable pour qui sait la contempler avec le regard du cœur. Chaque rencontre consciente est une initiation au mystère de la vie .

11. De retour à vos activités, gardez en vous la trace de cet émerveillement, de cette interconnexion vivante avec la Terre-Mère. Votre rapport au monde s'imprègne de cette lumière attentive, de cette conscience reliée au vivant.

Exercice 26 — Étirements et assouplissements en conscience
Description :

Des mouvements d'étirement et d'assouplissement pour détendre les muscles, libérer les articulations et cultiver la souplesse physique et mentale.

Instructions

1. Installez-vous dans un espace dégagé et calme. Prévoyez un tapis et des vêtements amples. Déchaussez-vous pour sentir le contact des pieds au sol.

2. Commencez debout, les jambes légèrement écartées. Prenez conscience de votre respiration naturelle. Étirez-vous de tout votre long en inspirant, relâchez en expirant.

3. Penchez la tête doucement vers la droite, laissez le bras gauche s'éloigner sur le côté. Respirez dans l'étirement du cou et de la nuque. Puis changez de côté.

4. Entrelacez les doigts et étirez les bras au-dessus de la tête, paumes vers le ciel. Allongez bien les bras, ouvrez les côtés du buste, crescendo. Puis relâchez.

5. Toujours les doigts entrelacés, arrondissez le dos en amenant les mains devant vous. Respirez dans l'ouverture de la cage thoracique et des omoplates.

6. Penchez-vous en avant, laissez le haut du corps s'étirer vers le sol, les bras ballants, la tête lourde. Respirez dans l'étirement du dos et des jambes, sans forcer.

7. Au sol, asseyez-vous les jambes tendues devant vous. Pliez la jambe droite et amenez la plante du pied contre la cuisse gauche. Inclinez-vous en avant. Puis l'inverse.

8. En position assise, attrapez le pied droit et étirez-le dans l'alignement du genou. Pointez et fléchissez le pied plusieurs fois. Ressentez l'étirement du mollet. Puis l'autre jambe.

9. Allongez-vous sur le dos, ramenez les genoux contre la poitrine. Entourez-les des bras pour accentuer l'étirement lombaire. Respirez calme

10. Sur le ventre, prenez appui sur les avant-bras pour étirer le buste vers le haut. Ouvrez la poitrine, étirez l'avant du corps. Le bas du corps reste détendu au sol.

11. Pour chaque posture d'étirement, restez environ 30 secondes à 1 minute en respirant calmement. Accueillez les sensations d'étirement, sans dépasser votre seuil de douleur.

12. Relâchez-vous toujours avant de changer de côté ou de posture. Soyez attentif au relâchement qui s'installe après l'étirement, aux effets bénéfiques de la détente.

13. Explorez une grande variété de postures assises, debout, allongées sur le dos ou le ventre. Amusez-vous à étirer créativement chaque partie de votre corps.

14. Terminez en vous étirant de tout votre long au sol, en respirant profondément. Puis prenez quelques instants pour ressentir les effets de cette pratique dans votre corps.

15. Une pratique régulière des étirements conscients assouplit votre corps et votre mental. Elle cultive l'adaptabilité, la souplesse d'être, la capacité à accueillir le changement.

Exercice 27 — La Communication Non Violente (CNV)

Description :

Une pratique de communication consciente et bienveillante, qui nous apprend à exprimer nos besoins profonds et à entendre ceux des autres, afin de créer des relations authentiques et harmonieuses.

Instructions

1. Lorsqu'une situation relationnelle vous challenge (conflit, incompréhension, frustration...), prenez un temps de recul pour vous poser et vous relier à vous-même. Respirez profondément, accueillez vos ressentis avec bienveillance.

2. Puis clarifiez la situation en distinguant les faits objectifs (ce qui s'est passé concrètement) des interprétations subjectives (les histoires mentales que vous avez créées autour). Séparez le visible du supposé.

3. Maintenant, identifiez les émotions qui vous habitent face à cette situation - peur, colère, tristesse, déception... Accueillez-les sans jugement, comme des messagers précieux. Qu'essaient-elles de vous dire ?

4. Derrière chaque émotion se cache un besoin profond - besoin de sécurité, de respect, de liberté, de connexion... Identifiez le vôtre et nommez-le clairement, avec douceur. Par exemple : "J'ai besoin de me sentir entendu(e) et valorisé(e) dans cette relation".

5. Puis imaginez quels pourraient être les besoins de l'autre personne impliquée dans la situation. Au-delà des apparences, que cherche-t-elle fondamentalement à combler ? Cultivez la curiosité et l'empathie envers son univers intérieur.

6. À partir de ces clarifications, formulez une demande concrète qui pourrait nourrir vos besoins mutuels. Par exemple : "Serait-il possible que nous prenions un temps d'échange posé pour partager nos visions et trouver des solutions ensemble ?". Soyez précis et ouvert à la fois.

7. Lorsque vous vous sentirez prêt(e), proposez à l'autre personne un temps de discussion en "mode CNV". Exprimez votre intention de

créer un espace de dialogue authentique et constructif. Invitez-la dans cette exploration côte à côte.

8. Pendant l'échange, engagez-vous à parler en "je" (en parlant de vous plutôt que de l'autre), à exprimer vos ressentis et besoins de façon honnête et respectueuse. Écoutez l'autre avec une attention bienveillante, en cherchant à comprendre son point de vue et ses besoins sous-jacents.

9. Laissez émerger des solutions créatives qui honoreront vos besoins respectifs. Soyez ouvert(e) aux propositions inattendues, aux compromis intelligents. Co-créez un nouvel équilibre relationnel, pas à pas.

10. Accueillez chaque difficulté comme une opportunité d'approfondir votre pratique de la CNV. Célébrez chaque moment de connexion authentique, chaque avancée vers plus d'harmonie. La relation est un chemin d'apprentissage infini .

11. Vous pouvez aussi vous exercer à la CNV en dehors des situations de crise, dans vos échanges quotidiens. Écoutez avec le cœur, exprimez-vous avec authenticité, cultivez l'art du dialogue ouvert... C'est en pratiquant que la CNV deviendra une seconde nature .

Exercice 28 — Le Body Scan de la Détente Profonde
Description :

Un exercice de relaxation guidée pour relâcher les tensions et instaurer un état de profond bien-être corporel.

Instructions

1. Installez-vous confortablement sur un tapis ou allongé dans votre lit, les bras le long du corps. Fermez les yeux et respirez calmement par le ventre.

2. Commencez par porter votre attention sur vos orteils du pied gauche. En inspirant, contractez-les fortement. En expirant, relâchez toute tension. Ressentez la différence entre crispation et détente.

3. Remontez progressivement dans la jambe gauche en contractant puis relâchant chaque groupe musculaire : le pied entier, la cheville, le mollet, le genou, la cuisse... Prenez le temps d'accueillir les sensations.

4. Faites de même pour la jambe droite, des orteils à la hanche. Votre conscience accompagne chaque inspiration et chaque expiration, chaque contraction et chaque relâchement.

5. Continuez avec le bassin, en contractant les muscles fessiers et abdominaux. Puis relâchez en expirant profondément. Imaginez une sensation de chaleur et de détente qui se diffuse dans cette zone.

6. Répétez le processus pour le bas du dos, puis remontez vertèbre après vertèbre le long de la colonne. À chaque expiration, visualisez les tensions qui fondent, les vertèbres qui s'espacent...

7. Contractez simultanément le haut du dos et les épaules en inspirant, relâchez en expirant. Faites plusieurs cycles respiration-détente, en amplifiant le relâchement à chaque expiration.

8. Concentrez-vous ensuite sur vos mains et vos bras. Serrez les poings, bloquez les coudes, contractez les biceps en inspirant. Puis relâchez d'un coup en expirant, comme si toute pression retombait.

9. Remontez vers le cou et la nuque. Contractez les muscles en rentrant le menton, puis relâchez lentement en sentant les vertèbres cervicales qui se décompressent, le cou qui s'allonge.

10. Portez votre attention sur votre visage : contractez tous les muscles (mâchoires, langue, lèvres, joues, front...) en faisant la "grimace du lion". Puis relâchez complètement, en étirant délicatement les traits.

11. Effectuez un dernier scan mental de votre corps des pieds à la tête. S'il reste des tensions résiduelles, expirez-les dans un grand soupir libérateur. Tout votre être baigne dans une profonde détente...

12. Savourez pendant quelques minutes cet état de relâchement et d'unité corporelle. Vous pouvez visualiser une lumière dorée qui monte de vos pieds et imprègne chaque cellule de bien-être...

13. Pour terminer, réactivez votre corps en bougeant doucement pieds, mains et tête. Étirez-vous comme au réveil et ouvrez lentement les yeux, en gardant cette conscience détendue.

14. Répétez ce scan corporel chaque fois que vous vous sentez tendu ou dispersé. Il vous reconnecte à votre corps, cet allié précieux qui ne demande qu'à être écouté avec bienveillance .

Exercice 29 — La pratique de la médiation consciente
Description :

Une méthode pour faciliter le dialogue et dénouer les conflits interpersonnels, en écoutant avec le cœur et en orientant vers la compréhension mutuelle.

Instructions

1. Lorsque deux personnes de votre entourage sont en conflit, proposez-leur d'endosser le rôle de médiateur. Expliquez-leur votre intention d'être un facilitateur neutre et bienveillant.

2. Réunissez-les dans un lieu calme, propice au dialogue. Installez-les face à face, en triangle avec vous. Votre présence forme un espace sécurisé, un champ d'écoute et d'empathie.

3. Commencez la rencontre par un temps de centrage et de respiration consciente. Rappelez les règles du dialogue : écoute sans interruption, expression responsable, confidentialité...

4. Invitez chacun à exprimer à tour de rôle son expérience vécue et son ressenti face à la situation conflictuelle. En tant que médiateur, écoutez de manière équanime, sans prendre parti.

5. Refermez les jugements et les interprétations. Laissez la personne qui s'exprime déposer sa charge émotionnelle, accueillez la vulnérabilité derrière la colère ou le reproche...

6. Quand une personne a terminé, reformulez avec vos mots ce que vous avez entendu, tant au niveau du contenu que de l'émotion. Vérifiez : "Ai-je bien compris ce que tu as exprimé ?"

7. Votre reformulation empathique permet à la personne de se sentir entendue et légitimée dans son vécu. Elle clarifie ses propos et aide l'autre à le recevoir sans réactivité.

8. En écoutant ainsi chacun avec considération, vous installez un climat d'apaisement et d'ouverture. Progressivement, chacun peut entendre l'autre au-delà de ses filtres...

9. Votre rôle est d'aider chacun à clarifier ses besoins essentiels et à les exprimer de manière responsable. Relancez par des questions comme : "Que te faudrait-il pour retrouver la paix ?"

10. Orientez le dialogue vers la recherche de solutions créatives, qui tiennent compte des aspirations de chacun. Plutôt que camper sur les positions, ouvrez l'espace des possibles .

11. Saluez chaque pas, même infime, vers la compréhension mutuelle et la réconciliation. Votre regard valorisant enracine leurs efforts et soutient le processus.

12. Aidez-les à formuler des engagements concrets, des actions réparatrices et inspirantes. Proposez-leur de sceller ces accords par un geste symbolique ou une célébration .

13. Au terme de la médiation, remerciez chacun pour sa sincérité et son courage. Rappelez-leur que le chemin parcouru ensemble est le début d'un nouveau possible entre eux.

14. Pour vous-même, prenez le temps d'intégrer l'expérience avec auto-compassion. Être médiateur est exigeant. Soyez doux avec vos propres résistances, peurs, limites...

15. Vous découvrirez que votre qualité de présence et d'écoute est votre plus grand atout de médiateur. Bien plus que vos mots, c'est la justesse de votre être qui agit...

16. En étant cet espace neutre et aimant, vous permettez aux antagonismes de se dépolariser, aux nœuds de se défaire, aux ponts de se créer... Vous enfantez la paix .

Exercice 30 — La Psychothérapie Intégrative (approche de Richard Meyer)

Description :

Une méthode thérapeutique originale et complète qui combine de façon créative des outils issus de différentes approches (psychanalyse, gestalt, hypnose, PNL...) pour répondre au mieux aux besoins de chaque personne.

Instructions

1. Identifiez une problématique qui vous tient à cœur actuellement et sur laquelle vous aimeriez avancer. Cela peut-être une difficulté relationnelle, un mal-être émotionnel, un blocage dans votre vie... Écrivez-la de façon spécifique.

2. Prenez le temps d'explorer cette problématique sous plusieurs angles, avec curiosité et non-jugement. Comme un détective bienveillant, récoltez les données en vous posant des questions ouvertes :

3. Quelles sont les émotions et les sensations corporelles associées ?

4. Quelles sont les pensées et les croyances qui alimentent cette difficulté ?

5. À quels moments et dans quels contextes est-elle la plus présente ?

6. Que cherche-t-elle à exprimer, quel est son message caché ?

7. Comment se manifeste-t-elle au niveau comportemental et relationnel ?

8. En fonction des réponses qui émergent, identifiez 2 ou 3 outils que vous sentez pertinents et inspirants pour explorer plus avant cette problématique et la transformer.

Parmi les possibilités :

9. Un dialogue gestaltiste avec la partie de vous qui porte cette difficulté

10. Une visualisation symbolique pour transformer les croyances limitantes

11. Des exercices corporels et respiratoires pour libérer les émotions bloquées

12. Une séance d'hypnose ou d'auto-hypnose pour reprogrammer les schémas inconscients

13. Un recadrage en PNL pour changer votre perception de la situation

14. Un rituel de détachement et de lâcher-prise inspiré des traditions chamaniques

15. Créez un environnement propice et un moment dédié pour expérimenter les 2-3 outils choisis. Faites confiance à votre intuition et votre créativité pour adapter les protocoles à votre réalité unique. Osez sortir des sentiers battus .

16. Pendant cette séance d'exploration, cultivez une présence à la fois impliquée et détachée. Impliquez-vous à fond dans chaque outil, tout en gardant une distance intérieure, un regard méta sur le processus. Vous êtes à la fois l'explorateur et le guide.

17. Accueillez avec gratitude et émerveillement les prises de conscience, les libérations émotionnelles, les inspirations qui émergent au fil du travail. Célébrez les petites et grandes victoires, savourez les moments de grâce .

18. Après la séance, prenez un temps d'intégration pour ancrer les apprentissages et laisser décanter les expériences. Révélez dans votre journal vos découvertes, ainsi que les nouvelles attitudes et actions que vous souhaitez mettre en place.

19. Renouvelez ce processus d'exploration créative et synergique aussi souvent que nécessaire, en variant les outils et les angles d'approche. Chaque séance vous révèlera de nouveaux trésors, chaque outil aiguisera votre connaissance de vous-même.

20. Au fil de la pratique, vous développerez un art consommé de la combinaison thérapeutique, un flair de plus en plus affûté pour

identifier les méthodes les plus porteuses. Faites confiance à la sagesse de votre inconscient, au génie de l'instant.

21. La psychothérapie intégrative est une merveilleuse école de connaissance de soi et de libération intérieure. En convoquant notre esprit courageux et créatif au service de notre épanouissement, elle nous offre une boussole précieuse sur le chemin de vie.

Exercice 31 — La lettre de pardon radical à un proche
Description :

Un exercice puissant pour se libérer d'une souffrance relationnelle passée, par un acte symbolique de pardon inconditionnel envers un être qui nous a fait du mal.

Instructions

1. Connectez-vous à une relation du passé qui continue de vous faire souffrir aujourd'hui. Une personne qui vous a profondément blessé, trahi ou abandonné...

2. Installez-vous au calme avec une feuille blanche et de quoi écrire. Fermez un instant les yeux et visualisez cette personne. Laissez remonter les émotions et les souvenirs associés à elle.

3. Plutôt que d'entrer dans le ressassement ou le jugement, décidez d'accueillir tout ce qui se présente avec une intention de compréhension et de libération.

4. Maintenant, commencez à écrire une lettre à cette personne, une lettre dans laquelle vous exprimez tout ce que vous avez sur le cœur, sans aucune retenue.

5. Exprimez votre colère, votre déception, votre sentiment d'injustice. Nommez précisément ce qu'elle vous a fait, les conséquences que cela a eu sur vous...

6. Ne vous censurez pas. Toutes vos émotions sont légitimes. Votre vulnérabilité est précieuse. Donnez une voix à cet enfant intérieur blessé qui réclame réparation...

7. Quand vous sentez que tout a été dit, que quelque chose se détend en vous, passez à la deuxième partie de la lettre. Une lettre de pardon et de guérison.

8. Dites à cette personne que vous comprenez qu'elle ait agi ainsi par ignorance, par peur ou par souffrance. Qu'elle a fait du mieux qu'elle pouvait avec sa conscience d'alors.

9. Reconnaissez son humanité au-delà de ses actes. Cette personne aussi aspire à être heureuse et en paix, même si elle s'y prend maladroitement...

10. Dites-lui que vous choisissez aujourd'hui de la libérer et de vous libérer de ce passé douloureux. Que vous renoncez à attendre d'elle une quelconque réparation.

11. Affirmez votre volonté de vous pardonner vous-même de vous être négligé, de ne pas avoir su dire non ou demander de l'aide. Vous avez fait de votre mieux.

12. Déclarez que vous reprenez votre pouvoir, que personne ne peut plus vous atteindre. Vous êtes fort de votre vulnérabilité même, riche de tout ce chemin parcouru.

13. Enfin, visualisez cette personne en train de lire votre lettre. Imaginez qu'elle accueille vos mots avec compréhension et gratitude. Qu'une réconciliation est possible.

14. Restez quelques instants à savourer ce sentiment de paix et de libération intérieure. Un sourire peut naître sur votre visage, une chaleur douce vous parcourir...

15. Relisez votre lettre à haute voix, pour ancrer en vous ce processus. Puis déchirez-la ou brûlez-la, en signe que le passé est transmué et digéré. Rendez grâce.

16. Les jours suivants, si de vieilles émotions refont surface, répétez le processus. Écrivez autant de lettres que nécessaire, jusqu'à vous sentir totalement libre.

17. Vous pouvez adapter cet exercice à toute situation conflictuelle passée ou présente. Votre capacité de pardon inconditionnel est la clé de votre libération émotionnelle.

18. En pratiquant régulièrement le pardon radical, vous devenez de plus en plus immunisé contre la souffrance relationnelle. Votre cœur s'élargit, votre égo s'allège.

19. Vous savez que la paix ne dépend pas des circonstances extérieures mais de votre état intérieur. En pardonnant, vous recontactez votre pouvoir véritable d'être libre et aimant.

Exercice 32 — L'Exercice du "Et si..." (Sid Meier)
Description :

Une pratique pour débloquer sa créativité en questionnant les évidences et en imaginant des scénarios alternatifs inspirants, dans une dynamique d'ouverture et d'enthousiasme.

Instructions

1. Choisissez un domaine dans lequel vous aimeriez insuffler plus de créativité : votre travail, vos loisirs, vos relations, votre style de vie... Quelque chose qui vous tient à cœur et où vous sentez le besoin de nouvelles perspectives.

2. Dans un carnet dédié, formulez par écrit la situation de départ. Par exemple : "Je travaille comme comptable dans un grand cabinet". Ou : "Je passe mes soirées à regarder des séries". Décrivez le statu quo sans jugement.

3. Sur la page suivante, écrivez en gros "Et si..." puis laissez libre cours à votre imagination pour compléter la phrase avec un scénario alternatif positif et motivant. Par exemple : "Et si je proposais un atelier créatif pour améliorer la communication dans l'équipe ?" ou "Et si je m'initiais à la danse contemporaine deux soirs par semaine ?".

4. Ne vous censurez pas, notez toutes les idées qui vous passent par la tête même si elles vous semblent irréalistes ou farfelues. L'objectif est d'ouvrir l'espace des possibles, pas de trouver la solution parfaite.

5. Une fois que vous avez une belle liste de "Et si", prenez le temps de ressentir l'énergie unique que dégage chaque proposition. Laquelle vous fait vibrer, vous enthousiasme, vous tire vers le haut ? Mettez un + dans la marge pour les repérer.

6. Choisissez l'un de ces scénarios prometteurs et creusez-le plus en détails. Imaginez comment il pourrait se déployer concrètement : Quelles seraient les premières étapes ? Les ressources nécessaires ? Les bénéfices attendus ? Laissez votre créativité pragmatique se déployer.

7. Vous pouvez aussi questionner les obstacles éventuels : Qu'est-ce qui pourrait vous freiner ? Comment pourriez-vous contourner ces difficultés ? Envisagez des stratégies créatives pour les transformer en opportunités.

8. Une fois que votre scénario alternatif devient plus tangible, partagez-le avec une personne de confiance pour recueillir son feed-back et enrichir votre vision. La créativité grandit souvent dans le partage et la co-construction.

9. Puis lancez-vous : expérimentez, testez, ajustez . Même un petit pas dans la direction de votre "Et si" est déjà une victoire. Chaque action novatrice, même imparfaite, vous mettra en mouvement et en apprentissage.

10. N'hésitez pas à répéter l'exercice régulièrement, en variant les domaines explorés. Votre muscle du "Et si" se renforcera à chaque itération, vous rendant de plus en plus agile pour réinventer votre quotidien.

11. Au fil de la pratique, votre imaginaire s'élargira, votre audace s'affirmera. Vous deviendrez un athlète du "Et si", capable de transcender vos limite habituelles et d'embrasser le meilleur des futurs possibles .

12. Car questionner le statu quo est la clé pour s'autoriser à vivre sa vie de façon unique et inspirée. Et si vos "Et si" devenaient réalité ? Et si votre créativité était votre meilleure alliée ?

13. Comme le dit Einstein : "La logique vous mènera d'un point A à un point B. L'imagination vous mènera partout." Alors rêvez, osez,

explorez . Le monde a besoin de vos "Et si" les plus fous pour se renouveler. Votre créativité en actes est un cadeau pour tous .

Exercice 33 — La Lettre au Futur Soi
Description :

Un exercice d'écriture inspirante pour célébrer ses progrès à venir et reprendre contact avec ses rêves.

Instructions

1. Imaginez que vous écrivez une lettre à votre "vous" dans 1 an. Visualisez où vous en serez, qui vous serez devenu...

2. Saluez chaleureusement votre futur et exprimez votre joie de communiquer avec lui/elle.

3. Célébrez tous les accomplissements et victoires que votre futur soi aura réalisés (petits et grands pas)

4. Remerciez-le/la pour son courage, sa détermination, sa résilience face aux obstacles traversés.

5. Rappelez-lui vos rêves et aspirations du moment présent. Encouragez-le à poursuivre dans cette direction inspirante.

6. Transmettez-lui tout votre amour et votre confiance. Votre futur soi est votre plus bel allié .

7. Pliez cette lettre et inscrivez dessus la date d'ouverture (dans 1 an). Glissez-la dans une enveloppe...

8. Le moment venu, savourez cette missive porteuse de tant de gratitude et de conscience de votre chemin.

Exercice 34 - La Pratique des Cercles de Parole

Description: Une pratique collective inspirée des traditions ancestrales, pour apprendre à écouter et à s'exprimer depuis le cœur, dans un espace sécurisant de partage et de soutien mutuel.

Instructions

1. Rassemblez un groupe de personnes (idéalement entre 5 et 12) désireuses d'expérimenter l'écoute et le partage conscients. Choisissez un lieu calme et un horaire qui convienne à tous, dans un esprit de co-responsabilité.

2. Créez ensemble un espace sacré en disposant les chaises ou les coussins en cercle, de préférence sans table au centre. Vous pouvez ajouter au milieu des objets symboliques qui évoquent l'unité, l'ouverture et la bienveillance (bougie, fleurs, pierres...).

3. Commencez par quelques minutes de silence ou une courte méditation pour vous centrer et vous relier à votre intention. Puis rappelez les accords de base du cercle : parler en "je", écouter sans interrompre ni juger, respecter la confidentialité...

4. Pour favoriser une parole authentique, instaurez un rituel de partage comme un "bâton de parole" (ou tout autre objet) qui circule de main en main dans le sens du cercle. Seule la personne qui tient l'objet a la parole, les autres écoutent en silence.

5. Vous pouvez aussi utiliser un réveil ou un gong pour limiter le temps de parole de chacun (3 à 5 min) et s'assurer que tous ont l'occasion de s'exprimer. L'idée est de partager l'espace avec équité et respect mutuel.

6. Invitez chaque participant à parler depuis son cœur, en se fondant sur son expérience vécue plutôt que sur des opinions ou des conseils. Encouragez une parole "du je et du jeu", à la fois authentique et bienveillante.

7. Vous pouvez proposer un thème de partage en lien avec le développement personnel, comme "un apprentissage de vie", "un moment de gratitude", "un défi actuel"... Évitez les sujets trop intimes qui peuvent mettre mal à l'aise.

8. Lorsque vient votre tour, respirez profondément et prenez le temps de ressentir ce qui est vivant en vous. Laissez monter les mots depuis cet espace de vérité intérieure, sans chercher à impressionner ou à convaincre. Votre vulnérabilité est votre force.

9. En écoutant les autres, ouvrez votre cœur avec bienveillance et sans jugement. Accueillez leur parole comme un cadeau précieux, un partage sacré de leur être profond. Vous pouvez pratiquer l'écoute empathique en ressentant ce que l'autre vit dans votre propre corps.

10. Entre chaque tour de parole, prenez quelques instants de silence pour intégrer ce qui a été dit et honorer la confiance partagée. Vous pouvez aussi vous accorder des moments de reliance non verbale - regard, sourire, main sur le cœur...

11. À la fin de la session (1h-1h30), prenez un temps pour célébrer la magie de cette expérience et exprimer votre gratitude mutuelle. Vous pouvez conclure par une parole positive, un chant, une salutation... Soyez créatifs ensemble.

12. Préservez la confidentialité de ce qui s'est dit et l'énergie sacrée du cercle en évitant les commentaires ou les jugements après la session. Chacun repart avec les perles de sagesse reçues, comme un trésor intérieur qui continue à rayonner.

13. Vous pouvez établir un rythme régulier de rencontres (hebdomadaire, mensuel...) pour approfondir la confiance et le soutien mutuel. Les cercles ont aussi une belle capacité d'adaptation (en ligne, en plein air, en famille, au travail...).

14. Lorsque nous prenons le risque de la parole authentique et de l'écoute du cœur, des miracles de connexion et de transformation peuvent advenir. En nous reliant à notre humanité partagée, les cercles nous guérissent de la solitude et de la séparation.

15. Le moment venu, savourez cette missive porteuse de tant de gratitude et de conscience de votre chemin.

Exercice 35 — Répétition mentale d'une performance sportive
Description :

Une préparation mentale pour optimiser sa performance physique grâce à la visualisation.

Instructions

1. Identifiez une performance sportive que vous souhaitez réussir (une compétition, un enchaînement technique, un geste parfait...). Définissez votre intention.

2. Installez-vous dans un lieu calme, fermez les yeux. Imaginez-vous sur le lieu de votre performance : stade, salle, piste, tatami... Familiarisez-vous avec l'environnement.

3. Visualisez-vous en train d'exécuter votre performance, du début à la fin, dans les conditions idéales. Votre respiration est ample, votre concentration optimale.

4. Ressentez la précision et la puissance de vos mouvements, la fluidité de vos enchaînements. Vous êtes confiant(e), aligné(e), porté(e) par votre préparation.

5. En cas de difficultés, visualisez-vous en train de les surmonter sereinement : un terrain glissant, une douleur, le stress... Vous faites corps avec les imprévus.

6. Ressentez la fierté et la joie lorsque vous réalisez votre objectif. Savourez votre victoire intérieure. Ancrez cet état d'excellence et de maîtrise dans tout votre être.

7. Répétez cette visualisation plusieurs fois, en affinant les détails. Votre corps enregistre les schémas de réussite et saura les restituer le moment venu.

8. Réouvrez les yeux, étirez-vous. Gardez en vous le souvenir corporel de cette performance optimale. Vous l'avez vécue intérieurement, vous saurez la vivre extérieurement.

Exercice 36 — Projection dans le corps d'un être totémique

Description :

Une visualisation chamanique pour emprunter les qualités d'un animal de pouvoir.

Instructions

1. Identifiez un défi qui nécessite de mobiliser certaines ressources en vous. Puis choisissez un animal qui incarne ses qualités : le courage du lion, la patience de la tortue...

2. Allongez-vous, fermez les yeux. Visualisez le paysage naturel de cet animal. Ressentez l'atmosphère de son habitat, les sons, les odeurs... Connectez-vous à son énergie.

3. Visualisez l'animal qui apparaît dans ce paysage, majestueux et paisible. Observez sa démarche, sa prestance, la sagesse qui émane de lui. Il vous invite à le rejoindre.

4. Dirigez-vous vers lui. Remerciez-le de partager son essence avec vous. Puis imaginez que vous entrez dans son corps, que vous vous glissez dans sa fourrure, ses écailles...

5. Prenez quelques instants pour vous ajuster à cette nouvelle enveloppe. Ressentez la puissance de sa musculature, l'acuité de ses sens, l'intensité de ses instincts...

6. Dans la peau de l'animal, revivez votre situation de défi. Observez comme vous l'abordez avec des capacités décuplées, un regard neuf, des solutions originales...

7. Savourez la force et la confiance que vous puisez dans cette identification. Ressentez comme votre rapport à l'obstacle a changé. De nouvelles options se présentent.

8. Lorsque vous avez fait le plein de l'énergie de l'animal, remerciez-le du fond du cœur. Imaginez que vous sortez de son corps et reprenez progressivement vos contours humains.

9. Réouvrez lentement les yeux, en vous étirant comme après un long voyage. Les qualités de l'animal de pouvoir vibrent en vous. Elles font partie de votre nature essentielle.

Exercice 37 — Projection dans un futur inspirant
Description :

Une visualisation créatrice de son avenir idéal pour clarifier sa vision et activer la Loi d'Attraction.

Instructions

1. Installez-vous dans un lieu calme, assis ou allongé. Fermez les yeux et respirez profondément pour détendre votre corps et apaiser votre mental. Imaginez-vous dans une bulle protectrice.

2. Projetez-vous mentalement dans 5 ans. Vous vous retrouvez dans un cadre de vie qui vous enchante et vous ressemble. Observez chaque détail de ce lieu où vous vous sentez pleinement épanoui(e).

3. Visualisez-vous dans votre activité professionnelle. Un travail créatif et stimulant, qui a du sens et vous permet d'exprimer vos talents. Sentez la joie et la fierté de réaliser votre mission de vie.

4. Explorez vos relations. Un partenaire amoureux qui vous comble, une famille harmonieuse, des amitiés nourrissantes, des collaborations inspirantes... Votre vie relationnelle est source de partage et d'évolution.

5. Observez votre apparence physique, reflet de votre bien-être intérieur. Un visage détendu, un corps énergique et souple, un regard pétillant... La santé et la vitalité émanent de vous.

6. Focalisez-vous sur votre état d'esprit. Vous rayonnez de confiance, d'optimisme et de gratitude. Votre créativité est en éveil, votre intuition vous guide, votre joie est contagieuse...

7. Imprégnez-vous de ces images d'un futur désirable, en y mettant un maximum de sensations et d'émotions positives. Vous alimentez le champ quantique avec cette vision inspirante.

8. Lorsque vous vous sentez en total alignement avec votre projection, laissez émerger de votre cœur une phrase ou un mot qui la résume. Par exemple : "Vie extraordinaire", "Accomplissement", "Amour et Abondance"...

9. Ancrez ce mot-clé dans votre mémoire corporelle. Il devient votre affirmation quotidienne pour orienter vos choix, vos actions et vos vibrations dans la direction de ce futur idéal.

10. Revenez progressivement à votre réalité présente, en réouvrant doucement les yeux. Gardez précieusement en vous les images de ce futur inspirant, comme un phare qui illumine votre route.

11. Poursuivez la visualisation créatrice régulièrement pour ajouter de nouveaux détails à votre vision. Confrontez vos décisions quotidiennes à cette projection idéale pour vérifier leur alignement.

12. Le futur n'est pas une fatalité mais une potentialité que vous co-créez dès maintenant, à chaque instant . Rêvez grand, vibrez juste et laissez la Vie déployer le film de vos désirs .

Exercice 38 — Visualisation de la flamme violette

Description: Une pratique puissante pour transmuter les énergies négatives, dissoudre les blocages et activer son pouvoir de guérison et de transformation intérieure.

Instructions

1. Trouvez un lieu calme où vous ne serez pas dérangé, et installez-vous dans une position confortable, assis ou allongé. Fermez les yeux et prenez quelques grandes respirations pour vous centrer.

2. Commencez par visualiser un espace entièrement blanc autour de vous, comme si vous étiez baigné dans une lumière immaculée. Cette lumière est apaisante, purifiante, elle vous enveloppe d'une clarté bienveillante.

3. Au centre de cet espace, imaginez maintenant une petite flamme violette qui apparaît, scintillante et dynamique. Observez la beauté de cette couleur, sa vibration particulière, l'énergie qu'elle dégage.

4. Progressivement, la flamme violette grandit et s'étend, jusqu'à vous entourer complètement. Vous êtes maintenant baigné dans une sphère de feu violet, vivant et intense.

5. Ressentez la chaleur et la puissance de cette flamme, mais aussi sa douceur, son intelligence. Elle est là pour vous, pour consumer toutes les énergies stagnantes et les transmuter en lumière.

6. Portez votre attention sur une situation ou un aspect de vous-même que vous souhaitez transformer ou guérir. Cela peut être une émotion difficile, une croyance limitante, une relation conflictuelle, un problème physique...

7. Visualisez que vous placez cette situation au cœur de la flamme violette, comme une offrande, un lâcher-prise. Observez-la qui se consume doucement dans le feu alchimique, se dissout, se transmute.

8. À mesure que la flamme fait son œuvre, ressentez les énergies lourdes qui se dénouent en vous, les nœuds qui se défont, les mémoires douloureuses qui s'apaisent. Tout ce qui n'est plus nécessaire est consumé, libérant de l'espace pour le nouveau.

9. Vous pouvez accompagner ce processus d'une affirmation ou d'un mantra, comme "Je libère et je transmute", "Je me pardonne et je m'aime", "Je choisis la paix et l'harmonie"... Laissez les mots justes jaillir spontanément.

10. Progressivement, la flamme violette se concentre au niveau de votre cœur, fusionnant avec votre flamme intérieure. Vous devenez cette flamme violette, pure et radieuse, vibrante de vie et de potentiel.

11. Depuis cet espace de clarté retrouvée, visualisez maintenant la situation transformée, guérie, résolue. Imaginez-vous vivant la vie que vous aspirez à vivre, déployant vos dons, rayonnant de joie...

12. Imprégnez-vous de ces images positives, de ces sensations d'accomplissement et de paix. Ancrez-les dans chaque cellule de votre corps, dans chaque recoin de votre être. Vous êtes en train de créer une nouvelle réalité.

13. Lorsque vous vous sentez rempli de cette énergie nouvelle, commencez à rétracter doucement la flamme violette, en la remerciant

pour son action puissante et bénéfique. Faites-lui la promesse d'honorer le travail accompli.

14. Progressivement, revenez à la conscience de votre corps physique, de votre respiration. Bougez doucement vos doigts et vos orteils, étirez-vous comme au sortir d'un rêve profond.

15. Avant d'ouvrir les yeux, prenez un instant pour ressentir la légèreté et la clarté dans votre corps et dans votre esprit. Quelque chose s'est délié, une énergie nouvelle circule en vous.

16. Ouvrez les yeux doucement, et prenez un temps pour intégrer l'expérience, en écrivant ou en dessinant dans votre journal si vous le souhaitez.

17. Vous pouvez revenir à cette pratique aussi souvent que nécessaire, en visualisant la flamme violette qui consume et transforme tout ce qui doit l'être, pour toujours plus de liberté et d'harmonie. Devenez cette flamme de transmutation.

Exercice 39 — L'écriture émotionnelle libératrice

Description: Une pratique d'écriture intuitive pour contacter et exprimer ses émotions refoulées, dans un espace sécurisant et bienveillant, afin de s'en libérer et de retrouver sa clarté intérieure.

Instructions

1. Choisissez un moment où vous serez au calme, sans interruption pendant au moins 30 minutes. Créez une ambiance propice au lâcher-prise - bougies, musique douce, confort...

2. Munissez-vous d'un journal intime et d'un stylo dont l'encre coule facilement. Vous pouvez aussi opter pour une feuille volante, que vous pourrez brûler par la suite dans un rituel libérateur.

3. Commencez par prendre quelques profondes respirations, en relâchant les tensions dans votre corps et dans votre mental. Ancrez-vous dans une présence douce et ouverte.

4. Puis écrivez en haut de la page : "En ce moment, je me sens..." et laissez les mots émerger spontanément, sans censure ni contrôle. Votre écrit n'a pas besoin d'être lisible ou correct, il est pour vous seul(e).

5. Exprimez tout ce qui vous traverse - vos peurs, vos colères, vos tristesses, vos frustrations... Soyez totalement honnête, sans chercher à édulcorer ou enjoliver. Votre journal est un espace sacré où tout peut être dit.

6. Si les mots vous manquent, vous pouvez aussi dessiner, gribouiller, colorier intensément... L'essentiel est de laisser une trace tangible de votre émotion, quelle que soit sa forme.

7. Si des larmes surviennent, laissez-les couler sur le papier, comme pour l'imprégner de leur sel et de leur force. Ne vous arrêtez pas, continuez à écrire à travers les pleurs, en respirant profondément.

8. Peut-être que des souvenirs douloureux, des situations non résolues remontent à la surface... Accueillez-les avec autant de douceur que possible, en vous rappelant que vous êtes en sécurité, ici et maintenant. Votre écrit est un témoignage, une validation de ce que vous avez vécu.

9. Vous pouvez aussi vous adresser directement à votre émotion, comme à un enfant apeuré. Par exemple : "Ma chère tristesse, je te vois, je t'entends. Tu as le droit d'être là. Je suis avec toi, tu n'es plus seule maintenant..." Laissez votre cœur parler, réconforter, apaiser.

10. Poursuivez l'écriture pendant au moins 15 minutes, ou jusqu'à sentir un relâchement, une forme de soulagement ou d'apaisement. Vous avez exprimé ce qui était là, c'est l'essentiel.

11. Puis posez votre stylo et relisez lentement, avec tendresse et compassion ce que vous avez écrit. Comme si vous recueilliez un enfant en détresse, sans le juger. Vous pouvez poser votre main sur votre cœur et respirer doucement dans cet espace de vulnérabilité.

12. Ensuite, vous pouvez choisir de brûler cette page, dans un geste symbolique de libération. Visualisez la fumée qui emporte vos fardeaux, qui transmute vos souffrances... Ressentez la légèreté, l'espace nouveau en vous.

13. Vous pouvez clore cette pratique en écrivant un mot doux à votre intention, une promesse à votre enfant intérieur. Par exemple : "Je m'engage à t'écouter, te chérir et te protéger. Tu es précieux(se), je t'aime."

14. Respirez profondément, étirez-vous, buvez un verre d'eau. Puis offrez-vous un geste de douceur - une caresse, un bain chaud, un chocolat... Célébrez votre courage d'être vrai et votre engagement à prendre soin de vous.

15. Cette pratique est à renouveler aussi souvent que nécessaire, dès que vous sentez une émotion difficile qui demande à être exprimée et traversée. Votre journal est un compagnon fidèle sur ce chemin de libération émotionnelle et de réappropriation de votre histoire.

Exercice 40 — Contemplation d'un mandala
Description :

Une méditation visuelle consistant à se concentrer sur un mandala, un diagramme concentrique sacré, pour harmoniser son psychisme.

Instructions

1. Choisis un mandala qui t'attire, aux formes et aux couleurs inspirantes. Tu peux le dessiner toi-même ou imprimer une image trouvée sur internet. Place-le devant toi, à hauteur des yeux.

2. Installe-toi confortablement face au mandala, le dos bien droit. Prends quelques respirations profondes et laisse ton regard se poser doucement sur le centre de la figure géométrique.

3. Dans un premier temps, observe l'architecture globale du mandala, sa structure concentrique, sa symétrie. Contemple l'agencement harmonieux des formes qui s'emboîtent depuis le point central jusqu'à la périphérie.

4. Promène ton regard le long des axes et des diagonales. Suis les circonvolutions, les entrelacements, les jeux de miroir... Imprime dans ton esprit le tracé subtil de ces lignes de force qui s'équilibrent.

5. Puis explore la palette des couleurs chatoyantes : les dégradés de teinte, les contrastes, les nuances délicates. Chaque pigment vibre sur ton être d'une tonalité spécifique, compose une symphonie visuelle...

6. Plonge maintenant dans l'infinité des détails : motifs miniatures, ornements délicats, symboles incrustés... Le mandala t'entraîne dans une contemplation de plus en plus fine, un émerveillement sans cesse renouvelé...

7. Tout en gardant les yeux ouverts, laisse peu à peu ton regard s'intérioriser. Les formes et les couleurs du mandala se fondent en une danse fascinante qui t'absorbe tout entier. Plusieurs minutes s'écoulent ainsi...

8. Unis ta respiration au rythme visuel du mandala. À l'inspir, suis une courbe jusqu'à son point d'orgue, à l'expir, laisse-la se résoudre dans le centre. Ton souffle épouse les mouvements concentriques de la figure...

9. Abandonne-toi à la magie du mandala, sa beauté hypnotique, son pouvoir structurant. Sens ton esprit s'apaiser, se clarifier, comme si le mandala remettait de l'ordre dans tes pensées et tes émotions.

10. Quand tu te sens prêt, ferme les yeux et contemple l'image rémanente du mandala sous tes paupières. Observe-la se dissoudre peu à peu dans l'espace intérieur unifié. Tout ton être baigne dans la sérénité...

11. Reviens à toi en étirant doucement ton corps. Garde en mémoire cette harmonie contemplée, cet équilibre ressenti. Le mandala continuera d'agir en toi, tel un subtil agent de cohérence et de centrage.

Exercice 41 — Méditation marchée en pleine conscience

Description :

Une pratique pour unifier le corps et l'esprit en portant une attention consciencieuse à chaque pas, chaque mouvement, dans le moment présent.

Instructions

1. Choisissez un endroit calme où vous pouvez marcher sans être dérangé, comme un parc, un jardin ou même une pièce spacieuse de votre maison. Assurez-vous d'être vêtu localement.

2. Tenez-vous debout, les pieds légèrement écartés, les bras dilatent le long du corps. Prenez quelques grandes respirations et ancrez-vous dans la sensation de votre corps debout, en contact avec le sol.

3. Portez votre attention sur les sensations de votre corps debout. Ressentez le contact des pieds sur le sol, le léger équilibre du corps, les mouvements subtils de la respiration.

4. Lorsque vous êtes prêt, commencez à marcher très lentement, en faisant des pas courts et délibérés. Synchronisez votre respiration avec vos pas : inspirez en levant le pied, expirez en le posant au sol.

5. Concentrez-vous sur les sensations de chaque pas. Le contact du pied avec le sol, le transfert du poids du corps, le roulement du pied, le soulèvement du talon, puis des orteils.

6. Si des pensées ou des distractions surviennent, notez-les simplement et ramenez doucement votre attention sur les sensations de la marche, encore et encore.

7. Lorsque vous arrivez au bout de votre chemin de marche, arrêtez-vous un instant, respirez profondément. Puis faites demi-tour, en maintenant cette même qualité d'attention à chaque pas.

8. Si vous le souhaitez, vous pouvez élargir votre champ de conscience aux sensations dans le reste de votre corps pendant que vous marchez. Les mouvements des jambes, du bassin, des bras, de la tête...

9. Vous pouvez également ouvrir votre conscience aux sons, aux odeurs, à la lumière autour de vous, tout en gardant l'ancrage dans les sensations de la marche.

10. Continuez ainsi pendant 10 à 20 minutes, en cultivant ce même état de présence et de vigilance à chaque instant, à chaque pas.

11. Lorsque vous avez terminé, arrêtez-vous un instant. Prenez quelques respirations profondes et ressentez l'énergie de la pleine conscience qui circule dans tout votre corps.

12. Faites l'intention d'emporter avec vous cette qualité de présence dans la suite de votre journée. Chaque pas que vous ferez pourra être une occasion de vous connecter à l'instant présent et de cultiver la pleine conscience.

Exercice 42 — L'Acte créateur dédié au Divin
Description :

Une pratique artistique où le geste créateur s'offre comme une prière, un canal entre soi et la Source.

Instructions

1. Choisissez un mode d'expression artistique qui vous attire : peinture, modelage, chant, danse, poésie... Préparez votre matériel et aménagez un espace favorable à la création.

2. Avant de débuter, fermez les yeux et connectez-vous au silence vibrant en vous. Par le souffle, le mouvement ou la visualisation, faites de votre corps un sanctuaire habité, présent à lui-même.

3. Puis élevez votre conscience vers cette Source de vie illimitée dont vous êtes une expression unique. Selon votre sensibilité, vous pouvez la concevoir comme Dieu, l'Absolu, la Nature, la Conscience Une...

4. Ressentez votre lien intime avec cette Puissance créatrice qui anime l'univers. À cet instant, formez mentalement l'intention que votre acte créateur soit une offrande, un hommage, un dialogue avec elle.

5. Imprégnez-vous de la dimension sacrée de ce moment : vous vous apprêtez à extérioriser un reflet de la Beauté divine, à rendre tangible son mystère... Un sentiment de gratitude et d'humilité vous envahit.

6. Le cœur ainsi ouvert, laissez le geste créateur émerger spontanément, sans idée préconçue. Vos mains, votre voix, votre corps sont les instruments par lesquels le Divin se révèle, ici et maintenant.

7. Pendant le processus créatif, demeurez à l'écoute du mouvement subtil en vous. Peut-être percevrez-vous un mot, une sensation, une image qui cherche à s'incarner à travers vous ? Épousez ce flux avec confiance.

8. Si des doutes ou des jugements surgissent, déposez-les aux pieds de la Source avec douceur. Vous accueillez ce qui vient comme un cadeau précieux, une révélation intime dont vous êtes le canal privilégié.

9. Votre acte créateur est une prière en mouvement, un dialogue vibrant entre votre être profond et l'Intelligence universelle. Dans cet abandon confiant se déploie la grâce d'une Présence...

10. Au terme de votre création, contemplez-la comme s'il s'agissait d'une merveille dont vous seriez le premier spectateur, le premier réceptacle. Que vous dévoile-t-elle de la Beauté qui vous traverse ?

11. Pour clore, dédiez intérieurement votre œuvre au Divin, puis relâchez toute attache. Votre création est une offrande éphémère, le témoignage d'un instant de grâce qui retourne à la Source dont elle émane.

12. Chacun de vos actes créateurs dédiés approfondit votre sentiment d'être une flûte entre les doigts du Grand Musicien, un pinceau vibrant entre les mains du Peintre des mondes. Votre art s'éveille à sa dimension sacrée .

Exercice 43 — Méditation du Tai Chi

Description :

Une pratique de mouvements lents et fluides qui harmonisent le corps et l'esprit, favorisent la circulation de l'énergie et cultivent la sérénité intérieure.

Instructions

1. Choisissez un endroit calme et spacieux où vous pouvez bouger sans être dérangé. Portez des vêtements souples et confortables.

2. Tenez-vous debout, les pieds parallèles écartés de la largeur des hanches, les genoux légèrement fléchis, le sommet de la tête comme suspendu vers le ciel, le menton légèrement rentré.

3. Prenez quelques grandes respirations et ancrez-vous dans la sensation de votre corps debout, centrez et dilatez. Imaginez un fil invisible qui vous étire doucement vers le ciel à partir de votre sommet de tête.

4. Joignez doucement les mains devant votre poitrine, paumes vers le cœur. C'est la posture de départ du Tai Chi.

5. Commencez à déplacer lentement vos mains jointes vers la droite, en suivant une ligne horizontale, comme si vous poussiez doucement un ballon. Votre regard suit le mouvement des mains.

6. Continuez le mouvement circulaire, en montant les mains jointes au-dessus de votre tête, puis en les redescendant vers la gauche en un grand cercle. Votre corps suit le mouvement en pivotant doucement sur vos pieds.

7. Enchaînez plusieurs cercles lents et fluides, dans un sens puis dans l'autre, en synchronisant votre respiration au mouvement : inspirez quand les mains montent, expirez quand elles descendent.

8. Portez votre attention sur les sensations dans votre corps en mouvement. Ressentez l'étirement doux des muscles, la circulation de l'énergie, la fluidité de la respiration.

9. Si des pensées ou des distractions apparaissent, notez-les simplement et revenez à la sensation des mouvements circulaires, encore et encore.

10. Vous pouvez varier les mouvements en dessinant des cercles plus petits ou plus grands, en changeant le placement des mains (paumes vers le ciel, vers la terre, l'une vers l'autre...).

11. Laissez les mouvements se déployer avec une lenteur et une fluidité croissantes, comme une danse méditative. Ressentez la sérénité et la présence qui se dégagent de cette pratique.

12. Continuez pendant 10 à 20 minutes, en restant à l'écoute des besoins de votre corps et en ajustant les mouvements en conséquence.

13. Pour finir, ramenez lentement les mains jointes devant votre poitrine et fermez les yeux. Prenez quelques grandes respirations et ressentez la quiétude, la vitalité qui émanent de votre corps et de votre esprit.

14. Faites le vœu d'emporter cette énergie de sérénité et de présence dans votre journée. Vous pouvez revenir à cette pratique chaque fois que vous ressentez le besoin de vous recentrer et de vous ressourcer.

Exercice 44 — La Méditation de Tonglen pour l'Humanité
Description :

Une pratique de compassion active qui nous invite à inspirer la souffrance des êtres et à expirer vers eux notre amour et notre bienveillance, dans un mouvement d'ouverture du cœur et de connexion à notre humanité partagée.

Instructions

1. Installez-vous dans une posture de méditation, le dos droit et le cœur ouvert. Allumez une bougie, diffusez une huile essentielle ou créez un petit autel avec des images inspirantes pour créer une ambiance propice.

2. Commencez par prendre conscience de votre respiration, en la laissant se ralentir et s'approfondir naturellement. Portez une attention bienveillante aux sensations de l'air qui entre et sort de vos narines, de votre ventre qui se soulève et s'abaisse...

3. Puis amenez à votre esprit une situation de souffrance dans le monde qui vous touche particulièrement - la guerre, la pauvreté, la maladie, la solitude... Choisissez une situation qui éveille en vous un élan spontané de compassion.

4. Visualisez les êtres humains qui traversent cette souffrance, où qu'ils soient sur la planète. Imaginez leurs visages, leurs corps, leurs regards... Essayez de ressentir ce qu'ils vivent dans leur chair, dans leur cœur. Laissez votre empathie être éveillée...

5. Maintenant, en inspirant, imaginez que vous absorbez une partie de leur douleur et de leur peur sous forme d'une fumée noire, que vous accueillez dans votre cœur. Ne craignez pas d'être submergé(e), faites-le graduellement, avec discernement...

6. En expirant, visualisez que vous transformez cette souffrance en lumière pure dans la fournaise de votre cœur aimant, et que vous l'envoyez aux êtres sous forme d'énergie de guérison, de consolation, de force... Votre souffle devient baume et bénédiction...

7. Poursuivez cette respiration de compassion pendant quelques minutes, à votre rythme. Inspirez la souffrance, expirez l'amour... Votre cœur devient un soleil qui transmute l'obscurité en lumière, encore et encore...

8. Si vous sentez une résistance ou une fermeture, accueillez-la avec douceur. Revenez simplement à la respiration de compassion, à votre rythme. Progressivement, votre cœur s'ouvrira et s'enhardira dans cet exercice.

9. À la fin de la méditation, imaginez que la lumière de votre compassion se répand sur toute la planète, enveloppant chaque être d'une bienveillance infinie... Ressentez votre lien profond à toute l'humanité.

10. Avant d'ouvrir les yeux, prenez quelques grandes respirations. Revisitez les bienfaits de cet exercice dans votre corps et votre esprit. Imprégnez-vous de la douce chaleur de votre cœur aimant.

11. Terminez en formulant une dédicace pour que tous les êtres puissent être libérés de la souffrance et trouver la paix et le bonheur véritables. Votre compassion est une force active au service du monde.

Exercice 45 — La Méditation de la Présence bienveillante
Description :

Une pratique contemplative pour développer les qualités du cœur et irradier la bonté autour de soi.

Instructions

1. Asseyez-vous en posture méditative, le dos droit, les épaules détendues. Fermez doucement les yeux et ancrez votre attention dans le mouvement naturel du souffle.

2. Visualisez dans votre cœur un espace vaste et lumineux, comme un lac de montagne parfaitement calme, reflétant un ciel pur. C'est le sanctuaire paisible de votre présence aimante...

3. Dans cet écrin de douceur, laissez émerger le souvenir d'un être (personne, animal...) qui suscite en vous un élan spontané de bienveillance. Ressentez la chaleur dans votre poitrine, le sourire qui vous vient...

4. Imaginez que vous irradiez vers cet être des ondes de bonté, de compassion, de tendresse... Votre présence bienveillante l'enveloppe d'une lumière apaisante et régénérante. Vous l'entourez de vœux de bonheur.

5. Respirez quelques instants dans cette qualité de regard et de cœur. Imprégnez-vous de cette énergie d'amour inconditionnel qui rayonne en silence... Votre être s'accorde sur cette fréquence subtile.

6. Puis laissez se présenter à votre conscience un deuxième être, plus proche de vous... Un collègue, un parent, un ami avec lequel vos relations sont neutres ou ambivalentes. Éclairez-le de la même lumière.

7. En inspirant, recueillez-vous dans l'espace ensoleillé de votre cœur. En expirant, offrez-lui la chaleur de votre bienveillance. Honorez son chemin de vie unique, formez des souhaits sincères pour son épanouissement.

8. Élargissez maintenant le cercle de votre présence : visualisez la communauté qui vous entoure, votre ville, votre pays... Sur cette vaste assemblée anonyme, déversez la bonté de votre regard, sans distinction.

9. Votre cœur s'ouvre, votre conscience s'élargit... Elle irradie en ondes de plus en plus vastes : les êtres vivants, l'humanité entière, la Terre-Mère... Votre compassion embrasse le monde, immense et lumineuse.

10. Enfin, incluez les générations futures, les enfants à naître, les êtres des autres dimensions... Sur cette sphère d'amour infinie brille votre bénédiction muette. Tous les êtres sont vos semblables en quête de bonheur.

11. Pour conclure, revenez à la présence de votre souffle dans l'espace sacré de votre cœur. Votre visage irradie la lumière paisible, votre regard embrasse le monde avec une bonté sans limite.

12. En rouvrant les yeux, scellez votre méditation par un mot de gratitude, un geste d'offrande... Vous vous reliez à cette Présence aimante en vous, disponible à chaque instant pour infuser vos relations et vos actions.

13. Votre pratique régulière approfondit votre capacité à offrir un regard inconditionnel, à incarner les qualités du cœur en toute circonstance. Votre bienveillance agit sur le monde comme une eau vive qui apaise et féconde...

Exercice 46 — Méditation du Mandala humain

Description :

Une pratique méditative en mouvement où l'on dessine un mandala avec son corps, en cultivant la présence, la fluidité et l'harmonie intérieure.

Instructions

1. Trouvez un espace calme et dégagé où vous pouvez bouger librement sans être dérangé. Vous pouvez pratiquer en intérieur ou en extérieur, pieds nus si le sol le permet.

2. Tenez-vous debout, les pieds légèrement écartés, les bras dilatent le long du corps. Prenez quelques grandes respirations et ancrez-vous dans la sensation de votre corps, ici et maintenant.

3. Visualisez un grand cercle imaginaire autour de vous, comme si vous vous teniez au centre d'un mandala géant. Ce cercle représente votre espace sacré, votre univers intérieur.

4. Commencez à marcher lentement le long de ce cercle imaginaire, dans le sens des aiguilles d'une montre. Faites des pas lents et conscients, en portant votre attention sur les sensations dans vos pieds et dans tout votre corps en mouvement.

5. Après avoir fait un tour complet, arrêtez-vous un instant. Respirez profondément, puis tracez maintenant une ligne droite imaginaire devant vous, en traversant le cercle de part en part. Marchez lentement le long de cette ligne, jusqu'à l'autre extrémité du cercle.

6. Arrêtez-vous, respirez, puis tracez une nouvelle ligne perpendiculaire à la première, en traversant à nouveau le cercle. Marchez lentement le long de cette ligne, avec la même qualité de présence et d'attention.

7. Vous avez maintenant dessiné une croix au sein du cercle. Continuez à tracer des lignes et des formes géométriques de plus en plus complexes, en suivant votre inspiration et votre créativité du moment.

8. Vous pouvez dessiner des spirales, des étoiles, des polygones, des formes libres... Laissez votre corps s'exprimer dans l'espace, avec fluidité et spontanéité.

9. À chaque fois que vous tracez une nouvelle ligne, portez votre attention sur le mouvement de votre corps, sur le rythme de votre respiration, sur les sensations qui se déploient en vous.

10. Si des pensées ou des émotions surgissent, accueillez-les avec bienveillance et laissez-les se dissiper dans le mouvement, comme des nuages dans le vaste ciel de votre conscience.

11. Continuez à dessiner ce mandala éphémère pendant 15 à 20 minutes, en cultivant un état de présence, de fluidité et de non-jugement.

12. Lorsque vous sentez que votre danse méditative est complète, revenez lentement au centre de votre cercle. Tenez-vous immobile, les yeux fermés, et prenez quelques grandes respirations.

13. Visualisez toutes les formes et les mouvements que vous avez créés. Ressentez la beauté et l'harmonie qui émanent de cette création éphémère, reflet de votre univers intérieur.

14. Faites le vœu d'emporter cette énergie créative et cette présence fluide dans votre journée. Chaque fois que vous en ressentirez le besoin, vous pourrez revenir à cette pratique pour vous recentrer et vous régénérer.

Exercice 47 — Méditation du Yoga des yeux
Description :

Une pratique douce pour détendre et revitaliser les yeux, apaiser le mental et cultiver une vision intérieure claire et ouverte.

Instructions

1. Asseyez-vous confortablement, le dos droit, les épaules étendues. Vous pouvez être assis sur une chaise ou sur un coussin, dans un endroit calme où vous ne serez pas dérangé.

2. Fermez les yeux et prenez quelques grandes respirations, en relâchant progressivement les tensions dans tout votre corps. Imaginez que chaque expiration dissout les contractions, les crispations accumulées.

3. Portez maintenant votre attention sur vos yeux. Observez les sensations dans et autour de vos yeux, sans chercher à les modifier. Peut-être ressentez-vous une certaine fatigue, des picotements, de la sécheresse...

4. Imaginez que vous dirigez le souffle de votre respiration vers vos yeux, comme si vous pouviez les respirer. À chaque inspiration, visualisez une énergie fraîche et régénérante qui pénètre vos yeux. À chaque expiration, visualisez les tensions et les toxines qui se dissipent.

5. Continuez cette respiration oculaire pendant quelques minutes, en permettant à vos yeux de se détendre et de se régénérer de plus en plus profondément à chaque cycle.

6. Maintenant, ouvrez lentement les yeux, en gardant le regard doux et détendu. Fixez un point devant vous, à hauteur des yeux, sans forcer.

7. Commencez à déplacer lentement votre regard vers la droite, en gardant la tête immobile. Allez aussi loin que possible, sans effort excessif. Puis ramenez lentement le regard vers le centre.

8. Répétez le même mouvement vers la gauche. Déplacez le regard lentement, respirez profondément, puis revenez au centre. Faites plusieurs allers-retours de chaque côté, à votre rythme.

9. Dirigez maintenant votre regard vers le haut, comme si vous vouliez voir le plafond. Montez le regard aussi haut que confortable, puis revenez au centre. Répétez plusieurs fois, en respirant profondément.

10. Faites de même en dirigeant le regard vers le bas, comme pour voir le sol. Descendez le regard, puis revenez au centre. Répétez plusieurs fois, toujours en synchronisant avec votre respiration.

11. Pour finir, faites des rotations complètes des yeux, comme si vous dessinez un grand cercle avec votre regard. Commencez par la droite, puis inversez le sens. Faites plusieurs rotations dans chaque sens, lentement et consciemment.

12. Fermez à nouveau les yeux et prenez quelques grandes respirations. Ressentez la détente, la fraîcheur dans et autour de vos yeux. Visualisez votre regard intérieur qui s'éclaircit, se précise.

13. Lorsque vous rouvrez les yeux, gardez cette sensation d'ouverture, de présence claire. Prenez quelques instants pour regarder autour de vous avec des yeux neufs, comme si vous découvrez le monde pour la première fois.

14. Vous pouvez faire ce yoga des yeux chaque fois que vos yeux sont fatigués ou tendus, ou simplement pour cultiver une vision intérieure plus claire et spacieuse.

Exercice 48 — L'Autel des Beautés du Quotidien
Description :

Un rituel pour honorer et magnifier les petites joies du jour en créant un autel inspirant et évolutif.

Instructions

1. Choisissez un endroit dédié pour créer votre autel (un coin de commode, une étagère, un rebord de fenêtre...)

2. Sélectionnez un objet symbolique qui évoque pour vous la joie et la gratitude (bougie, pierre, image inspira te...)

3. Chaque jour, cueillez un élément qui a enchanté votre journée (une fleur, un mot, un dessin, un ticket...)

4. Déposez cet objet sur votre autel, autour de l'élément central. Prenez un instant pour le contempler.

5. Progressivement, votre autel s'enrichit de ces trésors glanés au fil de vos journées, comme autant de preuves d'amour.

6. Chaque semaine, faites de la place pour de nouvelles pépites de joie, avec reconnaissance pour celles qui vous ont nourri.

Exercice 49 — La Pêche aux Insights
Description :

Un rituel ludique pour "attraper" les éclairs d'intuition et de compréhension soudaine qui ponctuent nos journées et les ancrer dans la durée.

Instructions

1. Munissez-vous d'un petit carnet et d'un stylo attrayants, que vous pouvez transporter partout avec vous. Baptisez ce carnet "Ma boîte à insights" ou un nom qui vous inspire.

2. Chaque fois qu'un insight vous traverse (une idée lumineuse, une évidence qui s'impose, une solution inattendue...), ouvrez votre carnet et couchez-le sur le papier.

3. Écrivez à la volée, sans censurer. Pas besoin de faire des phrases complètes ou claires. L'essentiel est de capter l'étincelle de l'insight.

4. Vous pouvez aussi croquer un schéma, gribouiller une forme, noter une image qui traduit votre compréhension soudaine. Laissez libre cours à votre expression spontanée.

5. Pour chaque insight "pêché", ajoutez sa date et son contexte (lieu, activité, personnes présentes, état émotionnel...). Ces informations enrichiront son sens à la relecture.

6. Le soir ou le week-end, ouvrez votre boîte à insights et savourez vos prises. Lesquelles vous interpellent ? Que révèlent leurs récurrences ? Vers quels changements vous orientent-elles ?

7. Pour honorer vos insights, choisissez une action concrète que chacun inspire et mettez-la en œuvre dès que possible. Votre intuition s'aiguisera au contact du réel.

8. De semaine en semaine, votre carnet deviendra un trésor d'idées lumineuses et de sagesse pratique, révélateur de votre singularité. Votre pêche miraculeuse ne fait que commencer.

Exercice 50 — La Prière d'abandon du Soi dans le Divin

Description :

Un rituel quotidien pour s'en remettre à une Intelligence supérieure et développer une confiance sereine en la Vie.

Instructions

1. Choisissez un lieu et un moment propices au recueillement, où vous vous sentez au calme et inspiré(e). Vous pouvez créer une ambiance sacrée avec une bougie, de l'encens, une icône, un texte saint...

2. Installez-vous confortablement, le dos droit, et fermez vos yeux. Prenez quelques respirations profondes pour vous recentrer dans votre cœur. Invitez une qualité de silence et d'intériorité...

3. Visualisez au-dessus de votre tête une immense présence lumineuse et bienveillante. Selon vos croyances, il peut s'agir de Dieu, de la Mère Divine, d'un ange, d'un guide spirituel, de la Conscience suprême...

4. Ressentez le rayonnement et la douceur infinie qui émanent de cette présence. Imaginez une lumière dorée qui descend sur vous en une pluie fine, vous enveloppe et vous apaise. Imprégnez-vous de cette bénédiction...

5. Depuis cet espace d'ouverture et de confiance, formulez intérieurement votre prière d'abandon. Remettez au Divin tout ce qui vous préoccupe, vous pèse ou vous limite. Déposez tous vos fardeaux dans ses mains aimantes...

6. Vos problèmes de santé, vos tracas matériels, vos conflits relationnels, vos doutes existentiels... visualisez-les comme des paquets sombres que vous remettez un à un à cette présence avec une totale sincérité.

7. Exprimez votre volonté de vous en remettre à une sagesse plus vaste : "Divin Bien-Aimé, je dépose mon fardeau à tes pieds. Que ta volonté se fasse, et non la mienne. Je m'abandonne à ton Intelligence bienveillante..."

8. Ressentez le soulagement et la légèreté de vous délester ainsi. Comme si le poids du monde glissait de vos épaules... Votre être entier s'en remet à la perfection du Tout, au-delà des apparences.

9. Goûtez cet état de remise et de foi comme un baume apaisant. Votre mental s'apaise, votre cœur s'ouvre... Vous n'êtes plus seul(e) à porter votre existence. Une Force aimante vous soutient et vous guide.

10. Achevez votre prière par un mot de gratitude et un geste sacré (mudra, prosternation, signe de croix...). Laissez résonner cet acte d'abandon dans le silence de votre temple intérieur...

11. Chaque jour, renouvelez cette prière de tout votre cœur. Peu à peu, votre ego s'assouplit, vos résistances fondent... Vous vous ouvrez au mystère de la Vie avec une confiance grandissante.

12. Cette remise confiante devient votre boussole au cœur des événements. Vous apprenez à accueillir ce qui est, à épouser le grand mouvement de la Vie sans vous y opposer. Votre pratique spirituelle s'incarne en un art de vivre résolu et serein.

Exercice 51 — La pratique du Ho'oponopono
Description :

Un puissant rituel hawaïen de résolution des conflits par la reconnaissance de sa responsabilité et le pardon.

Instructions

1. Choisissez une situation relationnelle conflictuelle que vous souhaitez apaiser. Cela peut concerner une personne précise, un groupe, ou même une circonstance abstraite qui vous affecte.

2. Installez-vous dans un endroit calme, assis le dos droit. Fermez les yeux et visualisez face à vous la situation ou la personne choisie. Observez ce qui se passe en vous : vos émotions, vos jugements...

3. Puis répétez lentement ces quatre phrases, en les adressant de tout votre cœur à votre interlocuteur imaginaire : "Je suis désolé(e).

Pardonne-moi. Je t'aime. Merci". Imprégnez-vous de l'intention derrière chaque mot.

4. "Je suis désolé(e)" exprime votre reconnaissance que quelque chose en vous (une pensée, une mémoire, une croyance) a contribué à créer ce conflit. Vous en assumez la responsabilité, sans culpabilité.

5. "Pardonne-moi" est une demande de clémence adressée à l'autre, mais aussi à vous-même et à la Vie. En admettant votre part de responsabilité, vous permettez au pardon d'éclore.

6. "Je t'aime" réactive le lien inconditionnel, au-delà de la séparation. Par-delà leurs actes, vous reconnaissez en l'autre une étincelle divine, aussi digne d'amour que vous. Votre cœur s'ouvre...

7. "Merci" est l'expression ultime de la gratitude. Gratitude pour cette situation qui vous permet de guérir quelque chose en vous. Gratitude pour l'autre, votre miroir et votre maître.

8. Répétez ces quatre phrases inlassablement, en boucle, jusqu'à ce que vous sentiez un apaisement intérieur se diffuser en vous. Les mots résonnent en échos de plus en plus profonds...

9. À cette étape, visualisez que vous et votre interlocuteur êtes baignés d'une lumière dorée, pure et réparatrice. Le passé se dissout, les mémoires conflictuelles se transmutent...

10. Demeurez quelques minutes dans ce bain de clarté, de douceur et de pardon. Savourez la paix retrouvée, la conscience que vous ne faites qu'UN au-delà du voile de l'ego...

11. Pour intégrer, répétez une dernière fois la séquence de phrases en croisant vos mains sur la poitrine. Puis laissez la visualisation s'estomper naturellement. L'essentiel a œuvré.

12. Rouvrez les yeux, étirez-vous, buvez un verre d'eau. Dans les heures qui suivent, portez une attention affûtée aux synchronicités ou changements subtils qui pourraient advenir en lien avec ce travail.

13. Le Ho'oponopono est une pratique au long cours, que vous pouvez réitérer régulièrement sur les différents schémas relationnels ou

mémoires à guérir. Sa magie opère en douceur, au rythme parfait de votre chemin d'évolution.

14. En vous reconnectant à votre responsabilité fondamentale, vous sortez de la posture de victime et recontactez votre pouvoir de cocréation. Chaque difficulté relationnelle devient alors une opportunité de vous libérer et d'incarner l'amour plus grand...

Exercice 52 — Méditation de la présence absolue
Description :

Une pratique d'ancrage dans l'instant présent par une attention soutenue au corps et aux sens, ici et maintenant.

Instructions

1. Installez-vous dans une posture de méditation stable et confortable. Fermez les yeux et prenez quelques respirations profondes.

2. Commencez par vous ancrer dans les sensations corporelles. Scannez votre corps des pieds à la tête, en ressentant pleinement les zones de pression, de chaleur, de picotement...

3. Soyez ensuite attentif aux sons qui vous entourent. Les plus évidents comme les plus subtils. Écoutez ce paysage sonore sans chercher à l'interpréter, juste en l'accueillant.

4. Portez votre attention sur les odeurs, les parfums. Ceux qui émanent de la pièce, de vos vêtements. Encore une fois, contentez-vous de les recevoir sans les juger.

5. Observez maintenant les jeux de lumières et de couleurs derrière vos paupières closes. Les fluctuations, les intensités de luminosité. Regardez ce spectacle avec curiosité.

6. Si des pensées surviennent, remarquez-les mais laissez les passer sans vous y attacher. Revenez simplement aux perceptions directes de l'instant, aux données brutes des sens.

7. Continuez cette exploration sensorielle de l'instant présent pendant 10 à 20mn. Imprégnez-vous du miracle des perceptions qui se renouvellent à chaque seconde.

8. Pour finir, réancrez-vous dans la respiration. Suivez le souffle pendant quelques cycles, dans un état de présence éveillée. Puis rouvrez doucement les yeux.

9. Cette méditation ancrée dans le corps et les sens permet de sortir des pensées et d'expérimenter la plénitude de l'instant. La Vie est ici et maintenant .

Exercice 53 — Méditation de la vision pénétrante
Description :

Une pratique pour aiguiser sa perception visuelle, contempler la beauté du monde et éveiller un regard neuf et pénétrant sur la réalité.

Instructions

1. Choisissez un objet simple à contempler : une fleur, une bougie, une œuvre d'art ou même un objet du quotidien comme une tasse ou un crayon.

2. Installez-vous temporairement face à cet objet, dans une posture à la fois stable et étendue. Gardez le dos droit et laissez vos yeux se poser doucement sur l'objet.

3. Pendant les premières minutes, laissez votre regard explorer librement cet objet. Observez ses couleurs, ses formes, ses textures. Laissez-le vous révéler ses détails et ses particularités.

4. Puis, allez au-delà de la simple apparence de l'objet. Essayez de ressentir son essence, sa nature profonde. Comme si votre regard pouvait pénétrer au cœur même de sa réalité.

5. Laissez tomber vos idées préconçues et vos projections mentales sur cet objet. Regardez-le avec des yeux neufs, comme si vous le découvrez pour la première fois.

6. Imaginez que chaque cellule de votre corps se synchronise avec cet objet, que vous ne faites plus qu'un avec lui. Ressentez la vie et l'énergie qui l'animent, au-delà des apparences.

7. Si des pensées ou des distractions surgissent, ramenez doucement votre attention sur l'objet, avec ce regard pénétrant et unifié.

8. Progressivement, élargissez ce regard contemplatif à la pièce autour de vous, puis à l'espace extérieur. Regardez chaque chose, chaque être, comme s'il était infiniment précieux et sacré.

9. Après 10 à 15 minutes de contemplation, fermez doucement les yeux. Ressentez la vivacité et la fraîcheur de votre regard intérieur, purifié par cette méditation visuelle.

10. Puis rouvrez les yeux et reprenez vos activités en cultivant cette vision pénétrante et émerveillée sur le monde qui vous entoure.

Exercice 54 — Méditation sur un objet (bougie, pierre, etc.)
Description :

Une pratique méditative simple et puissante pour apaiser le mental et cultiver une attention soutenue, en se concentrant sur un objet symbolique.

Instructions

1. Choisissez un petit objet qui vous inspire et vous apaise. Une bougie, un galet, un cristal, une fleur, une image sacrée... Installez-vous dans un endroit calme.

2. Asseyez-vous confortablement, le dos droit. Déposez l'objet choisi à hauteur de vos yeux, à environ 50 cm de votre visage. Prenez quelques respirations profondes.

3. Portez maintenant votre regard sur cet objet. Observez-le avec une attention bienveillante et curieuse, comme si vous le découvriez pour la première fois.

4. Laissez vos yeux se promener lentement sur sa surface, explorant ses formes, ses couleurs, sa texture, ses reflets... Notez les détails insolites, inédits.

5. Imprégnez-vous de sa présence particulière, de son énergie propre. Ressentez la relation intime qui se crée entre vous et cet objet, instant après instant.

6. Si votre esprit s'égare dans des pensées, ramenez-le en douceur vers l'objet. Votre attention est comme un papillon qui se pose délicatement sur cette fleur...

7. Au fil des minutes, laissez votre champ de vision se resserrer sur l'objet, jusqu'à l'englober entièrement. Votre respiration s'apaise. Votre mental se calme...

8. Vous pouvez aussi fermer les yeux de temps en temps, pour intérioriser l'objet. Visualisez sa forme, sa couleur. Ressentez son empreinte énergétique en vous.

9. Pendant 10 à 15 minutes, savourez cette qualité d'attention soutenue, ce temps de communion silencieuse avec l'objet. Votre être se recentre et s'unifie...

10. Avant de terminer, intégrez les qualités de l'objet méditées. Peut-être la douceur d'un pétale, la solidité d'un roc, la chaleur d'une flamme, la pureté d'un cristal...

11. Ouvrez les yeux, étirez-vous, bougez lentement. Tout au long de la journée, vous pourrez raviver en vous cette présence méditative, ce regard neuf sur le monde.

Exercice 55 — Méditation des sons extérieurs
Description :

Une pratique pour affiner sa perception auditive, s'ouvrir aux sons environnants et cultiver une présence ouverte et équanime.

Instructions

1. Installez-vous dans un endroit calme, en position assise, le dos droit mais détendu. Fermez les yeux et prenez quelques respirations profondes.

2. Prenez conscience des sons les plus évidents autour de vous. Peut-être entendez-vous le chant des oiseaux, le bruissement des feuilles, des bruits de circulation au loin.

3. Sans chercher à les étiqueter ou les interpréter, accueillez simplement ces sons tels qu'ils se présentent à vous. Soyez réceptif à leur tonalité, leur volume, leur durée.

4. Affinez progressivement votre écoute pour percevoir des sons plus subtils. Le ronronnement d'un appareil électrique, le grincement d'une porte, le murmure du vent.

5. Imaginez que vous devenez une vaste oreille, ouverte et accueillante pour tous les sons qui se présentent, sans préférence ni rejet. Laissez les sons aller et venir librement dans votre champ de conscience.

6. Traitez les éventuelles discussions, mots, phrases que vous entendrez comme vous traiteriez n'importe quel autre son. Sans vous attarder sur les mots ou leur sens ; comme s'il s'agissait d'une langue étrangère que vous ne comprenez pas… c'est juste un son, une vibration dans l'air.

7. Si votre esprit se laisse entraîner dans des pensées ou des jugements, revenez doucement à la simple écoute des sons, instant après instant.

8. Au bout de quelques minutes, cela étendra votre conscience aux sons intérieurs. Votre respiration, le battement de votre cœur, le gargouillement de votre ventre.

9. Ecoutez ces sons intimes avec la même qualité d'attention ouverte et bienveillante, sans vous y attacher, ni les repousser.

10. Pour finir, prenez conscience de l'ensemble des sons extérieurs et intérieurs, dans une vaste symphonie du moment présent. Gardez cette attitude quelques instants. Puis rouvrez doucement les yeux, en gardant cette qualité d'écoute ouverte et équanime.

Exercice 56 — Méditation de l'espace entre les pensées
Description :

Une pratique pour prendre du recul par rapport au flux incessant des pensées et se relier à la nature spacieuse et paisible de l'esprit.

Instructions

1. Asseyez-vous dans une posture méditative, le dos bien droit, les mains posées sur les genoux. Fermez doucement les yeux et amenez votre attention sur votre respiration.

2. Pendant quelques instants, observez le va-et-vient naturel de votre souffle, sans chercher à le contrôler. Laissez votre respiration vous ancrer dans l'instant présent.

3. Maintenant, prenez conscience des pensées qui traversent votre esprit. Peut-être des pensées liées au passé, au futur, des préoccupations, des projets, des rêveries.

4. Sans chercher à les retenir ou les repousser, observez ces pensées comme s'il s'agissait de nuages passant dans le ciel. Regardez-les apparaître, changer de forme et se dissocier d'elles-mêmes.

5. Plutôt que de vous identifier au contenu des pensées, intéressez-vous aux espaces entre les pensées. Ces moments de silence et de clarté où aucune pensée n'est présente.

6. Dès que vous repérez un espace entre deux pensées, établissez-vous dans cette plage de conscience ouverte et paisible. Savourez ce répit, ce retour à la nature spacieuse de l'esprit.

7. Si de nouvelles pensées surgissent, laissez-les passer comme des vaguelettes à la surface d'un lac, sans vous y accrocher. Revenez inlassablement aux intervalles de clarté entre les pensées, sans chercher à les provoquer par la force de votre volonté.

8. Quand vous vous surprenez absorbé dans une pensée, félicitez-vous d'en avoir pris conscience. Puis relâchez doucement la pensée et revenez aux espaces de quiétude.

9. Poursuivez ainsi pendant 5 à 10 minutes, en stabilisant votre attention sur la nature calme et lumineuse de l'esprit, au-delà du flux des pensées.

10. Pour finir, recentrez-vous dans les sensations de votre corps et le mouvement de votre souffle. Puis rouvrez lentement les yeux, en gardant intérieurement ce sentiment d'espace et de clarté.

Exercice 57 — Contemplation du feu de camp
Description :

Une pratique méditative inspirée des traditions ancestrales pour se relier aux qualités transformatrices du feu.

Instructions

1. Assieds-toi confortablement devant un feu de camp, dans la nature. Observe les flammes qui dansent, les braises qui rougeoient, les étincelles qui virevoltent vers les étoiles...

2. Prends conscience de la chaleur qui émane du brasier, réchauffe ton visage et tes mains. Ressens la douce caresse du feu sur ta peau, comme une présence amicale, rassurante.

3. Écoute le crépitement des bûches qui se consument, les sifflements des flammes qui s'élancent. Cette symphonie crépitante t'emporte dans une douce rêverie, un état de relaxation profonde...

4. Observe la danse hypnotique des flammes dans leur robe orange, jaune, bleue ou blanche. Chaque couleur évoque en toi des sensations particulières, réveille des mémoires anciennes, des archétypes enfouis...

5. En contemplant les flammes, songe aux qualités volatiles du feu : sa lumière qui perce les ténèbres, sa chaleur qui réconforte et purifie, sa nature insaisissable et mystérieuse, son élan vers la transcendance...

6. Tout en veillant le feu, demande-lui de consumer en toi ce qui n'est plus utile : tes vieilles peurs, tes blocages, tes schémas limitants. Vois ces scories qui s'envolent dans les volutes de fumée et se transmutent en lumière...

7. Invoque également les forces régénératrices du feu : son audace, son intensité, son ardeur, sa puissance transformatrice. Sens cette énergie flamboyante qui vient embraser ton être, réactiver tes rêves les plus flamboyants...

8. Passe un long moment à contempler le feu en silence, dans une attitude de gratitude et de communion. Le feu extérieur se reflète en toi, te révèle ta propre flamme intérieure, ton foyer sacré.

9. Avant de te retirer, honore le feu pour ses enseignements précieux. Réanime un tison que tu emportes avec toi, comme un talisman vibrant des vertus du feu. Sa braise continuera de t'éclairer et de te régénérer de l'intérieur...

Exercice 58 — Méditation de l'impermanence
Description :

Une pratique pour explorer la nature changeante et éphémère des phénomènes, afin de cultiver le détachement et la liberté intérieure.

Instructions

1. Asseyez-vous dans une posture méditative, le corps à la fois droit et détendu. Fermez les yeux et prenez quelques respirations profondes pour vous centrer.

2. Amenez à votre esprit un objet ou une situation qui vous semble permanente et stable. Cela peut être un bâtiment familier, une relation, votre propre corps, une croyance.

3. Pendant quelques instants, visualisez cet élément sous son aspect habituel, solide et immuable. Ressentez la sécurité et la stabilité qu'il vous apporte.

4. Maintenant, commencez à observer les changements subtils qui affectent cet élément au fil du temps. Le bâtiment qui s'use et se fissure, la relation qui évolue, votre corps qui vieillit.

5. Imaginez le passage des jours, des mois, des années. Visualisez comment cet élément se transforme progressivement, se désagrège, finit par disparaître.

6. Ressentez l'impermanence fondamentale de toute chose, le flux incessant du changement qui anime le monde. Rien ne demeure identique, tout est en perpétuelle mutation.

7. Observez les émotions et les pensées qui surgissent en vous face à cette contemplation de l'impermanence. La peur, l'attachement, la tristesse, mais aussi peut-être un certain détachement, une liberté.

8. Prenez conscience que vous aussi, vous êtes soumis à cette loi de l'impermanence. Votre corps, vos pensées, vos émotions, tout en vous est en constant changement.

9. Plutôt que de résister à cette impermanence, expérimentez ce que cela fait de l'embrasser pleinement. D'accueillir le changement comme une danse, un jeu d'ombres et de lumières.

10. Pendant les dernières minutes de la méditation, reposez votre esprit dans cette vaste acceptation du changement. Ressentez la paix et la liberté qui en émergent.

11. Pour finir, réancrez votre attention dans votre corps et votre souffle. Puis rouvrez lentement les yeux, en contemplant le monde autour de vous avec ce regard éveillé à l'impermanence.

Exercice 59 — Méditation des cinq éléments
Description :

Une pratique méditative pour se relier aux cinq éléments fondamentaux et équilibrer leurs énergies en soi.

Instructions

1. Asseyez-vous en posture méditative, le dos droit, les épaules détendues. Prenez quelques respirations conscientes pour vous centrer.

2. Visualisez un grand espace autour de vous, dans lequel les cinq éléments sont présents : la terre sous vos pieds, l'eau dans un ruisseau qui s'écoule, le feu d'un chaleureux soleil, l'air d'une brise légère, l'éther infini du ciel bleu.

3. Portez votre attention sur l'élément terre. Ressentez ses qualités de stabilité, d'ancrage, de solidité. Visualisez une lumière dorée qui monte de la terre, imprègne vos pieds et vos jambes, vous enracine. Respirez les qualités de la terre.

4. Déplacez votre conscience vers l'élément eau. Observez sa nature fluide, adaptable, purifiante. Une lumière bleu nuit émane de l'eau et remplit votre bassin, vous reconnecte à vos émotions, à votre créativité. Respirez les qualités de l'eau.

5. Concentrez-vous maintenant sur l'élément feu. Ressentez sa puissance transformatrice, sa chaleur, sa lumière. Une lueur orangée irradie du soleil et vient dynamiser votre plexus solaire, réveiller votre force de vie. Respirez les qualités du feu.

6. Prenez conscience de l'élément air tout autour de vous. Sentez sa légèreté, son mouvement, sa liberté. Une clarté irisée vous entoure et pénètre votre cœur et vos poumons, vous dilate et vous inspire. Respirez les qualités de l'air.

7. Enfin, élevez votre attention vers l'élément éther, l'espace illimité. Contemplez son immensité, son silence, sa paix. Une lumière blanche scintillante descend du ciel et illumine le sommet de votre tête, vous relie au Tout. Respirez les qualités de l'éther.

8. Ressentez maintenant la présence équilibrée des cinq éléments en vous, la circulation fluide de leurs énergies. Vous êtes cette danse des cinq forces primordiales, leur union harmonieuse...

9. Terminez en revenant à votre souffle, en vous réappropriant votre corps. Les cinq éléments vous constituent, vous êtes profondément relié(e) à la nature et à ses puissances créatrices.

Exercice 60 — Contemplation des cycles lunaires
Description :

Une pratique d'observation méditative du ciel nocturne pour se relier aux rythmes subtils de la nature.

Instructions

1. Chaque soir pendant un mois lunaire, prends quelques instants pour observer la lune avant d'aller dormir. Installe-toi dans un endroit calme, avec une vue dégagée sur le ciel étoilé.

2. Promène ton regard dans la voûte céleste et repère la lune. Observe sa forme particulière chaque nuit : mince croissant, demi-lune, disque complet... Relie-toi à ses phases changeantes, sa course silencieuse dans le ciel.

3. Accueille sa lumière veloutée, sa douceur enveloppante. Baigne-toi dans son halo opalescent, sa clarté vaporeuse. Sens ton corps et ton âme qui s'imprègnent de ses rayons apaisants, régénérants...

4. Contemple sa beauté éthérée, sa majesté tranquille. Émerveille-toi de ses jeux d'ombre et de lumière, de ses paysages mystérieux et familiers. Dialogue avec la lune en silence, confie-lui tes rêves et tes secrets...

5. Au fil des nuits, prends conscience du cycle lunaire qui se déploie : la montée en puissance de la lune croissante, la plénitude lumineuse de la pleine lune, la lente décroissance de la lune descendante, l'obscurité fertile de la nouvelle lune...

6. Mets en résonance ces phases lunaires avec tes propres cycles intérieurs : tes périodes de germination, de croissance, de floraison, de

retrait... Honore le rythme naturel de ton être, en accord avec les mouvements du cosmos.

7. Laisse la lune t'enseigner les vertus de son influence : sa capacité à éclairer l'obscurité, à refléter la lumière solaire, à attirer les marées des émotions, à féconder les imaginaires... Sens en toi l'éveil de tes qualités lunaires.

8. Pendant ces contemplations nocturnes, accorde-toi des moments de rêverie, de silence méditatif, de communion avec la nature. La simple présence à la lune t'initie à ses mystères, à son cycle éternel de mort et renaissance.

9. À la fin du mois lunaire, célèbre ton alliance intime et sacrée avec la lune. Honore-la pour ses dons de lumière, d'intuition, de fertilité et de régénération. Sa sagesse continuera de t'inspirer et guider sur ton chemin.

Exercice 61 — Méditation de la prairie fleurie
Description :

Une méditation apaisante pour se ressourcer dans un paysage intérieur de beauté, de douceur et d'harmonie.

Instructions

1. Installez-vous dans une position assise agréable, le dos droit mais sans tension. Fermez les yeux et prenez quelques respirations profondes pour vous centrer.

2. Visualisez que vous vous trouvez dans une vaste prairie, par une belle journée d'été. Le soleil brille dans un ciel d'azur parsemé de quelques nuages blancs et cotonneux. Une légère brise caresse votre peau...

3. La prairie est tapissée d'herbes folles et de fleurs colorées à perte de vue. Observez cette mer de douceur dans laquelle vous baignez : les bleus des bleuets, les jaunes des boutons d'or, les mauves des sauges, les roses des églantines...

4. Respirez à pleins poumons les parfums délicats qui flottent dans l'air : la fragrance suave et sucrée des fleurs, les arômes toniques des herbes aromatiques... Tous vos sens s'éveillent à cette beauté simple.

5. Entendez le chant mélodieux et paisible des oiseaux, le bruissement du vent dans les brins d'herbe, les stridulations apaisantes des insectes... Comme une musique naturelle qui vous berce.

6. Marchez lentement dans cette prairie, en prenant le temps d'observer chaque fleur, chaque brin d'herbe, chaque petit animal que vous croisez. Sentez la terre meuble et chaude sous vos pieds, le frôlement des herbes sur vos jambes...

7. Imprégnez-vous du rythme tranquille de cet écosystème harmonieux, où chaque être a sa place et où tout coexiste en équilibre. Votre rythme intérieur s'accorde sur cette symphonie paisible...

8. Installez-vous au milieu des herbes et des fleurs. Allongez-vous et laissez votre corps se détendre complètement dans ce nid de verdure et de pétales soyeux. Savourez cet état de grâce, de communion avec la nature...

9. Avant de terminer, cueillez un bouquet de fleurs sauvages. Chacune d'elle représente un don de cette nature généreuse : paix, joie, simplicité, abondance... Emportez-les avec vous comme un talisman.

10. Revenez tranquillement à vous, en ancrant cette expérience ressourçante. Gardez en vous la douceur et l'harmonie de la prairie fleurie tout au long de votre journée .

Exercice 62 — La contemplation de l'humanité partagée en chacun
Description :

Un exercice contemplatif pour reconnaître notre humanité commune au-delà des différences et éveiller notre sens de l'unité.

Instructions

1. Dans un lieu public (parc, café, transports...), installez-vous confortablement et laissez votre regard se poser sur les personnes qui vous entourent, sans les fixer avec insistance.

2. Choisissez une personne et observez-la attentivement pendant quelques minutes. Notez d'abord ses caractéristiques extérieures : son âge, son style vestimentaire, sa façon de bouger et de s'exprimer...

3. Puis essayez d'imaginer son univers intérieur : sa personnalité, son histoire de vie, ses rêves et ses blessures. Que traverse-t-elle en ce moment ? Quelles peuvent être ses joies, ses peurs, ses espoirs ?...

4. Au-delà des apparences et des différences, percevez ce que vous avez en commun avec cette personne inconnue : votre humanité partagée, votre volonté d'être heureux et d'éviter la souffrance, votre besoin d'amour et de reconnaissance...

5. Contemplez en vous-même : "Tout comme moi, cette personne aspire à la paix et au bonheur. Tout comme moi, elle traverse des moments de joie et de peine. Tout comme moi, elle fait de son mieux avec les ressources dont elle dispose..."

6. Reliez-vous à elle dans une commune humanité, une fraternité universelle qui transcende vos différences. Son chemin est unique mais il croise et reflète le vôtre à bien des égards. Elle est un miroir de vous-même...

7. Étendez cette contemplation à d'autres personnes présentes, en prenant le temps de vous relier à chacune dans un sentiment d'unité et de bienveillance. Percevez votre interdépendance fondamentale...

8. Si des jugements ou des peurs surgissent, accueillez-les avec douceur et revenez à votre humanité commune avec l'autre. Votre cœur sait intuitivement que vous faites partie de la même famille humaine.

9. Terminez par une respiration consciente, en savourant ce sentiment d'unité profonde. Tout en préservant vos contours singuliers, imprégnez-vous de l'évidence que vous êtes intimement lié(e) à tous les êtres, par-delà toutes frontières.

10. Formulez l'intention d'honorer dans vos rencontres ce lien invisible d'humanité partagée, cette appartenance commune au grand Corps de l'humanité. Votre quotidien en sera enrichi, votre empathie décuplée.

Exercice 63 — Méditation du vide fertile

Description :

Une pratique méditative avancée pour expérimenter la vacuité, la nature illimitée et insubstantielle de l'esprit, source de tous les phénomènes.

Instructions

1. Asseyez-vous en posture méditative, le corps détendu et vigilant à la fois. Fermez les yeux et ancrez votre présence dans la respiration. Observez le flux naturel du souffle.

2. Maintenant, élargissez le champ de votre conscience à l'espace tout autour de vous. Puis au-delà des murs, de l'environnement immédiat. Étendez-vous dans l'immensité de l'espace.

3. Imaginez que votre corps se dissout progressivement dans cet espace infini, devient de plus en plus perméable, transparent. Vos contours s'estompent, se fondent dans le vide environnant.

4. Observez les pensées et les images mentales qui se présentent sur l'écran de votre esprit. Sans vous y accrocher, laissez-les se dissoudre d'elles-mêmes dans l'espace, comme des nuages dans le ciel.

5. Chaque fois qu'une pensée apparaît, voyez-la se défaire instantanément, retourner à la vacuité d'où elle a émergé. Ne la nourrissez pas, laissez-la être et se libérer dans l'espace.

6. Ce vide n'est pas un néant, mais un espace de clarté infinie, de potentialités illimitées. Comme une matrice originelle d'où surgit toute forme, et où toute forme finit par retourner.

7. Imprégnez-vous de ce silence vaste et lumineux. Aucune image, aucun mot ne peut contenir cette expérience. Soyez simplement cette pure présence consciente, nue, disponible.

8. Si vous sentez votre esprit s'accrocher ou se crisper, revenez avec douceur à la respiration, puis élargissez à nouveau aux dimensions de l'espace. Confiez-vous à cette immensité.

9. Demeurez ainsi le temps qu'il vous convient, dans une contemplation ouverte, apaisée. Réalisez que cet espace de vacuité claire est votre nature véritable, originelle. La source de tout.

10. Lorsque vous sentez qu'il est temps de revenir, réintégrez progressivement les contours de votre corps physique, réinvestissez vos sensations. Suivez quelques respirations conscientes.

11. Ouvrez les yeux, étirez-vous, reconnectez-vous à l'environnement. Gardez avec vous la saveur de cette immersion dans le vide plein, dans la conscience nue, illimitée.

12. Cette méditation du vide fertile peut être pratiqué régulièrement pour se détacher de l'identification au corps et au mental, et se relier à sa nature essentielle, son Êtreté au-delà de toute forme.

Exercice 64 — Contemplation du fil d'Ariane intérieur
Description :

Une méditation pour visualiser et suivre le fil d'or de sa vérité intérieure, à travers le labyrinthe de l'existence, en s'inspirant du mythe grec d'Ariane et de Thésée.

Instructions

1. Installez-vous dans un endroit calme, dans une position confortable (assis ou allongé). Vous pouvez créer une ambiance propice avec une bougie, un encens...

2. Fermez les yeux et prenez quelques profondes respirations pour vous centrer. Puis visualisez votre corps qui se détend, s'alourdit, se relâche complètement...

3. Imaginez que vous êtes dans un vaste labyrinthe, avec de multiples chemins qui s'ouvrent devant vous. Ce labyrinthe représente votre vie, avec ses choix, ses défis, ses parts d'ombre et de lumière.

4. Au cœur de ce dédale, visualisez un fil d'or qui part de votre cœur et trace un chemin lumineux et vibrant. Ce fil incarne votre sagesse profonde, votre fréquence unique, votre projet d'âme.

5. Contemplez la clarté et la beauté de ce fil doré, qui vibre doucement au rythme de votre respiration. Il est votre boussole intérieure, votre repère dans l'inconnu.

6. Maintenant, visualisez les différents carrefours que vous avez traversés dans votre vie - des choix relationnels, professionnels, spirituels... Percevez comme le fil d'Ariane était toujours là, ténu ou éclatant, vous invitant à rester fidèle à vous-même.

7. S'il y a eu des moments où vous avez perdu le fil, des périodes où le contact s'est distendu, accueillez-les avec douceur. Le fil d'or est indestructible, toujours prêt à vous guider avec amour.

8. Ressentez la gratitude pour ce fil précieux qui tisse la trame de vos expériences et de vos apprentissages. Il est la signature de votre être essentiel, par-delà les masques et les peurs.

9. Imprégnez-vous de la conscience de ce fil et visualisez-le qui s'étire devant vous, éclairant votre chemin. Vous faites le choix, en cet instant, d'honorer sa guidance et sa lumière.

10. Terminez la méditation en revenant à votre respiration, en ancrant la présence de ce fil doré dans votre cœur. Prenez une résolution intérieure pour incarner plus pleinement votre vérité.

11. Vous pouvez renouveler souvent cette visualisation, notamment dans les moments de doute ou de confusion. Le fil d'Ariane est toujours là, prêt à vous ramener à l'essentiel, à la justesse de votre chemin d'âme...

Exercice 65 — Méditation de la pleine conscience (sensations corporelles)

Description :

Une pratique méditative d'ancrage dans le corps par une attention soutenue aux sensations physiques, pour développer la présence à soi et à l'instant.

Instructions

1. Installez-vous dans un lieu calme, assis confortablement sur un coussin ou une chaise, le dos bien droit mais sans raideur. Fermez les yeux, détendez le visage.

2. Prenez quelques respirations profondes et lentes. À chaque expiration, imaginez que votre corps s'enracine dans le sol, comme un arbre stable et tranquille.

3. Portez maintenant votre attention sur les sensations physiques dans votre corps, sans chercher à les modifier. Faites un balayage minutieux de la tête aux pieds.

4. Ressentez le contact de vos pieds sur le sol. La texture des vêtements sur votre peau. La température de l'air sur votre visage. Soyez attentif aux zones de confort et d'inconfort.

5. Si une sensation est désagréable, respirez dans cette partie du corps en l'entourant de douceur. Visualisez une lumière apaisante qui dissout les tensions...

6. Si une sensation est agréable, savourez-la pleinement, sans vous y attacher. Goûtez sa saveur unique, instant après instant. Respirez avec elle.

7. Observez aussi les sensations plus subtiles : les fourmillements, les picotements, les zones de chaleur ou de fraîcheur, les courants énergétiques...

8. Ressentez votre corps comme une vaste caisse de résonance, qui vibre au diapason du souffle. Votre attention voyage d'une sensation à l'autre, sans jugement.

9. Quand une émotion ou une pensée survient, remarquez quelles parties du corps elles affectent. Accueillez ces échos corporels avec la même présence bienveillante.

10. En respirant dans les sensations, en les environnant de conscience, vous créez un espace autour d'elles. Vous n'êtes plus englué en elles, mais souverainement présent.

11. Peu à peu, votre attention s'affine. Vous percevez des détails corporels infimes et précieux. Vous écoutez la chanson silencieuse de votre corps, à cet instant...

12. Progressivement, élargissez votre champ de conscience pour embrasser la totalité des sensations corporelles, simultanément. Vous êtes pleinement incarné et éveillé.

13. Vous pouvez refermer cette méditation par quelques respirations profondes, en savourant cet état d'unité corporelle et de présence limpide à vous-même.

14. Prenez le temps de vous étirer, de vous redresser lentement. Puis ouvrez les yeux, en gardant cet ancrage dans votre corps et cette acuité sensorielle dans votre journée.

Exercice 66 — L'Exercice d'expansion de la Conscience cosmique
Description :

Une pratique contemplative visant à transcender les limites de l'ego et à s'ouvrir à l'immensité du Soi cosmique.

Instructions

1. Choisissez un lieu propice à la contemplation du ciel étoilé : une clairière, une plage, un balcon... Installez-vous confortablement en position allongée. Respirez calmement et contemplez la voûte céleste.

2. Imprégnez-vous de l'immensité et de la beauté de ce spectacle : l'infini de l'espace constellé de milliards d'étoiles scintillantes, la

profondeur mystérieuse de l'obscurité, la majesté silencieuse de la Voie Lactée...

3. Élargissez progressivement votre champ de conscience à cette vastitude. Imaginez que votre corps se dilate, que les contours de votre peau deviennent perméables jusqu'à se dissoudre dans l'espace infini...

4. Visualisez que votre conscience individuelle, libérée de l'enveloppe corporelle, s'étend dans toutes les directions, embrassant des distances de plus en plus vertigineuses. Vous devenez l'espace illimité lui-même...

5. Vos repères habituels de temps et d'espace se distendent puis s'effacent dans cette expansion. Votre identité étriquée se fond dans une Présence impersonnelle et irradiante, au-delà de toute forme...

6. Ressentez la texture subtile de cette Conscience cosmique qui vous constitue : pure lumière vibrante, Silence plein, Béatitude sans objet, Présence lumineuse... Vous êtes le Témoin éternel qui goûte sa propre Essence.

7. Depuis cette contemplation unitive, réalisez que les myriades d'étoiles, de galaxies, de mondes ne sont que le reflet scintillant de votre propre Splendeur. Le macrocosme est en vous, il est vous...

8. Dans un élan d'émerveillement, laissez jaillir de votre cœur un chant de gratitude et de célébration de la Vie Une. Entonnez un Om qui se prolonge et se perd dans la Respiration de l'Univers...

9. Restez ainsi le temps qu'il vous plaira, à savourer votre nature cosmique en dehors des perceptions duelles. Votre être s'abreuve à la Source intarissable et se dilate aux dimensions de l'Infini...

10. Puis, en douceur, revenez à la conscience de votre forme corporelle. Comme un plongeur, effectuez une "remontée" progressive vers les couches de plus en plus denses de votre véhicule temporel.

11. De retour à vous-même, gardez en vous la Saveur de l'Infini comme une perle précieuse. Cet espace cosmique de Conscience est le Cœur de votre cœur. Cette Présence illimitée chante en vous à chaque instant.

Exercice 67 — La Méditation de la Bonté Impartiale

Description :

Une pratique méditative pour développer la bienveillance envers tous les êtres, par-delà nos préférences et nos aversions.

Instructions

1. Installez-vous dans un lieu calme, assis confortablement. Fermez les yeux et respirez profondément pour vous centrer. Imaginez votre cœur qui s'ouvre et s'adoucit à chaque inspiration.

2. Commencez par visualiser une personne que vous aimez. Ressentez la tendresse qui émane spontanément de votre cœur. Répétez-lui mentalement : "Puisses-tu être heureux (se). Puisses-tu être en paix."

3. Élargissez ce souhait à un cercle de proches, d'amis. Visualisez chaque visage et adressez-leur la même intention de bonheur et de paix. Votre bienveillance grandit en cercles concentriques.

4. Incluez maintenant des personnes neutres : voisins, commerçants, inconnus croisés... Malgré votre indifférence apparente, honorez leur aspiration universelle au bien-être.

5. Puis visualisez une personne qui vous agace ou vous blesse. Au-delà de vos griefs, reconnaissez sa souffrance. Formulez pour elle aussi un vœu de bonheur et de paix. Votre compassion transcende les apparences.

6. Enfin, étendez cette bienveillance impartiale à tous les êtres vivants, sur terre et au-delà. Humains, animaux, visibles, invisibles... Souhaitez que tous, sans exception, puissent vivre heureux, libérés de la souffrance.

7. Reposez-vous quelques minutes dans cet état d'amour inconditionnel. Votre compassion est comme un soleil qui rayonne en toutes directions, sans discriminations.

8. Pour clore la méditation, rappelez-vous que le bonheur des autres contribue à votre propre bonheur. Cultiver la joie pour autrui, c'est démultiplier votre propre joie. L'altruisme est le secret de l'épanouissement.

Exercice 68 — Méditation du sourire intérieur

Description :

Une méditation qui invite à cultiver la joie, la gratitude et la bienveillance envers soi-même et les autres, en utilisant le sourire comme ancrage.

Instructions

1. Asseyez-vous immédiatement, dans une posture à la fois droite et étendue. Fermez les yeux et prenez quelques respirations lentes et profondes pour vous centrer.

2. Imaginez qu'un doux sourire naît sur votre visage. Visualisez les parties de votre bouche qui se relèvent légèrement, vos joues qui se détendent, vos yeux qui pétillent de bienveillance.

3. Amplifiez progressivement ce sourire, jusqu'à ressentir une joie intérieure qui rayonne dans tout véritable votre visage. Savourez cette sensation de chaleur et de douceur.

4. Maintenant, imaginez que ce sourire se diffuse dans tout votre corps, comme une vague de bien-être qui se répand dans chaque cellule. De la tête aux pieds, vous irradiez de joie et de gratitude.

5. Etendez ensuite ce sourire autour de vous, en visualisant vos proches, vos amis, vos relations. Imaginez que votre sourire intérieur les touche et les emplit de joie à leur tour.

6. Elargissez encore ce sourire à votre environnement, votre ville, votre pays, la terre entière. Comme un soleil éclatant, votre joie intérieure illumine le monde.

7. Restez quelques instants baignés dans cette joie rayonnante, puis laissez doucement le sourire s'estomper, tout en préservant la chaleur et la gratitude en vous.

8. Rouvrez les yeux, tirez vos lèvres en un vrai sourire et reprenez vos activités le cœur empli de cette joie contagieuse.

Exercice 69 — Méditation de l'amour bienveillant pour soi

Description :

Une méditation guidée pour développer l'amour inconditionnel envers soi-même et cultiver une attitude d'auto-compassion au quotidien.

Instructions

1. Installez-vous dans un endroit calme où vous ne serez pas dérangé. Asseyez-vous sur un coussin dans une position confortable, le dos droit, les épaules détendues.

2. Fermez les yeux et prenez quelques grandes respirations apaisantes. Imaginez qu'à chaque inspiration vous accueillez l'énergie douce de l'amour...

3. Portez votre attention sur la région de votre cœur. Visualisez un petit soleil rayonnant au centre de votre poitrine, qui diffuse une lumière dorée dans tout votre corps.

4. Ressentez la chaleur bienfaisante de ce soleil intérieur, sa clarté, sa douceur... Imprégnez-vous des qualités de cet amour inconditionnel en vous.

5. Répétez-vous maintenant en silence les phrases suivantes, en les synchronisant avec le rythme naturel de votre respiration, sans forcer :

6. "Je m'aime totalement et inconditionnellement" (à l'inspiration) ; "Je m'accepte tel(le) que je suis" (à l'expiration). Répétez plusieurs fois, en savourant le sens profond de ces paroles.

7. Puis : "Je prends soin de moi avec bienveillance"(inspir) ; "Je suis digne de compassion" (expir). Continuez, en laissant ces mots vibrer dans tout votre corps.

8. Imaginez que le soleil en vous grandi de plus en plus, jusqu'à rayonner bien au-delà de votre corps physique. Vous baignez dans une atmosphère dorée d'amour...

9. Si des pensées négatives envers vous-même apparaissent, observez-les avec distance puis laissez-les se dissoudre dans cette lumière aimante et chaleureuse.

10. Vous pouvez placer une main sur votre cœur pour renforcer ce sentiment d'amour et de compassion envers vous-même. Souriez à cet être précieux que vous êtes.

11. Goûtez cet état d'amour et d'unité intérieure, de plus en plus présent en vous. Votre cœur est empli de douceur, de pardon, d'acceptation inconditionnelle...

12. Concluez en revoyant mentalement votre journée à venir. Imaginez que vous vous traitez à chaque instant avec la même bienveillance, le même amour inconditionnel.

13. Prenez la résolution d'être un ami aimant envers vous-même, quoi qu'il arrive. Cet engagement est un cadeau inestimable pour votre être intérieur.

14. Ouvrez doucement les yeux. Étirez-vous, bougez lentement. Emportez avec vous cette présence chaleureuse en vous, ce sourire intérieur posé sur vous-même.

Exercice 70 — Méditation de la bienveillance aimante (Metta)
Description :

Une pratique pour cultiver la bienveillance et la compassion envers soi-même et les autres, envoyant des souhaits de bonheur et de paix.

Instructions

1. Installez-vous dans une posture assise confortable, le dos droit mais détendu. Fermez doucement les yeux et prenez quelques respirations profondes pour vous centrer.

2. Entreprendre par visualiser devant vous une personne qui vous est chère et que vous aimez profondément. Cela peut être un parent, un ami, un partenaire.

3. Ressentez tout l'amour et la bienveillance que vous éprouvez pour cette personne. Laissez ces sentiments chaleureux remplir votre cœur.

4. Maintenant, formulez mentalement des souhaits de bonheur à l'intention de cette personne. Répétez-les doucement, comme une offrande d'amour : "Puisses-tu être heureux (se). Puisses-tu être en paix. Puisses-tu être en bonne santé. Puisses-tu vivre avec aisance."

5. Imaginez que ces souhaits se matérialisent sous forme d'une lumière dorée qui part de votre cœur et enveloppe cette personne chérie, la baignant de bienveillance et de douceur.

6. Après quelques minutes, laissez l'image de cette personne s'estomper et ramenez votre attention sur vous-même. Dirigez maintenant ces souhaits de bienveillance vers vous, comme si vous vous parlez à vous-même avec une infinie douceur.

7. Répétez lentement, en savourant chaque mot : "Puissé-je être heureux (se). Puissé-je être en paix. Puissé-je être en bonne santé. Puissé-je vivre avec aisance."

8. Ressentez la chaleur et la douceur de ces souhaits qui vous enveloppent, comme une vague d'amour inconditionnel qui vous berce et vous réconforte.

9. Progressivement, étendez ces souhaits de bienveillance à vos proches, vos amis, vos collègues. Visualisez-les un à un, en leur envoyant cette lumière dorée de compassion.

10. Puis, élargissez encore le cercle de votre bienveillance à toutes les personnes que vous connaissez, y compris celles avec qui vous avez des difficultés. Souhaitez-leur paix et bonheur, sans distinction.

11. Enfin, étendez ces vœux de bienveillance à tous les êtres vivants, sans exception. Toute l'humanité, tous les animaux, tous les êtres visibles et invisibles. Que tous soient heureux, en paix et libérés de la souffrance.

12. Pendant les dernières minutes de méditation, reposez-vous simplement dans cet état de bienveillance ouverte et inclusive. Ressentez la joie profonde de vous communiquer ainsi à tous les êtres avec compassion.

13. Pour conclure, réancrez-vous dans votre corps en prenant une grande inspiration. Puis, doucement, rouvrez les yeux, en irradiant autour de vous la bienveillance cultivée durant cette méditation.

Exercice 71 — La méditation poétique
Description :

Une exploration contemplative et intuitive des mots pour laisser émerger une parole poétique, personnelle et universelle.

Instructions

1. Installez-vous dans un endroit calme avec de quoi écrire. Si possible, dans la nature ou dans un lieu qui nourrit votre sens du beau et du mystère... Respirez profondément pour vous centrer.

2. Fermez les yeux et plongez votre attention dans vos sens. Accueillez les sons, les sensations corporelles, les odeurs, le souffle... Notez les images spontanées qui vous traversent.

3. Puis laissez émerger de cet espace contemplatif un mot, un bout de phrase, qui résonne particulièrement en vous. Peut-être porté par un souvenir, une rêverie, une intuition...

4. Sans réfléchir, écrivez ce fragment sur la page, comme s'il était murmuré par une voix intérieure. Savourez sa musicalité, sa texture dans votre bouche, sa résonance émotionnelle...

5. Et laissez ce premier germe poétique en appeler un autre, par associations d'idées, par glissement sonore, par contraste... Les mots s'attirent et se répondent au rythme de votre ressenti.

6. Poursuivez ce fil d'écriture spontanée, sans chercher à lui donner une cohérence linéaire. Votre poème se construit de lui-même, porté par une nécessité plus vaste que votre volonté...

7. Restez à l'écoute de vos sensations, de vos émotions, des synchronicités de l'instant... Elles sont le terreau vivant de votre inspiration, l'encre invisible qui relie les mots entre eux.

8. Quand le flux poétique s'épuise naturellement, relisez votre texte d'une traite, à voix haute si possible. Imprégnez-vous de sa musique singulière, de ses images insolites, de ses mystères irrésolus...

9. Célébrez le miracle de cette parole qui a traversé votre être pour prendre forme sur la page. Avec ses maladresses et ses fulgurances, elle est le reflet poétique de votre intériorité...

10. Et dites-vous qu'au même moment, une multitude d'humains ont prêté leur voix au grand poème du monde... Votre méditation poétique est une prière qui vous relie au cœur battant de l'humanité.

Exercice 72 — Méditation de la lumière intérieure
Description :

Une pratique pour éveiller et rayonner sa lumière intérieure, source de sagesse, de joie et de paix profonde.

Instructions

1. Installez-vous dans une posture assise confortable, le dos bien droit, les mains posées sur les genoux. Fermez doucement les yeux et prenez quelques grandes respirations pour vous centrer.

2. Imaginez qu'au centre de votre poitrine brille une petite sphère de lumière dorée, chaude et scintillante. C'est votre lumière intérieure, la flamme pure de votre conscience.

3. Concentrez-vous sur cette sphère lumineuse et ressentez sa douceur, sa chaleur bienfaisante. Comme si un petit soleil irradiait en vous de l'intérieur.

4. À chaque inspiration, visualisez cette sphère de lumière qui s'étend et s'intensifie. À chaque expiration, ressentez-la qui diffuse ses rayons dans tout votre corps, illuminant chaque cellule.

5. Progressivement, votre corps tout entier s'emplit de cette lumière dorée, vibrante d'énergie et d'amour. Vos jambes, votre bassin, votre ventre, votre poitrine, vos bras, votre cou, votre visage... tout est baigné de lumière.

6. Ressentez cette lumière qui dissipe toutes les zones d'ombre en vous. Les tensions se relâchent, les blocages se dissolvent, les peurs et les doutes se fondent dans la clarté.

7. Imaginez maintenant que cette lumière déborde les limites de votre corps pour rayonner tout autour de vous, comme une aura éclatante. Vous baignez dans une vaste sphère de lumière dorée, scintillante.

8. Visualisez cette lumière qui se propage dans la pièce où vous trouvez, illuminant chaque objet, chaque recoin. Puis, progressivement, elle s'étend à tout votre immeuble, à votre quartier, à votre ville.

9. Cette lumière bienfaisante irradie maintenant sur la Terre entière, enveloppant tous les êtres dans sa douceur et sa clarté. Visualisez la planète baignée d'une aura dorée, vibrante d'amour et de paix.

10. Revenez maintenant à votre corps, en visualisant à nouveau la sphère de lumière dans votre poitrine. Ressentez votre connexion profonde avec cette source intarissable de lumière en vous.

11. Faites le vœu de laisser briller cette lumière intérieure en toutes circonstances. Dans vos paroles, dans vos actes, dans vos relations, soyez un phare de sagesse et de compassion pour tous les êtres.

12. Pendant les derniers instants de méditation, reposez-vous simplement dans la présence chaleureuse et lumineuse de votre être véritable. Imprégnez-vous de son rayonnement subtil.

13. Pour finir, prenez une grande inspiration et expirez lentement, comme si vous diffusez la lumière par tous les pores de votre peau. Puis, doucement, rouvrez les yeux, en irradiant autour de vous la lumière et l'amour de votre cœur éveillé.

Exercice 73 — Méditation sonore des mantras-semences (Bîja)

Description :

L'utilisation de sons sacrés mono-syllabiques issus du sanskrit pour éveiller et harmoniser ses centres d'énergie subtils (chakras).

Instructions

1. Choisissez un lieu calme et inspirant, où vous serez confortablement assis(e) en posture méditative, le dos droit. Facultatif : allumez une bougie ou de l'encens pour créer une atmosphère sacrée.

2. Commencez par prendre conscience de votre respiration et de votre assise. Enracinez-vous dans votre corps et votre espace intérieur. Fermez doucement les yeux et respirez profondément.

3. Visualisez vos 7 centres d'énergie principaux alignés de bas en haut : périnée, bas-ventre, plexus solaire, cœur, gorge, front, sommet de la tête. Imaginez-les comme des fleurs de lotus lumineuses.

4. Portez votre attention sur le chakra racine au périnée. Visualisez-le comme un lotus rouge à 4 pétales. En inspirant, chantez intérieurement le son "LAM". Ressentez la vibration qui éveille l'énergie de ce centre, vous ancre et vous vitalise.

5. Montez au 2ème chakra sacré (bas-ventre). Visualisez un lotus orange à 6 pétales. Inspirez et entonnez le son "VAM". Sentez l'éveil de votre énergie créatrice, sensuelle, votre connexion à l'eau.

6. Au chakra du plexus solaire, contemplez un lotus jaune à 10 pétales. En inspirant, chantez "RAM". La vibration stimule votre feu intérieur, votre force de vie, votre volonté.

7. Au centre du chakra du cœur, imaginez un beau lotus vert à 12 pétales. Inspirez et émettez le son "YAM". Ressentez l'ouverture de votre cœur, l'expansion de votre amour et compassion.

8. Au niveau de la gorge, visualisez un lotus bleu à 16 pétales. En inspirant, chantez "HAM". La vibration purifie votre expression et communication, stimule votre créativité.

9. Au centre du front, contemplez un lotus indigo à 2 pétales. Inspirez en prononçant intérieurement "OM" ou "AUM". Sentez le son qui éveille votre 3ème œil, clarifie votre vision intuitive.

10. Au sommet de la tête, imaginez un lotus violet aux 1000 pétales. En inspirant, entonnez le son "OM" de manière plus éthérée. Ressentez la vibration qui vous relie à la conscience universelle.

11. Pour finir, répétez 3 fois un "OM" long et profond qui résonne dans tout votre être, unifiant tous vos centres. Vous vibrez à l'unisson de la pulsation sacrée de la vie.

12. Demeurez dans le silence intérieur quelques instants, en savourant l'état d'harmonie et d'unité que cette méditation sonore suscite. Vous vous sentez accordé et relié.

13. Achevez en revenant à votre respiration naturelle, en prenant conscience des sensations de votre corps. Étirez-vous doucement et réouvrez les yeux, en émanant autour de vous cette vibration d'éveil.

14. Répétée régulièrement, cette méditation sonore réaligne vos centres énergétiques, vous connecte à votre axe spirituel et vous recharge en vitalité. Les sons primordiaux ouvrent un canal direct vers votre nature essentielle.

Exercice 74 — L'Art de la pause sacrée au cœur de l'action

Description :

Un entraînement à alterner des temps d'action et de contemplation intérieure dans sa vie quotidienne.

Instructions

1. Identifiez une activité routinière que vous accomplissez généralement de manière automatique et pressée (tâches ménagères, déplacements, courses...). Formez l'intention de la vivre aujourd'hui avec conscience.

2. Juste avant de débuter cette activité, accordez-vous une "pause sacrée" : fermez les yeux, respirez profondément et recentrez-vous

dans l'instant présent. Créez en vous un espace d'écoute et de disponibilité...

3. Depuis ce lieu de clarté intérieure, visualisez le déroulement optimal de votre activité. Imprégnez-vous des qualités que vous souhaitez manifester durant ce temps : présence, fluidité, équanimité, joie...

4. Puis entamez l'activité en restant connecté(e) à cette conscience éveillée. Savourez le bien-être subtil d'être pleinement là à chaque instant, à chaque geste, sans vous projeter dans le résultat.

5. Dès que vous sentez revenir des pensées anxieuses ou des gestes mécaniques, marquez une nouvelle pause : arrêtez-vous, soufflez, relâchez les tensions... Revenez à la fraîcheur de l'instant.

6. Durant ces pauses d'une trentaine de secondes, offrez-vous une respiration consciente, un étirement, un regard neuf sur ce qui vous entoure... Ces micro-contemplations vous réalignent avec la Source.

7. Appréciez chacune de ces bulles de présence comme un cadeau d'apaisement et de renouveau. Aucune pause n'interrompt vraiment le flux de votre action : elle lui insuffle une qualité d'Être, un surcroît de sens.

8. Poursuivez votre activité en alternant ainsi des phases d'engagement conscient et de retrait méditatif, sur le modèle des vagues qui déferlent et refluent... Vous trouvez le point d'équilibre entre action et intériorité.

9. À la fin, offrez-vous une pause récapitulative pour honorer votre pratique et la joie paisible qu'elle vous a procurée. Savourez cet état d'unité intérieure renouvelé, cette fluidité de la Présence à soi.

10. Étendez progressivement ce nouvel art de vivre aux différentes facettes de votre journée. En entrecoupant vos activités de haltes régénérantes, vous incarnez une forme d'équanimité contemplative dans l'action.

11. Vos pauses sacrées sont autant de rendez-vous avec votre être essentiel, des plongées dans l'intemporel au cœur de la fluidité de la vie. Un va-et-vient subtil entre le mouvement et l'immobilité, le sonore et le silence...

Respiration & Énergie Vitale

Respiration & Énergie Vitale

Exercice 75 — Le Qi Gong des Organes Vitaux
Description :

Un enchaînement énergétique issu de la médecine traditionnelle chinoise, pour renforcer et harmoniser les fonctions organiques.

Instructions

1. Tenez-vous debout, les pieds parallèles et écartés de la largeur du bassin. Détendez les genoux, rentrez légèrement le menton et placez la pointe de la langue contre le palais. Gardez un visage détendu.

2. Concentrez-vous sur votre respiration abdominale : à l'inspiration, le ventre se gonfle; à l'expiration, il se vide. Trouvez un rythme lent et profond, naturel.

3. Visualisez sous votre nombril un réservoir d'énergie vitale (le Dan Tien). Imaginez qu'à chaque inspiration, il se remplit d'une lumière dorée; à chaque expiration, cette lumière circule dans tout le corps.

4. Commencez les mouvements par les Reins : frottez vigoureusement la zone lombaire avec les paumes, de bas en haut, pendant 30 secondes. Visualisez vos Reins qui se dynamisent, se purifient.

5. Enchaînez avec le Foie : massez le flanc droit sous les côtes avec la main droite, dans le sens des aiguilles d'une montre. Imaginez votre Foie qui se détoxifie, se régénère...

6. Puis concentrez-vous sur le Cœur : frottez la poitrine avec la paume, en insistant sur la zone du plexus. Visualisez votre Cœur qui s'ouvre, rayonne d'une lumière rouge vif...

7. Passez aux Poumons : tapotez avec le bout des doigts la poitrine et le haut du dos, en stimulant les points sous les clavicules. Imaginez vos Poumons qui se gonflent d'un air pur et nourrissant...

8. Terminez par la Rate : massez la zone sous les côtes gauches, avec un mouvement circulaire dans le sens des aiguilles d'une montre.

Visualisez votre Rate qui se renforce, transforme les aliments en pure vitalité...

9. Revenez à la posture de départ, immobile. Ressentez la circulation fluide du Qi dans tout votre corps. Savourez cet état d'harmonie intérieure, de vitalité affinée.

10. Pratiquez cet enchaînement chaque matin à jeun, de préférence en plein air. C'est un rituel simple et puissant pour réveiller l'intelligence de votre corps, ce médecin intérieur toujours disponible.

Exercice 76 - La Respiration Consciente de la Graine

Description: Un exercice de visualisation associé au souffle pour s'enraciner en soi et déployer son plein potentiel, à l'image d'une graine qui devient un arbre majestueux.

Instructions

1. Installez-vous dans une position assise confortable, le dos droit, les mains sur les genoux. Fermez les yeux et prenez quelques grandes respirations pour vous centrer et vous détendre.

2. Imaginez maintenant qu'au niveau de votre bas-ventre, dans l'espace derrière votre nombril, se trouve une petite graine. Cette graine contient tout le potentiel de votre être, tous vos talents et vos qualités en devenir.

3. En inspirant, visualisez que vous faites descendre votre souffle conscient jusqu'à cette graine. L'air que vous inspirez vient la nourrir, l'hydrater, la réveiller doucement. Ressentez les effets de cette respiration vitalisante dans votre bas-ventre.

4. En expirant, imaginez que la graine commence à germer et à pousser ses premières racines dans votre bassin, vos jambes, vos pieds... Elle s'ancre profondément dans le sol, vous reliant à la stabilité et la force tranquille de la terre.

5. Poursuivez cette respiration consciente, en visualisant à chaque inspiration la graine qui se gorge d'énergie lumineuse, et à chaque

expiration les racines qui s'étendent et se ramifient dans votre corps et au-delà, dans la terre nourricière.

6. Au fil des respirations, sentez une petite tige vigoureuse qui sort de la graine et commence à s'élever le long de votre colonne vertébrale, vertèbre après vertèbre. Elle apporte vitalité et souplesse dans tout votre buste, votre cou, votre crâne...

7. Lorsque cette tige lumineuse atteint votre sommet de tête, imaginez qu'elle continue sa croissance vers le ciel, déployant de jolies feuilles et de solides rameaux. Elle s'épanouit en un arbre majestueux, à votre image, déployant ses dons singuliers.

8. Installez-vous dans la sensation d'être à la fois profondément enraciné dans la terre et tendant joyeusement vers le ciel. Vous êtes stable et souple, nourri et rayonnant, comme l'arbre qui respire au rythme du vivant.

9. Si des pensées ou des émotions vous traversent, imaginez-les comme des nuages ou des oiseaux qui passent dans vos branches, sans perturber votre ancrage. Votre présence est vaste et accueillante, votre verticalité inébranlable.

10. Restez ainsi le temps qu'il vous plaira, en savourant cette connexion vivante à votre essence et à vos ressources intérieures. Respirez par tous vos pores, comme l'arbre respire par toutes ses feuilles...

11. Lorsque vous sentez que la méditation est complète, étendez votre conscience aux cycles des saisons. Voyez l'arbre que vous êtes traverser le printemps, l'été, l'automne et l'hiver... Observez-le qui s'adapte, se renouvelle, déploie et replie sa sève en fonction des saisons.

12. Imprégnez-vous de la sagesse de cet arbre qui sait danser avec les rythmes de la vie, qui sait se faire fort et souple, constant et changeant à la fois. Faites le vœu d'incarner ces qualités d'adaptation créative dans votre quotidien.

13. Puis prenez une grande inspiration et réancrez votre conscience dans votre corps physique. Bougez doucement vos doigts et vos orteils, étirez-vous comme au sortir d'un doux sommeil... Et quand vous vous sentez prêt, ouvrez lentement les yeux.

14. Gardez la saveur de cette visualisation ancrante tout au long de votre journée, comme une sève précieuse qui imprègne chacun de vos gestes et chacune de vos relations. Vous êtes cet arbre enraciné et vibrant, sage et généreux.

Exercice 77 — Initiation à la respiration holotrope
Description :

Une technique respiratoire puissante pour accéder à des états de conscience expansés et favoriser l'intégration corps-esprit.

Instructions

1. Installez-vous confortablement au sol, allongé sur le dos, dans une pièce calme et privée. Prévoyez une séance d'au moins une heure, avec une musique évocatrice.

2. Commencez par prendre quelques grandes inspirations abdominales pour vous centrer. Puis laissez le rythme et l'amplitude de votre respiration s'accélérer naturellement, sans forcer.

3. Respirez par la bouche, rapidement et puissamment, en gonflant et dégonflant le ventre. Suivez le flux de la musique. À l'inspiration, lâchez un son, un cri, si le besoin s'en fait sentir.

4. Gardez les yeux fermés et accueillez toutes les sensations, images, émotions qui émergent, sans les censurer. Si le corps est pris de tremblements, de spasmes, laissez-les se déployer librement.

5. Poursuivez cette respiration chaotique et libératrice jusqu'à ce qu'une impulsion vous invite à ralentir, à revenir à un souffle naturel. Laissez émerger de nouveaux rythmes, saccadés ou très lents.

6. Entrez dans une phase d'intégration, immobile, en silence. Observez les insights qui émergent, comme un rêve éveillé. Puis prenez le temps de dessiner votre expérience avant d'en parler.

7. Honorez cet espace par une brève méditation de gratitude. La respiration holotrope vous relie à vos mémoires profondes, à l'inconscient collectif. C'est un voyage initiatique au cœur de votre psyché .

Exercice 78 — La Cohérence Cardiaque
Description :

Une technique de respiration régulière pour harmoniser le rythme cardiaque, apaiser le système nerveux et renforcer la résilience face au stress.

Instructions

1. Installez-vous dans un endroit calme, assis confortablement, le dos droit. Détendez vos épaules et posez une main sur votre cœur.

2. Fermez les yeux et portez votre attention sur votre respiration naturelle. Observez le flux de l'air qui entre et sort de vos narines, sans le modifier.

3. Commencez à inspirer lentement par le nez en gonflant le ventre, pendant 5 secondes. Puis expirez doucement par le nez pendant 5 secondes, en rentrant le ventre.

4. Poursuivez cet enchaînement "inspire en 5 secondes / expire en 5 secondes" pendant 3 à 5 minutes. Gardez le même rythme régulier, sans bloquer le souffle.

5. Si votre esprit vagabonde, ramenez-le doucement sur le décompte et la sensation de la respiration. Ressentez l'air qui vous remplit et vous vide comme une vague apaisante.

6. Au fil des respirations, visualisez votre cœur qui bat dans un rythme cohérent et harmonieux. Imaginez la paix et la régularité qui s'installent dans tout votre corps.

7. Terminez par quelques respirations naturelles, en savourant le calme profond généré. Étirez-vous doucement et ouvrez les yeux, avec une énergie renouvelée.

8. Répétez cet exercice 3 fois par jour en situation normale, et dès que vous ressentez une montée de stress. Les effets bénéfiques sont immédiats et cumulatifs.

Exercice 79 — Respiration du souffle de feu (Kapalabhati)

Description :

Une technique de pranayama dynamisante qui purifie le corps et l'esprit, renforce le système digestif et respiratoire, et éveille l'énergie vitale.

Instructions

1. Asseyez-vous dans une posture confortable, le dos droit, les mains posées sur les genoux. Fermez les yeux et prenez quelques respirations profondes pour vous préparer.

2. Inspirez profondément par le nez, en gonflant l'abdomen. Puis expirez rapidement et puissamment par le nez, en contractant les muscles abdominaux, comme si vous vouliez expulser tout l'air de vos poumons.

3. L'inspiration se fait passivement, comme un rebond naturel après chaque expiration active. Concentrez-vous sur la contraction rapide et rythmique de l'abdomen à chaque expiration.

4. Commencez par des séries de 20 à 30 expirations rapides, suivies d'une respiration profonde et relaxante. Faites trois séries, en vous reposant quelques instants entre chaque série.

5. Maintenez un rythme régulier et dynamique, sans forcer. Si vous sentez de l'inconfort ou des étourdissements, ralentissez le rythme ou faites une pause.

6. Après les trois séries, prenez quelques respirations profondes et ressentez l'énergie qui circule dans votre corps, la clarté et la vitalité qui émanent de cette pratique.

7. Vous pouvez graduellement augmenter le nombre d'expirations par série et le nombre de séries, à mesure que vous gagnez en aisance et en endurance.

8. Pratiquez le souffle de feu régulièrement, de préférence le matin, pour éveiller le corps et l'esprit et cultiver une énergie vitale rayonnante tout au long de la journée.

Exercice 80 — Respiration alternée des narines (Nadi Shodana)

Description :

Une technique de pranayama qui équilibre les canaux énergétiques, apaise le mental et favorise la clarté intérieure.

Instructions

1. Asseyez-vous confortablement, le dos droit, les épaules détendues. Fermez les yeux et prenez quelques respirations profondes pour vous centrer.

2. Levez votre main droite et pliez l'index et le majeur vers la paume. Vous allez utiliser le pouce et l'annulaire pour contrôler le flux d'air dans chaque narine.

3. Bouchez doucement la narine droite avec le pouce et inspirez lentement par la narine gauche. À la fin de l'inspiration, bouchez la narine gauche avec l'annulaire et expirez par la narine droite.

4. Inspirez maintenant par la narine droite, puis bouchez-la avec le pouce et expirez par la narine gauche. C'est un cycle complet.

5. Continuez ce cycle de respiration alternée pendant 5 à 10 minutes, en maintenant un rythme fluide et régulier. Gardez une attitude de détente et de présence.

6. Si vous sentez de l'inconfort ou des étourdissements, revenez à une respiration normale. Vous pouvez ajuster la durée et l'intensité de la pratique en fonction de vos capacités.

7. À la fin de la session, relâchez la main et respirez normalement par les deux narines. Observez les effets subtils de cette pratique – un sentiment de calme, de clarté, d'équilibre intérieur.

8. Intégrez cette technique dans votre routine quotidienne, de préférence le matin ou le soir, pour cultiver la sérénité et l'harmonie tout au long de la journée.

Exercice 81 — Respiration abdominale inversée

Description :

Une technique respiratoire dynamisante et purifiante, qui inverse le schéma habituel de la respiration pour un effet revitalisant puissant.

Instructions

1. Asseyez-vous dans une posture stable et confortable. Placez une main sur votre ventre et l'autre sur votre poitrine. Suivez le mouvement naturel de votre respiration pendant quelques cycles.

2. Maintenant, vous allez progressivement inverser le processus. En inspirant, rentrez doucement le ventre vers l'intérieur et vers le haut, comme si vous le creusiez. Gardez la poitrine immobile.

3. En expirant, relâchez le ventre vers l'extérieur, laissez-le se gonfler comme un ballon qui se remplit. La poitrine reste stable.

4. Continuez ce mouvement paradoxal : inspiration ventre rentré, expiration ventre gonflé. Ajustez votre rythme de sorte que l'expiration soit environ deux fois plus longue que l'inspiration.

5. Observez les effets de cette respiration sur votre corps et votre mental. Sentez l'énergie qui monte de votre ventre, nettoie vos organes, stimule vos centres vitaux.

6. Conscience comme l'inversion du schéma habituel crée un effet de surprise dans votre organisme. Vos cellules sont dynamisées, votre corps énergétique régénéré par cette technique puissante.

7. Poursuivez pendant 10 à 20 cycles de respiration inversée. Si des émotions, des pensées ou des sensations fortes apparaissent, accueillez-les comme faisant partie du processus de purification.

8. Pour finir, laissez la respiration reprendre naturellement son cours normal. Ressentez l'état de conscience modifié par cette pratique : clarté, présence, vitalité décuplée...

9. Pratiquez cette respiration abdominale inversée régulièrement, de préférence le matin ou en cas de baisse d'énergie. C'est un moyen rapide de vous revitaliser et de nettoyer votre système corps-mental.

Exercice 82 — Conscience du souffle et ouverture du cœur

Description :

Une méditation guidée pour développer la pleine conscience et éveiller les qualités du cœur.

Instructions

1. Installez-vous dans une posture assise stable et confortable. Fermez les yeux et laissez venir à vous la sensation de votre corps qui respire, naturellement.

2. Sans chercher à contrôler le souffle, soyez simplement présent à ses mouvements : l'air frais qui entre par les narines, la douce montée de la poitrine, la subtile expansion du ventre... Accueillez chaque inspiration comme une nouvelle naissance.

3. Soyez également attentif à la vague de l'expiration : le léger affaissement des épaules, le doux reflux du ventre, l'air tiède qui s'échappe des narines... Accueillez chaque expiration comme un lâcher-prise confiant.

4. Respirez ainsi pendant quelques minutes, en étant pleinement conscient de chaque instant du cycle respiratoire, sans vous laisser distraire par les pensées. Si le mental s'égare, ramenez-le avec bienveillance à la simple observation du souffle.

5. Maintenant, déplacez le centre de votre conscience dans l'espace du cœur. Ressentez la présence chaleureuse et paisible qui émane de lui. À chaque inspiration, visualisez votre cœur qui s'emplit d'une douce lumière rosée.

6. Imprégnez-vous des qualités de compassion, de tendresse, de joie sereine qui irradient de votre cœur à chaque respiration. Savourez les délicats parfums d'amour et de gratitude qui imprègnent tout votre être...

7. Sur l'inspiration, accueillez la vie avec un cœur enfantin, émerveillé, enthousiaste. Sur l'expiration, offrez au monde votre bienveillance,

votre générosité, votre pardon... Respirez ainsi par le cœur pendant quelques instants.

8. Pour finir, revenez à la conscience globale de votre souffle et ouvrez-vous à l'expérience présente, quelle qu'elle soit. Ressentez la vaste ouverture et la profonde sérénité de votre cœur éveillé, votre centre d'amour et de paix inaltérables.

Exercice 83 — Respiration des Cinq Souffles Alchimiques
Description :

Une pratique respiratoire taoïste pour sublimer et raffiner son énergie vitale à travers cinq qualités de souffle.

Instructions

1. Installez-vous en position assise, le dos droit, les yeux fermés. Respirez lentement par le nez. Imaginez que votre souffle est une fumée blanche lumineuse.

2. Pratiquez d'abord le souffle frais. À l'inspiration, visualisez une brume d'un blanc pur et glacé emplir votre corps. Expirez par la bouche en soufflant doucement.

3. Respirez ainsi 3 à 6 fois. Sentez une fraîcheur bienfaisante se diffuser dans tout votre être. Votre énergie s'apaise et se clarifie.

4. Enchaînez avec le souffle chaud. Inspirez une fumée dorée et chaude comme un soleil d'été. Expirez par le nez en la diffusant dans chaque cellule.

5. Poursuivez 3 à 6 respirations. Votre énergie se réchauffe, s'amplifie, se met en mouvement sous l'action de ce souffle igné.

6. Respirez maintenant le souffle humide. Imaginez un brouillard argenté vous traverser à chaque inspiration. Expirez par la bouche comme une brume légère.

7. Continuez pendant 3 à 6 cycles. Ce souffle apporte l'élément Eau en vous, hydrate et adoucit votre énergie, la rend malléable et réceptive.

8. Goûtez ensuite au souffle sec. Inspirez lentement une fumée d'un blanc crémeux aux reflets dorés. Expirez-la par le nez en ressentant son effet asséchant.

9. Après 3 à 6 respirations, vous sentirez votre énergie se stabiliser, se condenser, gagner en solidité et en force tranquille.

10. Enfin, pratiquez le souffle doux pendant 6 à 9 cycles. À l'inspiration, accueillez une brume blanche vaporeuse et soyeuse. Expirez-la en conscience.

11. Ce souffle harmonise vos énergies avec douceur et subtilité. Il achève de raffiner votre Qi, de lui apporter une qualité éthérée.

12. Pour finir, ramenez votre attention à votre respiration naturelle. Appréciez la nouvelle alchimie qui habite votre corps et votre esprit...

Exercice 84 — Assise immobile du souffle naturel
Description :

Une méditation zen minimaliste pour s'établir dans la simplicité de l'instant présent et la pure présence à ce qui est.

Instructions

1. Installez-vous en position assise stable, le dos droit sans raideur. Les genoux touchent le sol, les mains reposent sur les cuisses. La tête est dans le prolongement du cou, le menton légèrement rentré.

2. Fermez les yeux aux trois-quarts, le regard posé dans le vide, à un mètre devant vous. Détendez tous les muscles du visage. La langue touche le palais, derrière les dents de devant.

3. Dans un premier temps, comptez vos cycles respiratoires jusqu'à 10, puis recommencez. Si une pensée vous distrait, revenez doucement à 1. Continuez pendant 10 minutes.

4. Puis arrêtez le décompte et installez une respiration naturelle, silencieuse, par le nez. L'air entre et sort sans bruit, sans à-coups, sans volonté de bien faire. Suivez ce courant, sans intervenir.

5. Quand une pensée, une émotion, une sensation apparaît, ne vous y accrochez pas. Revenez simplement à la respiration naturelle. Vous n'avez rien d'autre à faire qu'être présent au souffle, à ce qui est.

6. Si une douleur physique survient, accueillez-la dans le champ de la conscience. La respiration y pénètre, l'enveloppe avec douceur. Puis revenez au souffle nu, dans l'instant.

7. D'instant en instant, sans rien attendre, sans rien rejeter. Présence pure à la réalité de ce moment, tel qu'il est. C'est tout. Et c'est vaste. Votre vraie nature, au-delà des remous de surface.

8. Poursuivez cette assise immobile 20 à 30 minutes. Puis étendez progressivement la durée, jusqu'à une heure par jour. C'est en s'y abandonnant que le souffle naturel dévoile ses trésors de sérénité...

9. Pour finir, inspirez profondément et expirez par la bouche. Étirez lentement la nuque, épaules, colonne, jambes... En gardant ce goût d'éternité dans l'éphémère que seule l'assise silencieuse peut offrir.

Exercice 85 — Réveil de l'énergie vitale par la respiration embryonnaire
Description :

Une pratique respiratoire inspirée du Qi Gong pour réactiver le souffle originel, revitaliser les organes et diffuser le Qi dans les méridiens.

Instructions

1. Asseyez-vous confortablement, le dos droit, les mains sur les genoux. Fermez les yeux et amenez votre attention sur votre respiration naturelle.

2. Commencez à diriger le souffle vers le bas de votre abdomen, comme si vous vouliez remplir d'air votre bassin. À l'expiration, laissez le ventre se relâcher complètement.

3. Imaginez qu'à chaque inspiration, vous attirez l'énergie vitale de la terre dans cette région, et qu'à chaque expiration, vous la diffusez dans tout votre corps.

4. Poursuivez cette respiration abdominale pendant 3 à 5 minutes, en visualisant une sphère lumineuse qui s'intensifie dans votre ventre à chaque cycle.

5. Puis, commencez à allonger la phase d'expiration, en vidant complètement vos poumons. À la fin de l'expiration, bloquez doucement votre respiration et rentrez le ventre vers la colonne vertébrale.

6. Restez quelques secondes dans cette rétention à vide, en contractant le périnée et en gardant la sensation d'aspirer l'énergie vers le bas. Puis inspirez profondément dans le ventre en relâchant tout.

7. Continuez ce cycle (inspirer dans le ventre, expirer à fond, bloquer à vide, inspirer dans le ventre) pendant 3 à 5 minutes, à votre rythme. Si vous vous sentez étourdi, revenez à la respiration naturelle.

8. Ensuite, laissez le mouvement respiratoire ralentir et s'apaiser d'elle-même, tout en maintenant l'attention dans le bas-ventre. Écoutez les effets de cette pratique dans votre corps.

9. Terminez en massant doucement votre ventre dans le sens des aiguilles d'une montre, puis en posant vos mains quelques instants sur cette région pour l'honorer.

10. Ancrez les sensations de vitalité et de présence en étirant vos bras au-dessus de votre tête, paumes vers le ciel. Puis redescendez les bras sur les côtés en expirant par la bouche, libérant les tensions.

Exercice 86 — Respiration du souffle du cœur
Description :

Une pratique de respiration profonde associée à la visualisation pour ouvrir le cœur, cultiver la gratitude et la compassion, et se relier à son essence profonde.

Instructions

1. Installez-vous dans une position assise confortable, le dos droit mais détendu. Fermez les yeux et prenez quelques respirations profondes pour vous centrer.

2. Portez maintenant votre attention sur la région de votre cœur. Imaginez qu'à chaque inspiration, votre cœur s'emplit d'une douce lumière, chaleureuse et réconfortante.

3. À chaque expiration, visualisez cette lumière du cœur qui se répand dans tout votre corps, jusqu'au bout des doigts et des orteils, vous baignant d'une énergie d'amour et de bienveillance.

4. Tout en maintenant cette respiration profonde et cette visualisation, émettez de la gratitude pour votre cœur qui bat inlassablement, qui vous maintient en vie à chaque instant.

5. Ressentez la préciosité et la beauté de cet organe qui vous permet d'aimer, de partager, de créer des liens avec les autres êtres. Dites merci à votre cœur pour son dévouement sans faille.

6. Maintenant, à chaque inspiration, accueillez dans votre cœur une qualité que vous souhaitez cultiver davantage - la joie, la paix, le courage, la compassion... Laissez-la imprégner chaque cellule de votre être.

7. À chaque expiration, offrez cette qualité au monde qui vous entoure. Imaginez qu'elle se répand autour de vous, touchant vos proches, vos relations, tous les êtres vivants.

8. Continuez cette respiration du cœur pendant 5 à 10 minutes, en savourant ce flot d'amour et de gratitude qui circule en vous et à travers vous.

9. Pour finir, placez vos mains sur votre cœur et ressentez la chaleur et la douceur qui en émanent. Faites le vœu de garder votre cœur ouvert et aimant tout au long de la journée.

10. Lorsque vous sentez que la pratique est complète, prenez une grande inspiration et expirez par la bouche en émettant un son doux, comme un soupir de soulagement. Puis rouvrez lentement les yeux, en emportant avec vous la présence bienveillante de votre cœur.

Exercice 87 — Pranayama du souffle égal (SamaVritti)
Description :

Une technique de respiration équilibrante et apaisante, où l'inspiration et l'expiration sont de même durée, permettant de stabiliser le mental et d'induire un état de profonde relaxation.

Instructions

1. Asseyez-vous confortablement, le dos droit, les épaules détendues. Fermez les yeux et prenez quelques respirations profondes pour vous centrer.

2. Commencez par observer le rythme naturel de votre respiration, sans chercher à le modifier. Sentez l'air qui entre et sort de vos narines, le mouvement subtil de votre poitrine et de votre ventre.

3. Maintenant, inspirez doucement par le nez en comptant jusqu'à 4 dans votre tête. Essayez de maintenir un flux d'air constant et régulier.

4. À la fin de l'inspiration, suspendez votre souffle pendant un court instant, puis expirez par le nez en comptant à nouveau jusqu'à 4. Videz vos poumons progressivement et complètement.

5. À la fin de l'expiration, suspendez à nouveau le souffle un bref instant avant de reprendre l'inspiration suivante. Continuez ce cycle respiratoire : inspirer en comptant jusqu'à 4, pause, expirer en comptant jusqu'à 4, pause.

6. Si le rythme de 4 temps vous semble trop long ou trop court, ajustez-le à votre capacité, en veillant à garder la même durée pour l'inspiration et l'expiration.

7. Concentrez-vous sur la sensation de l'air qui emplit et vide vos poumons, sur le décompte mental qui rythme votre respiration. Si des pensées surgissent, laissez-les passer sans vous y attacher et revenez au souffle.

8. Continuez cette respiration équilibrante pendant 5 à 10 minutes, en savourant le calme et la stabilité qui s'installent en vous. Votre mental s'apaise, votre corps se détend profondément.

9. À la fin de la session, relâchez le contrôle de votre respiration et laissez-la retrouver son rythme naturel. Observez les effets subtils de cette pratique - un sentiment de clarté, d'équilibre, d'ancrage dans le moment présent.

10. Intégrez cette technique dans votre quotidien, particulièrement dans les moments de stress ou d'agitation mentale. Quelques minutes de ce pranayama peuvent vous aider à retrouver rapidement votre centre et votre sérénité.

Exercice 88 — Respiration de l'infini
Description :

Une pratique respiratoire pour dissoudre le sentiment de séparation et s'unir à la dimension illimitée de la conscience.

Instructions

1. Allongez-vous confortablement sur le dos, sans oreiller. Les bras reposent le long du corps, paumes ouvertes vers le ciel. Détendez tous vos muscles et fermez doucement les yeux.

2. Commencez par de longues respirations abdominales, en gonflant le ventre comme un ballon à l'inspiration, et en le dégonflant à l'expiration. Trouvez votre rythme, sans précipitation.

3. Imaginez qu'à chaque inspiration, vous absorbez l'espace infini qui vous entoure. Cet espace entre en vous et dissout toute limite, toute frontière de votre être. Vous devenez pur espace, vaste et paisible.

4. À chaque expiration, visualisez que cet espace intérieur illimité rayonne autour de vous, dissipe les contours de votre corps physique. Vous n'êtes plus enfermé dans une enveloppe séparée, mais ouvert et relié à tout...

5. Imprégnez-vous de cette respiration spatiale, qui inspire le sans-limite et expire la dissolution des formes. Peu à peu, votre sentiment d'individualité fond comme une goutte dans l'océan...

6. Au fil des cycles respiratoires, réalisez que vous êtes à la fois l'espace contenu dans le corps, et l'espace illimité qui contient le corps. Toute dualité intérieure/extérieure se résorbe dans cette pure présence unifiée.

7. Savourez cet état de conscience éveillée, paisible, où les pensées passent comme de légers nuages dans un ciel infini... Vous êtes ce ciel immobile, cette vacuité sereine, au-delà de vos constructions mentales...

8. Demeurez ainsi 15 à 20 minutes, dans la respiration naturelle de l'espace. Si une contraction réapparait, expirez-la dans la vastitude... Toute limite est invitée à se dissoudre dans le grand Souffle de la vie.

9. Pour terminer, ramenez doucement l'attention dans le corps physique. Bougez lentement doigts et orteils, étirez-vous comme après une longue relaxation. Ouvrez les yeux, en contactant cet espace de sérénité en vous.

10. Poursuivez votre journée avec la conscience que vous êtes, fondamentalement, cet espace infini qui anime la forme tout en la transcendant. D'instant en instant, ouvrez-vous à ce mystère du souffle de l'illimité.

Exercice 89 — Méditation du lac tranquille

Description: Une pratique pour apaiser le mental agité et cultiver un état de calme et de clarté intérieure, en s'inspirant de l'image d'un lac paisible.

Instructions

1. Asseyez-vous dans une posture confortable, le dos droit mais sans raideur. Fermez les yeux et prenez quelques respirations profondes pour vous détendre.

2. Visualisez devant vous un magnifique lac de montagne. Ses eaux sont parfaitement calmes, transparentes et limpides. La surface du lac est comme un miroir qui reflète le ciel bleu et les montagnes environnantes.

3. Observez la tranquillité et la pureté de ce lac. Aucune vague ne vient troubler sa surface, aucun tourbillon ne vient perturber sa quiétude. Tout est parfaitement immobile et paisible.

4. Maintenant, imaginez que votre esprit est comme ce lac tranquille. Les pensées qui surgissent inévitablement sont comme de petites balades à la surface de l'eau, qui apparaissent puis se résorbent d'elles-mêmes.

5. Ne cherchez pas à bloquer ou à repousser les pensées, contentez-vous de l'observateur avec détachement, comme les reflets fugaces des nuages sur la surface du lac.

6. Chaque fois que vous surprenez absorber dans une pensée, une émotion ou une sensation, revenez doucement à l'image du lac. Voyez les remous mentaux se calmer d'eux-mêmes, et la surface de l'esprit retrouve sa clarté naturelle.

7. Lorsque le mental est agité par des vagues de stress, d'inquiétude ou de distraction, respirez profondément et visualisez ces vagues qui s'apaisent progressivement, jusqu'à ce que le lac retrouve son calme originel.

8. Si une pensée ou une émotion particulièrement forte vous submerge, imaginez-la comme un gros rocher qui tombe dans le lac. Observez les

remous intenses qu'elle provoque, puis voyez les ondes concentriques s'élargir et se résorber peu à peu dans la quiétude du lac.

9. Reposez-vous dans cette tranquillité intérieure, dans cette présence claire et limpide, au-delà du va-et-vient des phénomènes mentaux. Savourez cet état naturel de l'esprit, paisible et lumineux.

10. Pendant les dernières minutes, faites le vœu de préserver cette clarté intérieure tout au long de votre journée. Chaque fois que vous en aurez besoin, revenez à l'image du lac tranquille et laissez les agitations du mental s'y dissocier.

11. Pour finir, prenez une grande inspiration et tirez-vous comme si vous émergiez de la profondeur du lac. Ouvrez lentement les yeux, en irradiant autour de vous cette sérénité et cette présence limpide cultivées pendant la méditation.

Exercice 90 — Respiration des 3 étages (ventrale, thoracique, claviculaire)
Description :

Une technique pour activer et relier les 3 types de respiration, libérer les blocages respiratoires et déployer la respiration complète yogique.

Instructions

1. Installez-vous confortablement en position assise ou allongée. Placez une main sur le ventre, l'autre sur la poitrine. Fermez les yeux, détendez-vous.

2. Prenez d'abord conscience de votre respiration naturelle. Sans la modifier, observez le mouvement de l'air dans votre corps. Accueillez ce qui est là.

3. Concentrez-vous maintenant sur la respiration ventrale ou abdominale. En inspirant par le nez, gonflé le ventre comme un ballon, lentement et profondément.

4. La main posée sur le ventre s'élève avec l'inspir et s'abaisse avec l'expir. Respirez avec le ventre pendant 3 à 5 cycles, en appréciant l'amplitude.

5. Puis déplacez votre attention sur la respiration thoracique ou intercostale. En inspirant, gonflez la cage thoracique, les côtes s'écartent, le sternum se soulève.

6. La main sur la poitrine perçoit l'expansion de la cage thoracique à l'inspir et son retrait à l'expir. Gardez le ventre immobile. Respirez ainsi pendant 3 à 5 cycles.

7. Portez à présent votre conscience sur la respiration claviculaire ou supérieure. En inspirant, soulevez légèrement les clavicules et les épaules vers les oreilles.

8. L'air emplit le haut des poumons, juste sous les clavicules. À l'expir, les clavicules et les épaules s'abaissent. Enchaînez 3 à 5 cycles, en affinant la sensation.

9. Après avoir exploré séparément ces 3 étages, vous allez les relier dans une respiration yogique complète. Inspirez d'abord par le ventre en le gonflant.

10. Puis continuez l'inspir en gonflant la cage thoracique et en soulevant le sternum. Enfin finissez l'inspir en soulevant légèrement les clavicules. Faites une petite rétention.

11. Expirez ensuite lentement en vidant d'abord le haut des poumons, puis le milieu, puis le bas, en rentrant le ventre. Faites une petite suspension poumons vides.

12. Enchaînez cette respiration yogique complète à votre rythme, sans forcer, pendant 3 à 5 cycles. Vos mains surveillent la montée et la descente du souffle.

13. Finalement, relâchez tout contrôle et laissez la respiration reprendre son rythme naturel. Sentez comme votre capacité pulmonaire s'est déployée, votre corps oxygéné.

14. Prenez le temps de goûter cet état d'ouverture et de détente intérieure. Puis revenez tranquillement à l'espace extérieur, étirez-vous, ouvrez les yeux.

15. Plus vous pratiquerez cet enchaînement respiratoire complet, plus il deviendra fluide et spontané. Votre corps adoptera naturellement ce nouveau schéma de respiration.

Exercice 91 — Automassages énergétiques des méridiens
Description :

Une série d'automassages le long des méridiens énergétiques pour activer la circulation du Qi, dissoudre les blocages et harmoniser les organes.

Instructions

1. Assis au calme, frottez-vous les mains pour les réchauffer. Reliez-vous à votre respiration profonde. Visualisez une énergie lumineuse qui circule en vous.

2. Placez l'index et le majeur réunis sur le point entre les sourcils. Massez lentement en expirant, 3 à 6 fois. Imaginez une lumière qui éclaire votre esprit.

3. Posez les doigts repliés sur les tempes. Massez par petits cercles dans un sens puis l'autre, une dizaine de fois. Le mental s'apaise, les yeux se détendent.

4. Pincez le haut des oreilles entre le pouce et l'index. Étirez-les vers le haut en expirant, relâchez en inspirant. 3 à 6 fois. Les sons intérieurs s'atténuent...

5. Placez les mains ouvertes sur les côtés du cou. Lissez la peau de haut en bas plusieurs fois, en expirant. La nuque se détend, la respiration s'approfondit.

6. Avec le poing, tapotez doucement le long des bras, de l'intérieur à l'extérieur, sur tout le pourtour des bras, pendant 1 à 2 minutes. Le Qi circule mieux dans les méridiens.

7. Massez chaque doigt l'un après l'autre en tournant autour de l'os. Insistez sur les zones sensibles. Chassez les toxines des articulations. Assouplissez les doigts.

8. Frottez-vous vigoureusement le ventre dans le sens des aiguilles d'une montre. Faites une vingtaine de cercles assez appuyés. Les organes digestifs sont tonifiés.

9. Placez les mains sur les reins dans le dos. Avec les pouces, effectuez des cercles de chaque côté de la colonne vertébrale, de bas en haut. Une énergie chaude monte...

10. Pincez le long de l'intérieur des cuisses, du genou jusqu'à l'aine. Rincez les méridiens des jambes par des pressions successives, 3 à 6 fois de chaque côté.

11. Massez le pourtour des chevilles ainsi que le dessous des pieds en insistant sur les zones sensibles ou rigides. Visualisez les tensions qui se dissolvent...

12. Terminez en posant les mains sur le ventre. Respirez dans le Tantien, votre centre énergétique. Ressentez votre corps global, unifié, traversé des pieds à la tête par le Qi.

13. Cette séquence d'automassages prend 10 à 15 minutes. Vous pouvez la pratiquer quotidiennement, de préférence le matin, pour dynamiser les fonctions vitales.

14. En activant régulièrement vos méridiens, vous renforcez votre santé et votre vitalité. Votre corps devient plus sensible à l'énergie vitale et vos émotions s'harmonisent.

Exercice 92 — Exploration du souffle circulaire continu

Description :

Une technique respiratoire inspirée du pranayama yoga, basée sur un enchainement fluide des cycles inspiratoires et expiratoires, pour équilibrer le système nerveux et ouvrir le champ de conscience.

Instructions

1. Asseyez-vous en tailleur ou sur une chaise, le dos droit et détendu, les mains posées sur les genoux. Fermez les yeux et détendez tout votre visage, en desserrant la mâchoire.

2. Commencez à respirer consciemment par le nez : inspirez profondément en gonflant l'abdomen, puis le milieu et le haut de la cage thoracique. Puis expirez en vidant d'abord la poitrine, puis le ventre. Poursuivez durant quelques cycles complets.

3. Commencez maintenant à réduire les pauses entre l'inspiration et l'expiration, comme si le souffle traçait progressivement un cercle continu. Une respiration enchaine l'autre sans temps mort, dans un mouvement circulaire régulier.

4. Vous pouvez visualiser une roue ou un anneau doré qui tourne dans votre corps, s'élevant à l'inspire, s'abaissant à l'expire... Le souffle devient un courant ininterrompu, un ruban soyeux qui se déroule.

5. Respirez ainsi pendant environ 5 minutes, en gardant le même volume d'air entrant et sortant. Goûtez la fluidité croissante de votre respiration circulaire. Veillez à rester confortable, sans forcer.

6. Puis augmentez légèrement la vitesse du souffle, tout en préservant sa circularité. Les cycles respiratoires s'enchainent avec un peu plus de tonicité, comme portés par leur propre élan. Votre cercle devient vortex .

7. Poursuivez durant 5 à 10 minutes en maintenant un rythme soutenu. Si des pensées émergent, laissez-les glisser dans le courant du souffle... S'il y a des tensions physiques, expirez-les complètement... Le mental peu à peu s'apaise et s'éclaircit.

8. Puis laissez le souffle retrouver progressivement son va-et-vient naturel, sans plus rien forcer. Observez les effets de cette respiration circulaire : détente du système nerveux, clarté de l'esprit, énergie rafraîchie...

9. Demeurez encore quelques instants dans cette présence respiratoire unifiée. Comme si votre souffle était l'océan primordial, source inépuisable de renouvellement, de purification et d'éveil...

10. Refermez la séance par quelques longues expirations libératrices par la bouche. Massez délicatement votre visage, vos oreilles, votre crâne et votre nuque pour bien revenir. Étirez-vous dans toutes les directions.

11. Renouvelez cette pratique quotidiennement, en respectant vos limites et besoins spécifiques. Vous découvrirez un état de vigilance apaisée et d'ouverture intérieure qui peu à peu s'installe au cœur de votre vie. Le souffle circulaire est le pont entre le corps et l'âme.

Exercice 93 — Respiration fractionnée du Pranayama
Description :

Une technique de contrôle du souffle par des pauses rythmées à l'inspir et à l'expir, pour étirer la respiration et canaliser le prana.

Instructions

1. Asseyez-vous confortablement en tailleur ou sur une chaise, le dos bien droit mais sans raideur. Fermez les yeux, détendez le visage et le corps.

2. Prenez quelques respirations profondes et conscientes pour vous centrer. Sentez les points d'appui de votre corps, votre assise stable et solide.

3. Commencez la respiration fractionnée : inspirez par le nez en 2 temps. Inspirez à moitié, marquez une pause d'une seconde, puis finissez l'inspiration.

4. Expirez maintenant en 2 temps : expirez à moitié par le nez, marquez une petite rétention, puis videz complètement les poumons. Cela constitue un cycle.

5. Au cycle suivant, inspirez maintenant en 3 temps : inspirez un tiers de votre capacité, pausez, inspirez le deuxième tiers, pausez, puis finissez l'inspiration.

6. Expirez ensuite en 3 étapes : expirez un tiers, retenez une seconde, expirez le 2ème tiers, retenez, puis finissez l'expiration complète. Enchaînez un nouveau cycle.

7. Poursuivez la respiration fractionnée en 3 temps pendant 5 à 10 cycles, à votre rythme. Soyez attentif au parcours de l'air qui entre et sort en plusieurs étapes.

8. Puis inspirez maintenant en 4 fractions : un quart de l'inspir, une petite pause, puis le 2ème quart, une pause, le 3ème quart, une pause et finissez l'inspiration.

9. Expirez de même en 4 temps : un quart de l'expir, rétention, deuxième quart, rétention, 3ème quart, rétention et finissez de vider l'air.

10. Continuez ce schéma en 4 fractions pendant 10 à 20 cycles. Votre attention reste pointée sur le mouvement fractionné de l'air, à l'intérieur comme à l'extérieur.

11. Vous pouvez ensuite augmenter les fractionnements à 5, 6 ou 8 pauses, selon votre capacité. Trouvez votre propre cadence. L'essentiel est d'étirer la respiration.

12. Après 5 à 10 minutes de pratique, reprenez une respiration naturelle. Suivez les mouvements spontanés de l'air quelques instants, en ressentant l'énergie qui circule.

13. Goûtez cet état de conscience élargie. Votre mental est apaisé, votre corps détendu et rechargé. Le prana (force vitale) a été activé et circule librement en vous.

14. Clôturez la séance par quelques mouvements de réintégration : étirements, bâillements, rotations... Puis ouvrez les yeux et reliez-vous doucement à l'extérieur.

15. Par cette extension progressive du souffle, vous pacifiez le mental et les émotions. Vous accédez à une perception subtile des courants d'énergie en vous.

Exercice 94 — Tonification globale par le Wai Tan Kung
Description :

Une gymnastique énergétique chinoise qui combine respirations profondes, auto-massages, mouvements lents et visualisations pour revitaliser l'ensemble du corps.

Instructions

1. Tenez-vous debout, les pieds légèrement écartés, genoux détendus. Prenez trois grandes respirations par le ventre, les paumes posées juste sous le nombril.

2. Frictionnez vigoureusement vos mains l'une contre l'autre jusqu'à les sentir chaudes. Puis appliquez-les contre vos yeux fermés, imprégnez-vous de la chaleur et de l'énergie.

3. Avec les paumes, effectuez des percussions rapides sur tout le corps en respirant profondément. Commencez par le haut du crâne, puis le visage, la nuque, la poitrine, le ventre, les bras, les jambes.

4. Massez-vous ensuite l'ensemble du crâne avec les doigts. Sentez le cuir chevelu qui s'assouplit, visualisez l'irrigation du cerveau en oxygène et énergie par le sang.

5. Pincez le contour des oreilles entre le pouce et l'index, de haut en bas. Tirez doucement sur les lobes. Cela stimule les terminaisons nerveuses et les méridiens associés aux organes.

6. Avec les mains ouvertes, effectuez des rotations autour des yeux, dans le sens des aiguilles d'une montre. Visualisez votre regard clair et perçant. Clignez des yeux plusieurs fois.

7. Massez-vous ensuite les gencives avec la langue. Pressez la pointe de la langue contre le palais pendant quelques respirations. Émettez ensuite un son "Tsss..." soutenu en serrant les dents.

8. Placez les mains sur la poitrine et effectuez de larges cercles devant vous avec les bras, dans un sens puis dans l'autre. Coordonnez avec la respiration, visualisez l'énergie circuler dans les méridiens.

9. Penchez-vous en avant et faites pendre les bras et le haut du corps, tout en relâchant bien la tête, la nuque. Prenez trois grandes respirations dans le dos. Puis relevez-vous vertébré après vertébré.

10. Tenez-vous debout, les pieds ancrés dans le sol. Levez les bras au-dessus de la tête en inspirant. Puis redescendez-les en expirant, en fléchissant les genoux. Répétez trois fois ce mouvement.

11. Asseyez-vous confortablement, paumes posées sur les cuisses. Fermez les yeux et suivez le flot de votre respiration pendant quelques instants. Visualisez une lumière dorée qui imprègne chaque cellule.

12. Terminez en vous massant le visage, en étirant vos traits de l'intérieur par de petites grimaces souriantes. Puis secouez les mains et les bras pour relâcher les dernières tensions.

13. Cette série de Wai Tan Kung vous recharge rapidement en énergie vitale par une stimulation globale des fonctions physiologiques et psychiques. Pratiquez-la au quotidien pour entretenir votre vitalité.

Exercice 95 — Circulation du Qi dans les méridiens
Description :

Une pratique issue de la médecine traditionnelle chinoise pour activer la circulation harmonieuse de l'énergie vitale dans les canaux subtils.

Instructions

1. Installez-vous dans une position assise confortable, le dos droit, les mains posées sur les cuisses. Fermez les yeux et suivez votre respiration pendant quelques instants.

2. Visualisez sous votre nombril un réservoir d'énergie vitale, le « chaudron du Qi ». À l'inspiration, imaginez cette énergie lumineuse qui monte le long de la colonne vertébrale jusqu'au sommet de la tête.

3. À l'expiration, visualisez le Qi qui redescend de la tête, passe par le visage, la gorge, la poitrine, le ventre, jusqu'au périnée et aux pieds. Puis une nouvelle inspiration le fait remonter.

4. Continuez cette circulation du Qi dans ce grand cycle microcosmique avant/arrière pendant 3 à 6 respirations. Ressentez la colonne comme un grand fleuve d'énergie pure.

5. Visualisez ensuite le Qi qui descend de la tête le long de la face interne des bras jusqu'au bout des doigts. Puis à l'expiration, il remonte par la face externe des bras jusqu'aux épaules et redescend.

6. Même circulation dans les jambes : le Qi lumineux descend par l'intérieur jusqu'aux orteils, remonte à l'extérieur jusqu'aux hanches. Il parcourt ainsi les 4 membres pendant 3 à 6 cycles.

7. Finalement, imaginez que le Qi se concentre dans le « chaudron » sous le nombril. Avec le ventre, guidez-le pour qu'il fasse 9 tours dans le sens des aiguilles d'une montre, puis 6 tours dans l'autre sens.

8. Cette pratique du grand et du petit cycle microcosmique harmonise la circulation du Qi, débloque les stagnations, revitalise les organes. Imprégnez-vous du bien-être qui en découle.

9. Terminez en massant doucement avec vos mains tout votre corps, de haut en bas. Comme si vous l'enveloppiez de Qi, comme si vous le recouvriez de soie. Puis relâchez tout.

10. Pratiquez cet exercice régulièrement pour renforcer votre vitalité et faire circuler en vous l'énergie du Vivant. Votre corps est parcouru de ces autoroutes subtiles prêtes à être empruntées.

Exercice 96 — Oscillation respiratoire et équilibre du Qi
Description :

Une pratique énergétique taoïste pour harmoniser le Yin et le Yang, dissoudre les tensions et retrouver un état de grâce et de fluidité intérieure.

Instructions

1. Tenez-vous debout, les pieds écartés de la largeur du bassin, les genoux légèrement fléchis. Prenez quelques respirations profondes pour vous enraciner.

2. Commencez à vous balancer très doucement d'avant en arrière, en transférant le poids de vos pieds des orteils aux talons. Trouvez un rythme lent et régulier, comme si vous berciez un enfant.

3. En vous penchant vers l'avant, inspirez profondément dans votre ventre. Imaginez que vous accueillez l'énergie Yang, dynamique et lumineuse. Ressentez la légèreté dans votre corps.

4. En basculant vers l'arrière, expirez à fond en rentrant le ventre vers la colonne. Visualisez que vous absorbez l'énergie Yin, réceptive et apaisante. Savourez la sensation d'ancrage et de stabilité.

5. Poursuivez cette oscillation respiratoire pendant plusieurs minutes, en synchronisant le mouvement de votre corps avec le flux de votre souffle. Laissez chaque changement d'appui s'effectuer avec souplesse.

6. Puis commencez à visualiser que l'énergie Yang inspirée par devant descend dans vos jambes et vos pieds, tandis que l'énergie Yin expire

par l'arrière remonte dans votre dos et votre nuque. Votre corps devient un circuit d'énergie unifié.

7. Sentez le Qi circuler librement dans vos méridiens, dissolvant les blocages, harmonisant les organes. Votre oscillation devient de plus en plus ample et fluide, comme animée par une force invisible.

8. Si des pensées ou des émotions surgissent, laissez-les se dissoudre dans le mouvement, sans vous y accrocher. Votre attention reste ancrée dans les sensations subtiles du corps énergétique.

9. Après 5 à 10 minutes, laissez progressivement l'oscillation s'apaiser d'elle-même, jusqu'à revenir à l'immobilité. Gardez les yeux fermés et ressentez l'état d'équilibre et de sérénité qui vous habite.

10. Terminez en joignant les mains devant votre poitrine et en saluant cet espace unifié en vous. Prenez une grande inspiration par le nez et expirez par la bouche en relâchant les bras le long du corps.

11. Imprégnez-vous encore quelques instants de cette qualité de présence centré et stable. Puis ouvrez doucement les yeux, étirez-vous et reprenez vos activités avec cette nouvelle fluidité.

Exercice 97 — Déblocage énergétique par le Do-In
Description :

Une technique d'automassage issue de la médecine traditionnelle chinoise, stimulant les méridiens par pressions et frictions pour rééquilibrer la circulation du Qi.

Instructions

1. Installez-vous au calme, après une douche si possible. Portez des vêtements confortables et prévoyez un tapis pour tous les exercices au sol. Ayez un peu d'huile ou de crème à portée de main.

2. Commencez par un bref échauffement global : auto-massage, rotations et étirements doux, pour déverrouiller le corps. Puis asseyez-vous et prenez quelques grandes respirations, les mains sur le ventre.

3. Frictionnez vigoureusement vos mains l'une contre l'autre pour les réchauffer. Puis massez-vous le visage avec les paumes, comme pour le "dérouler" : front, tempes, ailes du nez, pommettes, mâchoire... Insistez sur les points de tension.

4. Pincez le lobe et le pavillon de chaque oreille entre le pouce et l'index, en descendant vers le bas. C'est un massage des zones réflexes qui stimule tous les organes.

5. Massez votre cuir chevelu et votre crâne avec le bout des doigts, comme pour le "shampooing". Sentez votre cerveau qui s'oxygène et s'apaise sous vos doigts.

6. Frictionnez doucement votre cou et votre nuque avec la pulpe des doigts. Tracez des "8" le long des trapèzes pour dénouer les tensions. Votre cou représente votre capacité à vous affirmer dans la vie.

7. Poursuivez avec des pressions glissées le long des bras, de l'aisselle jusqu'aux doigts, de chaque côté. Les bras sont associés à votre capacité d'action et de relation. Insistez sur le creux du coude, point clé pour la détente.

8. Frictionnez votre buste avec le plat des mains, en mouvements circulaires : la poitrine, le ventre, les flancs. Ramenez toujours l'énergie vers le centre, le nombril. Le buste abrite vos organes vitaux et vos émotions.

9. Pincer-rouler toute la surface des jambes comme pour ôter des chaussettes, en remontant de la cheville vers l'aine. Les jambes symbolisent votre ancrage et votre capacité d'aller de l'avant. Insister derrière les genoux.

10. Terminez par les pieds, "miroir" du corps : massez les voûtes plantaires avec les pouces, étirez les orteils, frictionnez le dessus. Marchez ensuite doucement sur place en ressentant le sol sous la plante.

11. Finissez par des étirements plus appuyés (yoga), pour prolonger l'effet du Do-In. Et buvez un grand verre d'eau pour éliminer les toxines.

12. Pratiquer le Do-In 10-15mn chaque jour (ou dès que vous en ressentez le besoin) est une merveilleuse façon de s'auto-guérir et de prendre soin de soi. Votre énergie vitale en sera revigorée à tous les niveaux.

Exercice 98 — La Bioénergie (méthode de Alexander Lowen)
Description :

Une approche thérapeutique corps-esprit pour libérer les blocages énergétiques et émotionnels en réveillant la circulation de l'énergie vitale dans le corps, via des exercices physiques et respiratoires.

Instructions

1. Commencez par prendre conscience de votre posture corporelle. Debout, sentez vos pieds enracinés dans le sol, votre bassin détendu, votre colonne vertébrale étirée, vos épaules relâchées, votre tête légère sur le sommet...

2. Portez votre attention sur votre respiration. Sans la forcer, laissez-la devenir plus ample et régulière. Sentez votre ventre qui se gonfle à l'inspiration et se relâche à l'expiration. Votre souffle vous ancre dans l'instant présent.

3. Commencez à faire de petits mouvements de déblocage : roulez lentement les épaules, le bassin, la tête... Relâchez les tensions dans votre mâchoire, vos yeux, votre front. Étirez-vous doucement dans toutes les directions, comme au réveil.

4. Puis pratiquez quelques respirations profondes en activant le son : expirez par la bouche en émettant un son (soupir, plainte, grognement...). Laissez le son monter des profondeurs de votre ventre, sans retenue. C'est une façon de libérer les émotions refoulées.

5. Enchaînez avec une série de mouvements énergétiques : sautillez sur place en secouant les bras et les jambes, frappez des pieds au sol, faites vibrer votre corps... L'idée est de réactiver la circulation énergétique, de briser la rigidité.

6. Si des émotions émergent (tristesse, colère, peur...), laissez-les s'exprimer pleinement : pleurez, criez, tremblez... Votre corps sait comment évacuer les blocages. Votre seule tâche est de lui donner la permission et l'espace pour le faire.

7. Vous pouvez intensifier la libération émotionnelle en ajoutant des mouvements expressifs et cathartiques : taper dans un coussin, serrer les poings, griffer, donner des coups de pied dans le vide... Toujours en restant attentif à vos limites.

8. Après cette phase de décharge, prenez le temps d'accueillir les nouvelles sensations dans votre corps. Peut-être sentez-vous une énergie plus libre, une détente profonde, une légèreté... Savourez cet état vibratoire, sans chercher à le prolonger ou le retenir. Soyez simplement présent à ce qui est.

9. Pour intégrer ce travail énergétique, allongez-vous confortablement et pratiquez une visualisation : imaginez une lumière dorée qui parcourt votre corps de la tête aux pieds, équilibrant et harmonisant tous vos centres énergétiques. Baignez dans cette lumière réparatrice.

10. Vous pouvez clore la séance par un geste doux envers vous-même - caresse, automassage, étreinte... Prenez un temps pour écrire vos ressentis dans un carnet, comme pour honorer ce voyage dans votre corps et vos émotions.

11. La pratique régulière de la bioénergie vous aidera à vous reconnecter à votre corps, à débloquer vos émotions refoulées, à augmenter votre vitalité et votre joie de vivre. C'est un art de prendre soin de soi en profondeur, avec douceur et conscience.

12. En libérant les cuirasses musculaires et émotionnelles, la bioénergie nous permet de recontacter notre élan vital spontané, notre capacité naturelle au plaisir et à la créativité. Quel bonheur de se sentir à nouveau libre et vivant dans son corps.

Mouvement Conscient & Corps

Mouvement Conscient & Corps

Exercice 99 — Mouvements énergétiques des mains
Description :

Une pratique tirée du Qi Gong pour éveiller la conscience des mains, stimuler la circulation énergétique et développer la sensibilité au magnétisme.

Instructions

1. Tenez-vous debout, les pieds écartés de la largeur du bassin, les genoux légèrement fléchis. Vous pouvez aussi vous asseoir confortablement sur le bord d'une chaise. L'essentiel est que votre colonne soit droite et détendue.

2. Secouez délicatement vos mains et vos poignets pour les détendre. Faites des rotations dans un sens puis dans l'autre, comme si vous dispersiez toutes les tensions accumulées. Laissez vos doigts être souples et mobiles.

3. Frottez vigoureusement vos paumes l'une contre l'autre pendant 30 secondes, jusqu'à générer une sensation de chaleur. C'est un moyen simple d'activer l'énergie dans vos mains et tous les méridiens qui y sont reliés.

4. Placez ensuite vos mains devant votre buste, paumes vers le ciel, comme pour accueillir un cadeau précieux. Fermez doucement vos yeux et commencez à ressentir le champ énergétique subtil qui nimbe vos paumes...

5. Rapprochez très lentement vos paumes l'une vers l'autre, sans les faire se toucher. Ressentez la légère pression, la densité particulière de l'air entre elles... comme si vous pressiez un ballon invisible et élastique.

6. Lorsque vos mains sont sur le point de se toucher, écartez-les à nouveau avec une infinie lenteur... puis rapprochez-les à nouveau, en jouant sur cette sensation subtile d'attraction et de répulsion magnétique.

7. À chaque rapprochement, vous pouvez varier l'orientation de vos paumes : face à face, l'une au-dessus de l'autre, en diagonale... Ressentez la nuance dans la sensation du champ énergétique, son intensité, sa polarité...

8. Prenez conscience de la façon dont cette simple attention aux sensations de vos mains modifie votre état intérieur. Votre mental s'apaise, votre respiration s'approfondit, votre perception s'affine...

9. Vous pouvez imaginer que vos mains se chargent d'une énergie lumineuse à chaque inspiration, et qu'elle circule dans tout votre corps à chaque expiration. Vos mains sont des antennes subtiles qui vous relient au Qi de l'univers...

10. Après quelques minutes de ce jeu magnétique, entrez dans la deuxième phase de la pratique. Joignez vos paumes devant votre poitrine, puis écartez-les lentement sur les côtés, bras tendus, comme pour embrasser le monde.

11. Puis ramenez vos mains vers le centre en traçant un grand cercle, paumes tournées vers vous comme pour vous envelopper d'une aura protectrice. Recommencez plusieurs fois ce mouvement circulaire d'ouverture et de rassemblement.

12. À chaque cercle, visualisez que vos mains tracent un ruban de lumière dorée dans l'espace, tissant un cocon énergétique tout autour de vous. Vos gestes dansés dans le silence sont une forme d'art martial poétique et puissant...

13. Après 5 à 10 minutes de ces mouvements circulaires, revenez à l'immobilité, les mains posées sur vos cuisses. Ressentez la qualité du champ d'énergie que vous avez éveillé, sa douceur, sa plénitude...

14. Pour finir, massez délicatement vos mains et vos poignets pour les détendre. Portez-les à votre visage et couvrez vos yeux fermés avec vos paumes. Respirez calmement dans la chaleur bienveillante de vos mains...

15. Puis posez vos mains sur votre cœur et votre ventre. Imprégnez-vous quelques instants de la sensation d'unité harmonieuse qui vous habite. Rendez grâce à vos mains, ces merveilles de sensibilité et de créativité...

16. Lorsque vous sentez la pratique complète, effectuez quelques respirations profondes, étirez-vous, ouvrez les yeux. Observez autour de vous et remarquez si votre perception semble plus claire, plus fluide, plus reliée...

17. Cette pratique est un excellent échauffement avant une séance de soin, de massage ou de travail créatif. Elle vous apprend à diriger et moduler l'énergie avec l'intention de vos mains. Un pouvoir précieux à cultiver.

Exercice 100 — La pratique du Namaste (salutation à la lumière)
Description :

Un rituel pour saluer et honorer la présence divine en soi-même et en l'autre, au-delà de l'ego.

Instructions

1. En présence d'un être cher ou d'un inconnu, prenez un instant pour vous relier à votre corps et votre souffle. Sentez votre verticalité, votre ancrage, votre présence dans l'instant.

2. Joignez vos mains en anjalimudrā (les paumes collées l'une contre l'autre devant le cœur, les doigts pointés vers le ciel). C'est le geste extérieur qui signifie : "J'honore la lumière en toi".

3. Connectez-vous du regard à la personne en face de vous. Au-delà de son apparence physique et de sa personnalité, visualisez une flamme brillante dans son cœur, une étincelle de pure conscience.

4. Reconnaissez et honorez mentalement cette présence divine qui l'habite, bien plus vaste que son petit "moi". Son être profond est fait de cette même lumière sacrée qui vibre en vous et en toute chose.

5. Inclinez légèrement la tête et le buste vers l'autre en signe de révérence et prononcez intérieurement (ou à voix haute) : "Namaste". Cela signifie : "La lumière en moi salue la lumière en toi."

6. Pendant que vous vous inclinez, ressentez une profonde unité avec l'autre, une communion au-delà des mots dans votre essence de clarté partagée. Entre vos deux cœurs s'établit un pont de lumière...

7. Imprégnez-vous de l'énergie de respect mutuel, d'égalité et d'amour inconditionnel qui émane de ce rituel. Vous vous reconnaissez l'un l'autre comme des âmes sœurs en chemin, par-delà vos rôles.

8. Même si la personne ne vous rend pas votre salut, gardez cette conscience de votre connexion divine. Son être profond a reçu votre reconnaissance et vous honore silencieusement en retour.

9. Offrez ce rituel à vous-même : joignez les mains en anjalimudrā, fermez les yeux et visualisez votre propre flamme intérieure. Réalisez la présence divine qui vous constitue. "Namaste à moi-même ."

10. Terminez en remerciant intérieurement les innombrables visages de la Conscience Une que vous croisez sur votre route. Soyez ce regard qui honore la lumière en chaque être, en chaque chose.

Exercice 101 — Exercices de renforcement musculaire conscient

Description :

Une série de mouvements lents et conscients pour renforcer ses muscles en douceur, en cultivant une présence à son corps et à son souffle.

Instructions

1. Choisissez un lieu calme et dégagé, avec un tapis de sol. Portez une tenue souple et confortable. Prévoyez une petite serviette et de l'eau.

2. Commencez debout, les pieds écartés à la largeur du bassin. Prenez quelques grandes respirations pour vous centrer. Étirez-vous de tout votre long en inspirant.

3. Échauffez vos articulations en faisant des rotations lentes des chevilles, des genoux, des hanches, des poignets, des coudes, des épaules et du cou.

4. Concentrez-vous maintenant sur vos jambes. Pliez doucement les genoux, comme pour vous asseoir sur une chaise imaginaire. Tenez la position en respirant calmement.

5. Ressentez la force tranquille de vos quadriceps, de vos fessiers. Imaginez que vos pieds sont des racines qui s'enfoncent dans la terre pour vous ancrer. Respirez.

6. Puis dépliez lentement les jambes en vous étirant vers le ciel, bras levés. Étirez bien la colonne vertébrale, crescendo. Relâchez en soufflant par la bouche.

7. Enchainez quelques flexions des jambes ainsi, en synchronisant le mouvement avec les grandes phases du souffle. Vos muscles se renforcent dans la conscience.

8. Sur le même principe, réalisez des flexions lentes des bras. Pliez-les en amenant les mains aux épaules sur l'inspiration, tendez-les au-dessus en expirant. Plusieurs fois.

9. Tonifiez la sangle abdominale en amenant un genou replié vers la poitrine sur l'expir, puis l'autre. La colonne reste droite, les abdos rentrent au nombril.

10. Au sol, allongez-vous sur le dos, jambes repliées. En expirant, soulevez doucement le bassin en contractant les abdos et les fessiers. Respirez. Puis relâchez.

11. Sur le ventre, mains au sol près de la poitrine. Sur une expiration longue, poussez dans les mains pour décoller le buste, en contractant les muscles dorsaux.

12. Pour chaque mouvement ou posture, prenez le temps d'être attentif aux sensations, à la respiration. Sentez vos muscles qui travaillent en harmonie, sans forcer.

13. Variez les exercices en fonction de vos possibilités. L'important est d'être à l'écoute de votre corps, dans une attitude de bienveillance et de respect de vos limites.

14. Terminez par quelques étirements globaux et des respirations profondes. Remercier votre corps pour sa force et sa vitalité. Relâchez tout effort dans la détente.

15. Cette pratique régulière vous permet de renforcer votre capital musculaire en douceur, en cultivant une relation de coopération et de présence à votre corps.

Exercice 102 — Éveil corporel par le Body-Mind Centering
Description :

Une approche somatique qui explore les différents systèmes du corps par le toucher, le mouvement et la visualisation, pour affiner la conscience et la présence corporelle.

Instructions

1. Prévoyez une séance d'1h dans un espace calme, sur un tapis de yoga avec des coussins. Vous pouvez guider la séance vous-même ou vous faire accompagner par un praticien expérimenté.

2. Commencez par un "body-scan", allongé sur le dos : parcourez en conscience chaque partie de votre corps, des pieds à la tête. Observez les sensations présentes, sans chercher à les modifier.

3. Éveillez ensuite votre conscience cellulaire : imaginez que votre corps est composé de millions de cellules rondes, chacune contenant un univers. Bougez doucement en continuant cette visualisation. Vos cellules roulent, glissent, coulent les unes contre les autres...

4. Explorez le système squelettique : émettez des petits sons dans vos os, sentez-les vibrer de l'intérieur. Imprimez de légers tremblements, en imaginant un squelette léger, mobile, expressif... Variez les positions de votre squelette dans l'espace (assis, debout, à quatre pattes...)

5. Passez au système des organes : visualisez et palpez doucement chaque organe, en ressentant son volume, sa texture, sa vitalité. Mettez-vous en mouvement en initiant les gestes depuis les organes (ondulations, spirales, pulsations...).

6. Étudiez le système des fluides : visualisez le sang qui circule dans tout le corps, la lymphe qui draine et purifie, le liquide synovial qui lubrifie les articulations... Invitez plus de fluidité dans votre gestuelle, comme si vous flottiez dans un océan de nectar.

7. Explorez les fascias, ce vaste réseau de tissus conjonctifs qui enveloppe et relie toutes les structures corporelles. Étirez-vous dans différentes directions en imaginant une gigantesque toile d'araignée qui se déploie et se réorganise sans cesse.

8. Plongez dans le système neuroendocrinien : vibrez doucement comme un réseau de communication interne, captant et transmettant des milliards d'informations. Devenez ce vaste cerveau sensoriel qu'est la peau...

9. Respirez dans chaque système corporel exploré, en l'ouvrant à plus d'espace, de lumière. Naviguez de l'un à l'autre, en ressentant leur interdépendance, leur intelligence unique... Tout votre corps s'éveille et se révèle.

10. Reposez-vous en position fœtale pour clore la séance. Savourez cette nouvelle intimité avec l'univers chatoyant de votre soma. Votre potentiel d'incarnation consciente est infini...

11. Renouvelez cette exploration régulièrement, en suivant vos intuitions. En affinant votre présence corporelle, vous affinez votre présence au monde, dans une précision organique et poétique. Votre corps est votre premier professeur de sagesse et de création.

Exercice 103 — La Danse de la Victoire
Description :

Un rituel corporel pour célébrer ses réussites, honorer son courage et ancrer ses apprentissages.

Instructions

1. Pensez à une victoire récente dont vous êtes fier (un défi relevé, un pas de géant, un obstacle surmonté...)

2. Mettez une musique entraînante, celle qui vous donne envie de danser et de vous exprimer à fond.

3. Commencez à bouger sur le rythme, en laissant votre corps exprimer votre joie et votre fierté. Laissez-vous aller.

4. Célébrez-vous à travers la danse, les gestes, les sauts, les cris... Votre corps est un porte-voix de votre victoire.

5. Déployez votre créativité en variant les mouvements, l'énergie... Tout est permis pour vous féliciter.

6. Terminez par une posture de victoire, bras levés, sourire éclatant...la danse de votre succès est unique et précieuse.

7. Après chaque réalisation, réitérez votre danse de la victoire. Votre corps en imprimera la mémoire positive.

Exercice 104 — Mouvement authentique (Authentic Movement)
Description :

Une exploration de la danse intuitive, les yeux fermés, en écoute du mouvement organique spontané, pour libérer l'expression authentique et rafraîchir sa créativité.

Instructions

1. Trouvez un espace confortable où vous pourrez bouger librement, sans jugement, pendant 15 à 30 minutes. Préparez une musique d'ambiance inspirante si vous le souhaitez.

2. Débutez debout, les yeux fermés, en prenant conscience de votre respiration et des sensations de votre corps. Pendant quelques minutes, écoutez les impulsions subtiles qui émergent de l'intérieur.

3. Quand un geste, un pas, un mouvement émerge, suivez-le sans réfléchir ni contrôler. Laissez le corps guider la danse, comme un témoin bienveillant. Ressentez la poésie et la sagesse de ce mouvement authentique.

4. Explorez librement l'espace, les niveaux (haut, bas, sol), les rythmes, les formes organiques qui se déploient dans l'instant, en restant les yeux clos pour favoriser l'écoute intérieure.

5. Accueillez sans jugement les émotions, les sensations, les images, les sons qui émergent avec le mouvement. Votre danse est un langage symbolique riche et évolutif.

6. Si des pensées ou des peurs de "bien danser" vous traversent, laissez-les passer comme des nuages dans le ciel de votre conscience. Revenez à la simplicité d'être bougé de l'intérieur...

7. Quand la musique s'arrête (ou après un temps prédéterminé), revenez doucement à l'immobilité, en contact avec les échos de cette exploration. Prenez quelques instants pour intégrer, en dessinant ou écrivant dans un carnet.

8. Renouvelez régulièrement cet espace de danse libre, un rendez-vous sacré avec soi. Peu à peu, votre corps et votre créativité se libèreront des carcans, pour rayonner votre authenticité unique.

Exercice 105 — Les Salutations au Soleil
Description :

Un enchaînement dynamique de postures de yoga pour éveiller le corps et l'esprit, se relier à l'énergie solaire et se mettre en mouvement de façon fluide et consciente.

Instructions

1. Tenez-vous debout, les pieds joints, le dos droit, les épaules détendues. Prenez quelques respirations profondes pour vous centrer.

2. À l'inspiration, levez les bras au-dessus de la tête, paumes jointes, et arquez légèrement le dos vers l'arrière. Puis, à l'expiration, penchez-vous en avant jusqu'à toucher le sol avec vos mains (ou vos genoux si vous manquez de souplesse).

3. Inspirez en amenant la jambe droite vers l'arrière, genoux au sol, dans une posture de demi-lune. Regardez vers le ciel, ouvrez le torse. Expirez en ramenant le pied droit à côté du gauche.

4. Inspirez en amenant les deux pieds vers l'arrière, dans une position de planche, corps aligné des talons à la tête. Expirez en descendant au sol, poitrine entre les mains.

5. Inspirez en vous redressant dans la posture Cobra, buste relevé, jambes tendues. Expirez en poussant les fessiers vers le ciel, dans la position du Chien tête en bas.

6. Inspirez en ramenant le pied droit entre les mains, dans la posture de demi-lune. Expirez en ramenant le pied gauche à côté du droit.

7. Inspirez en vous relevant, dos droit, bras tendus au-dessus de la tête. Expirez en revenant à la posture de départ, mains jointes devant la poitrine.

8. Enchaînez plusieurs Salutations à votre rythme, en synchronisant mouvement et respiration. Restez attentif aux sensations dans votre corps, ajustez les postures selon vos capacités.

9. Terminez par quelques respirations les yeux fermés, savourant l'énergie qui circule librement en vous, la clarté et la présence éveillées par cette danse yogique.

Exercice 106 — Le Yoga du Rire
Description :

Une pratique de yoga basée sur le rire stimulé, sans raison, pour libérer les tensions, activer les émotions positives et renforcer les liens sociaux.

Instructions

1. Réunissez-vous en groupe (idéalement entre 5 et 20 personnes) dans un espace confortable où vous pouvez rire fort sans déranger. Portez des vêtements souples.

2. Commencez par des exercices d'échauffement : auto-massage du visage, étirements, rotations des épaules, sons "ha haha" exagérés... Cela aide à vaincre l'inhibition et à entrer dans l'énergie du rire.

3. Formez un cercle et inspirez-vous des exercices suivants, à pratiquer pendant environ une minute chacun (alternez avec 2-3 grandes respirations entre chaque) :

4. Rire en se saluant de diverses manières (comme un roi, un robot, un enfant...)

5. Rire en imaginant tenir et boire une tasse de votre boisson préférée

6. Rire en feignant de vous chatouiller les uns les autres

7. Rire en jouant à l'aveugle guidé par son voisin complice

8. Rire en imaginant gagner une compétition sportive ou un prix prestigieux

9. N'hésitez pas à ajouter vos propres variations inspirées du quotidien. L'essentiel est de stimuler le rire par le mouvement, le jeu, l'imagination... même s'il paraît forcé au départ .

10. Si le rire devient contagieux et spontané, laissez-le éclater sans retenue. Mais le stimuler en permanence est contre-productif : laissez-le vivre sa vie .

11. Terminez par un temps calme : allongez-vous, respirez profondément, sentez les bienfaits du rire dans votre corps et votre mental apaisés. Puis partagez vos ressentis, célébrez cette joie partagée .

12. Riez régulièrement avec d'autres, sans autre but que le rire lui-même. Progressivement, il dénoue les blocages physiques et émotionnels, libère la spontanéité et booste l'optimisme.

Exercice 107 — Le Hatha Yoga des Émotions

Description :

Une pratique douce de postures et de respirations de yoga pour accueillir, exprimer et équilibrer ses émotions.

Instructions

1. Installez-vous confortablement sur un tapis, avec des vêtements souples. Prévoyez un coussin pour le confort des postures assises.

2. Commencez par vous ancrer dans votre corps en prenant conscience de votre respiration naturelle. Observez le flux de l'air frais dans vos narines, la montée et descente de votre ventre...

3. Connectez-vous à l'émotion dominante qui vous habite à cet instant. Essayez de la localiser dans votre corps (gorge serrée, ventre noué, cœur battant...). Accueillez-la sans jugement.

4. Dans la posture du chat-vache (à quatre pattes, dos rond puis creux), expirez en vocalisant un son qui exprime votre émotion (soupir, grognement, sanglot...). Laissez le son monter de votre ventre.

5. En fonction de l'émotion présente, adoptez l'une des postures suivantes pendant 3 à 5 minutes, en respirant profondément :

6. Tristesse : posture de l'enfant (assis sur les talons, front au sol, bras détendus)

7. Colère : posture du guerrier (debout, jambes écartées, bras tendus, regard intense)

8. Peur : posture du fœtus (couché sur le côté, jambes repliées, mains près du visage)

9. Joie : posture du cobra (allongé sur le ventre, mains sous les épaules, buste relevé)

10. En maintenant la posture, portez votre attention sur les sensations physiques, les pensées, les images mentales qui émergent... Laissez-les être pleinement vécues et exprimées par le corps.

11. Terminez par la posture du cadavre (allongé sur le dos, bras le long du corps, paumes vers le ciel). Abandonnez votre poids à la terre, visualisez l'émotion qui se transforme en lumière et se diffuse dans l'espace...

12. Revenez tranquillement à une assise, mains jointes devant le cœur. Remerciez-vous pour cet accueil bienveillant de votre météo intérieure, cette alchimie émotionnelle par le yoga.

Exercice 108 — Danse des 5 rythmes de Gabrielle Roth
Description :

Une pratique de danse libre, en groupe, pour voyager à travers 5 rythmes universels (Flowing, Staccato, Chaos, Lyrical, Stillness) qui reflètent les cycles de la vie.

Instructions

1. Rejoignez un atelier ou un stage des 5 rythmes, idéalement guidé par un facilitateur certifié. L'énergie du groupe décuplera votre exploration et votre connexion à l'universel.

2. Commencez par vous échauffer, en éveillant chaque partie de votre corps, des pieds à la tête. Accordez-vous à votre respiration, votre rythme, vos sensations. Le cercle se forme...

3. Le premier rythme, Flowing, vous invite à suivre un mouvement fluide et arrondi, comme les vagues de l'océan. Respirez et déployez votre colonne vertébrale, vos bras, vos hanches, dans une rondeur infinie.

4. Puis Staccato émerge, un rythme de feu et d'affirmation, avec des gestes précis, angulaires, définis. Laissez votre force vitale s'exprimer pleinement, clarifiez votre direction .

5. Vient ensuite le Chaos, où le mental lâche prise pour laisser le corps exulter, trépigner, se libérer de tous les schémas. C'est une catharsis, un grand ménage énergétique . La fatigue est votre alliée...

6. De ce chaos naît le Lyrical, une danse céleste, légère, presque imperceptible. Votre corps s'envole, joue avec les courants subtils, se fait l'écho de la vibration de l'univers... C'est une transe lucide.

7. Pour conclure, le rythme de la Stillness vous absorbe dans une danse presque immobile, un retour à l'essentiel. Le mouvement devient cellulaire, silencieux, plein de l'énergie concentrée des vagues précédentes.

8. Après la danse, prenez toujours un temps pour partager en cercle vos ressentis, vos prises de conscience. Et laissez la vague de danse continuer de vous traverser, bien après l'atelier...

9. Pratiquez les 5 rythmes régulièrement est un puissant processus d'éveil à soi, aux autres, au grand mouvement de la vie. En incarnant ces rythmes fondamentaux, votre être s'unifie et s'ouvre à la sagesse dansante.

Exercice 109 — La photographie contemplative au fil d'une marche
Description :

Une pratique de pleine conscience avec un appareil photo pour aiguiser son regard et célébrer la beauté cachée du quotidien.

Instructions

1. Munissez-vous d'un appareil photo, même rudimentaire (celui d'un téléphone fait l'affaire) et partez vous balader, sans destination précise. Votre seule boussole sera la lumière.

2. Commencez par prendre conscience de votre respiration, de vos appuis dans le sol, des sons, des odeurs... Marchez lentement, dans un état méditatif. Vous êtes un explorateur des petits riens.

3. À mesure que vous avancez, laissez votre regard s'imprégner du paysage alentour, proche ou lointain. Comme si vous le découvriez pour la première fois, avec des yeux neufs...

4. Lorsqu'un détail attire votre attention, une ombre sur un mur, un reflet dans une flaque, un visage inconnu... arrêtez-vous et contemplez-le longuement, sans chercher à le nommer.

5. Puis prenez le temps de trouver le bon angle, le bon cadrage pour immortaliser cet instant de grâce. Un clic, et cette parcelle de beauté discrète s'imprime sur la pellicule de votre conscience.

6. Poursuivez votre marche et votre chasse contemplative au gré de vos élans. Soyez attentif aux jeux de lumière, aux petites épiphanies visuelles qui se présentent à vous...

7. Chaque image capturée est un trésor de présence et d'émerveillement, une célébration de la vie qui palpite partout, tout le temps, pour peu qu'on s'y arrête avec le cœur...

8. De retour chez vous, prenez le temps de regarder lentement chaque photo, comme on savourerait les pages d'un carnet de voyage. Votre quotidien recèle des merveilles que vous ne soupçonniez pas.

9. Vous pouvez tirer vos clichés préférés et les disposer dans votre espace, ou les partager avec vos proches. Vous serez le passeur de ces petits miracles que le monde sème sur votre route...

10. En cultivant ce regard contemplatif au fil de vos marches, vous développerez un état de réceptivité et de gratitude profondes. Le monde est votre musée vivant, votre territoire sacré.

Exercice 110 — Reliance au vivant par la Biodanza
Description :

Une pratique de danse libre et de rencontre humaine pour éveiller la joie de vivre, l'expression authentique et la connexion profonde à soi, aux autres et à la nature.

Instructions

1. Rejoignez un groupe de Biodanza près de chez vous. Habillez-vous avec des vêtements souples et confortables dans lesquels vous vous sentez libre de vos mouvements. Déchaussez-vous.

2. L'animateur vous accueille avec chaleur et bienveillance. Après un temps de centrage et d'intériorisation, il vous invite à vous mettre debout et commencer à vous déplacer librement dans l'espace.

3. Laissez votre corps trouver peu à peu son propre rythme, sa propre danse. Suivez les impulsions spontanées qui naissent en vous, les élans vitaux qui vous font bouger, sauter, tourner...

4. Progressivement, l'animateur vous guide vers des rencontres en duo ou en groupe : marcher ensemble au même rythme, se regarder dans les yeux en silence, se donner la main, s'enlacer...

5. Accueillez avec curiosité et ouverture ces invitations à la rencontre. Laissez tomber peu à peu vos peurs, vos jugements. Osez la connexion authentique et bienveillante à l'autre, cœur à cœur.

6. Dans ces danses partagées, vous explorez toute la palette des émotions : la joie, la tristesse, la gratitude, la colère... Vous apprenez à les reconnaître, les vivre pleinement et les exprimer.

7. Certains exercices vous invitent à incarner des archétypes : la mère nourricière, le guerrier pacifique, l'enfant joueur, le sage... Une façon de réveiller en vous ces forces de vie.

8. Vous explorez aussi les quatre éléments - terre, eau, feu, air - à travers des danses évocatrices. Vous vous reconnectez à la nature qui vous habite, à votre identité écologique profonde.

9. À d'autres moments, vous vous allongez simplement au sol pour vous ressourcer, en écoutant une musique douce. Vous plongez dans votre espace intérieur, ce paysage vibrant et mouvant.

10. Tout au long de la séance, restez attentif à votre respiration, à vos sensations. Imprégnez-vous des musiques inspirantes, laissez-les résonner dans votre chair, guider le mouvement.

11. Après 2h de danses et de rencontres vivifiantes, l'animateur vous invite à former un grand cercle pour partager vos ressentis, vos prises de conscience. Vous réalisez combien vous vous sentez relié et vivant .

12. La Biodanza se vit comme une célébration de la Vie sous toutes ses formes. Au fil des séances, vous réveillez votre élan vital, votre empathie naturelle, votre sentiment d'appartenance au grand Vivant.

13. Cette pratique régulière vous aide à vous sentir plus uni et créateur dans votre quotidien. À mieux accueillir et fluidifier vos émotions. À retrouver un profond sentiment de connexion à la Vie.

Exercice 111 — Exploration sensorielle par le Contact Improvisation
Description :

Une danse à deux, basée sur les principes physiques du contact (gravité, inertie, momentum...) et la spontanéité du dialogue corporel, qui affine l'écoute sensorielle et relationnelle.

Instructions

1. Rejoignez un atelier ou un jam de Contact Improvisation (CI), pour expérimenter et apprendre les fondamentaux : le laboratoire collectif décuplera votre exploration.

2. Commencez par l'échauffement général : réveillez votre corps du sol vers le ciel, en explorant poids, appuis et mobilité articulaire. Puis mettez-vous en mouvement dans l'espace, en incluant des changements de rythme, de direction. Ressentez votre kinesphère.

3. Entrez ensuite en contact avec un partenaire, en posant simplement une main sur son épaule, son bras, son dos... Restez là quelques respirations en affinant vos sensations : poids, température, tonus, texture... L'enjeu initial est juste d'oser le contact et soutenir son attention .

4. Commencez à bouger doucement à partir du point de contact, en laissant émerger un dialogue sensoriel. Variez les zones de rencontre, en intégrant différentes parties du corps (dos, tête, hanches...). Plongez dans le plaisir simple de donner et recevoir...

5. Approfondissez le partage de poids : jouez à transférer une partie ou la totalité de votre poids sur l'autre, en maitrisant le placement de votre

centre. Soyez tour à tour support stable et structure mobile pour votre partenaire, et vice versa.

6. Explorez la spirale, un motif fondateur en CI : initiez des rotations à partir de votre centre, en entrainant l'autre dans des jeux gravitaires fluides et tridimensionnels. Suivez le momentum du mouvement partagé...

7. Osez les portés, les sauts, les suspensions, en veillant toujours à la sécurité et au respect mutuel. Le CI permet de démultiplier ses appuis, de défier les repères habituels, d'accéder à des états de corps inhabituels...

8. N'hésitez pas à vous séparer quand c'est juste, à danser aussi en solo, à changer de partenaire... Cultivez la liberté du Oui et du Non, l'art de s'engager mais aussi de prendre soin de votre intégrité physique et émotionnelle.

9. Alternez des plages d'improvisation dynamique avec des temps de micro-mouvements, d'écoute suspendue, de silence... Savourez toute la palette du contact, du plus explosif au plus ténu.

10. À la fin de chaque danse, prenez le temps d'un feedback mutuel : qu'avez-vous aimé, appris, modifié dans cette rencontre ? Soyez dans l'accueil et la bienveillance. Chaque danse est unique et précieuse .

11. La pratique régulière du CI polit votre intelligence kinesthésique et relationnelle. En apprenant à surfer les forces physiques, vous apprenez à surfer les forces de la vie, dans un jeu constant entre autonomie et altérité, puissance et vulnérabilité. Votre danse intérieure s'en trouve vivifiée et connectée.

Exercice 112 — La danse libre
Description :

Une invitation à se laisser bouger spontanément sur de la musique, pour libérer les émotions, dénouer les blocages et se reconnecter à son expression authentique.

Instructions

1. Trouvez un endroit où vous pouvez danser librement sans être dérangé ni jugé. Portez des vêtements souples et confortables, pieds nus de préférence.

2. Choisissez des musiques variées qui vous touchent et vous mettent en mouvement - des rythmes tribaux, des mélodies douces, des sons de la nature... Préparez une playlist d'au moins 30 minutes.

3. Commencez par prendre conscience de votre corps, en étirant délicatement vos muscles, en relâchant votre respiration, en vous enracinant dans le sol. Offrez-vous un moment de silence intérieur.

4. Puis lancez la musique, et laissez-vous imprégner par les premières notes, sans rien faire. Ressentez les vibrations du son qui pénètrent votre corps, éveillez vos cellules.

5. Progressivement, laissez émerger de petits mouvements spontanés - un balancement, un frémissement, une ondulation... Sans forcer, suivez simplement ces élans organiques, ces impulsions naturelles.

6. Au fil de la danse, laissez le mouvement gagner en amplitude, en énergie. Explorez différentes qualités - fluidité, saccades, spirales, sauts... Suivez votre ressenti du moment, sans vous imposer de forme prédéfinie.

7. Libérez progressivement votre respiration, votre voix. Soupirez, grognez, criez si besoin... Laissez les sons accompagner et soutenir le mouvement, comme une vague qui vous traverse.

8. Si des émotions émergent, accueillez-les pleinement dans la danse. Bougez votre tristesse, votre colère, votre joie, votre peur... Confiez-les au mouvement, sans retenue, sans jugement.

9. À d'autres moments, vous pouvez ralentir, vous laisser bercer tendrement, savourer la délicatesse d'un geste, la subtilité d'une sensation... Goûtez la palette des possibles, la richesse de votre intériorité.

10. Osez sortir de vos patterns habituels, explorer de nouveaux territoires. Soyez tour à tour animal, végétal, minéral, élémental... Jouez avec les archétypes, les énergies. Écoutez ce qui veut s'exprimer à travers vous.

11. Offrez cette danse à votre enfant intérieur, à vos ancêtres, à la Terre, au Ciel... Laissez la vibration du mouvement vous relier à plus grand que vous, dans une gratitude profonde.

12. Lorsque la musique s'achève, prenez le temps d'intégrer l'expérience. Ressentez la vie qui pulse en vous, la présence à vous-même, la gratitude pour votre corps. Refermez cet espace par un geste rituel - mains jointes, révérence...

13. Puis revenez tranquillement à un mouvement plus quotidien, en gardant la saveur de cette danse authentique. Offrez-vous une boisson chaude, un temps de silence pour honorer ce voyage.

14. Et si l'envie vous prend, n'hésitez pas à griffonner ou dessiner pour ancrer les bienfaits de cette danse, pour célébrer les trésors entrevus. Votre danse est un art, une poésie de l'âme.

Sons, Vibrations & Mantras

Sons, Vibrations & Mantras

Exercice 113 — La sculpture de totems personnels

Description :

La réalisation de sculptures verticales avec des matériaux naturels glanés pour rendre visible ses ressources intérieures et honorer son lien à la nature.

Instructions

1. Lors de vos balades en pleine nature, récoltez les éléments qui vous attirent et vous inspirent : pierres, bois flotté, coquillages, pommes de pin, os, plumes, cristaux, coquillages...

2. Laissez-vous guider par votre ressenti. Choisissez d'instinct des objets qui vous "parlent", vous transmettent une énergie particulière. Captez leur message subtil derrière les apparences.

3. De retour chez vous, disposez tous vos trésors devant vous. Observez leurs formes, leurs textures, leurs couleurs... Ils contiennent les qualités, les forces de la nature que vous souhaitez honorer.

4. Avant de créer, déterminez une intention pour votre totem : force intérieure, douceur, sagesse, protection, créativité, sensualité... Il sera le gardien bienveillant de cette énergie en vous.

5. Puis assemblez vos éléments en une sculpture verticale stable et harmonieuse. Faites plusieurs essais, guidé(e) par votre intuition. Votre regard s'aiguise, votre toucher s'affine pour trouver l'équilibre.

6. Votre totem peut être figuratif ou abstrait, l'essentiel est qu'il vous parle, vibre en résonance avec votre intention. Il raconte une histoire, votre histoire, avec le langage universel de la nature.

7. Une fois achevé, placez votre gardien de bois, de pierre et de plume à un endroit de votre maison ou de votre jardin. Il irradiera sa présence bienveillante et son pouvoir d'évocation.

8. Chaque matin, saluez votre totem, exprimez-lui votre gratitude. Sa seule vue ravivera en vous l'énergie de votre intention. Votre sculpture est un phare dressé sur la route de votre évolution .

9. Au fil des saisons, vous pourrez créer d'autres totems pour de nouvelles intentions ou laisser vos sentinelles de bois s'effriter pour retourner à la nature et symboliser le lâcher-prise...

10. Vos totems sont une offrande à la beauté du vivant qui vous entoure et vous constitue. En les créant de vos mains, vous honorez le lien sacré qui vous unit à la Terre, votre nature profonde.

Exercice 114 — La composition spontanée au piano (ou autre instrument)
Description :

Une exploration libre des sonorités de l'instrument pour développer son intuition musicale et son langage improvisé.

Instructions

1. Installez-vous à votre instrument dans un état d'esprit ouvert et disponible. Faites quelques respirations profondes pour détendre votre corps et apaiser votre mental.

2. Commencez par de simples notes, Sans chercher à reproduire une mélodie connue, laissez vos doigts se promener librement sur le clavier. Suivez simplement votre impulsion du moment, votre musique intérieure...

3. Explorez différentes nuances : fort, doux, saccadé, legato... Jouez avec les timbres, les textures, les silences. Comme un peintre avec sa palette, composez un univers sonore unique et mouvant.

4. Progressivement, des motifs mélodiques ou rythmiques se dégagent, s'imbriquent, se répondent... sans que vous ne l'ayez prémédité. Votre inconscient musical s'exprime à travers vos mains .

5. Si une émotion particulière vous traverse, amplifiez-la dans votre jeu. La joie devient un flot de notes pétillantes, la mélancolie une ligne mélodique mineure... Votre clavier devient le miroir de vos paysages intérieurs.

6. Puis relancez-vous dans l'inconnu, osez des rencontres de notes improbables, des rythmes asymétriques, des grappes sonores surprenantes... Votre jeu est vivant, organique, mû par une mystérieuse nécessité.

7. Ne soyez pas frustré par les maladresses ou les fausses notes. Faites-en des tremplins pour rebondir ailleurs, autrement. L'erreur fait partie du processus de création, elle ouvre de nouvelles voies .

8. Enregistrez vos séances d'improvisation. À la réécoute, vous serez surpris de la richesse et de la cohérence de votre expression, comme s'il s'agissait de morceaux composés par un autre que vous... et pourtant si intimement vous .

9. Renouvelez l'expérience dans différents états d'âme. Votre instrument devient le confident de vos humeurs, de vos rêves, de vos souvenirs... Il vous offre un espace d'expression libre et sans jugement.

10. L'improvisation musicale spontanée est une voie royale pour dialoguer avec votre être profond et goûter la grâce de l'instant. En laissant vos doigts vous guider, vous entrez dans la danse de la Vie qui se crée à chaque souffle.

Exercice 115 — Exploration des sons et chants intuitifs
Description :

Une création spontanée de vocalisations libres pour se relier à son expression authentique, libérer les blocages émotionnels et déployer son potentiel créateur.

Instructions

1. Trouvez un espace où vous vous sentez libre d'émettre des sons sans jugement. Vous pouvez mettre une musique d'ambiance inspirante si vous le souhaitez.

2. Commencez par vous ancrer dans votre corps en sautillant doucement sur place, en relâchant vos articulations, en bâillant ou en soupirant plusieurs fois.

3. Puis fermez les yeux et portez votre attention sur votre gorge et votre poitrine. Imaginez qu'une énergie lumineuse les parcourt et les détend.

4. Commencez à émettre des sons très doux, presque des murmures, en laissant votre voix explorer différentes tonalités, sans vous soucier du résultat. Suivez simplement votre impulsion intérieure.

5. Progressivement, augmentez le volume de votre voix et la durée des sons. Vous pouvez imaginer que vous parlez une langue inconnue, que vous imitez des bruits de la nature, que vous criez ou que vous chantez.

6. Laissez votre voix vous surprendre, exprimer toute une gamme d'émotions et de sensations. Si des images ou des pensées surgissent, vocalisez-les également. Votre voix est le pinceau qui peint votre paysage intérieur.

7. Permettez-vous d'amplifier certains sons, d'accélérer ou de ralentir, de créer des mélodies répétitives ou des enchainements aléatoires... Tout est bienvenu dans cet espace de liberté vocale .

8. Si vous sentez des blocages ou des jugements apparaître, accueillez-les avec douceur et poursuivez l'exploration sans vous censurer. Votre voix est un trésor qui ne demande qu'à être exprimé.

9. Continuez ce jeu vocal spontané pendant 5 à 15 minutes, ou jusqu'à ressentir un apaisement naturel. Vous pouvez conclure en chantonnant doucement une mélodie qui vous apaise.

10. Prenez un moment de silence pour goûter les effets de cette pratique - une détente profonde, une joie subtile, une énergie créatrice qui pétille en vous...

11. Remerciez votre voix pour son courage et sa générosité. Puis étirez-vous, ouvrez les yeux et reprenez contact avec l'espace extérieur, avec ce nouveau potentiel d'expression révélé en vous.

Exercice 116 — Harmonisation sonore des centres énergétiques subtils

Description: Une pratique de yoga du son pour rééquilibrer les 7 chakras principaux par l'émission de voyelles sacrées, associées à des visualisations de lumières colorées.

Instructions

1. Installez-vous en position assise confortable, le dos droit, les mains posées sur les genoux. Vous pouvez vous adosser à un mur ou un coussin si besoin. Fermez doucement les yeux.

2. Prenez quelques grandes respirations pour détendre votre corps et apaiser votre esprit. À chaque expiration, imaginez que vous relâchez toutes vos tensions physiques et mentales, pour entrer dans un espace de présence à vous-même.

3. Portez maintenant votre attention à la base de votre colonne vertébrale, à l'endroit du premier chakra racine. Visualisez une belle sphère rouge vif qui tourne dans le sens horaire à cet endroit, vous ancrant dans la sécurité et la vitalité.

4. Inspirez profondément et en expirant, émettez le son "LAM" (comme dans "l'âme") d'une voix grave et profonde, en répétant plusieurs fois : LAM LAMLAMLAMLAM... Sentez la vibration qui résonne dans votre bassin et vos jambes.

5. Déplacez votre conscience vers le deuxième chakra sacré, juste sous le nombril. Visualisez un orbe orange lumineux qui tourne harmonieusement, éveillant votre créativité et votre sensualité.

6. En expirant, chantez la syllabe "VAM" (comme dans "vague") d'une voix fluide et mélodieuse : VAM VAMVAMVAMVAM... Ressentez l'énergie chatoyante qui pulse dans votre bas-ventre.

7. Remontez jusqu'au plexus solaire, siège du troisième chakra. Imaginez un soleil jaune éclatant qui irradie sa puissance et sa chaleur, renforçant votre confiance et votre identité.

8. Expirez en prononçant le son "RAM" (r roulé comme dans "bravoure") d'une voix claire et affirmée : RAM

RAMRAMRAMRAM... Imprégnez-vous du rayonnement de ce centre de force.

9. Continuez votre ascension intérieure jusqu'au chakra du cœur, au milieu de la poitrine. Contemplez un magnifique joyau vert émeraude qui diffuse l'amour inconditionnel et la compassion.

10. Sur l'expiration, fredonnez un long "YAM" (comme dans "yogi") d'une voix douce et mélodieuse : YAM... YAM... YAM... Abandonnez-vous à l'expansion de cette vibration dans tout votre être.

11. Élevez-vous jusqu'à la gorge, centre d'expression du cinquième chakra. Admirez la sphère de saphir bleu qui tourne avec grâce, symbolisant la communication authentique et la créativité.

12. En expirant, émettez la syllabe "HAM" (comme dans "harmonie") d'une voix pure et cristalline : HAM HAMHAMHAMHAM... Savourez la liberté de vibrer et de vous exprimer.

13. Votre conscience s'élève maintenant jusqu'au troisième œil, au milieu du front. Contemplez le lotus indigo qui déploie ses pétales miroitants, éveillant votre intuition et votre sagesse profonde.

14. Tout en expirant, prononcez intérieurement le son "OM" (comme dans "homme") en imaginant qu'il résonne dans votre crâne et se déploie à l'infini : OM... OM... OM... Goûtez ce silence vibrant.

15. Enfin, portez votre attention au sommet du crâne, là où s'épanouit le septième chakra couronne. Visualisez un magnifique diadème violet et blanc qui irradie dans toutes les directions, vous reliant à la Conscience universelle.

16. Dans le silence de la respiration, laissez émerger le son primoridal "NG", à la frontière du son et du silence. Entendez-le résonner au-delà de vous-même, dans le vaste espace de pure présence...

17. Pour finir, émettez trois longs "OM", en les laissant monter librement le long de votre colonne vertébrale et se diffuser dans l'atmosphère : OooommmmOooommmmOooommmm. Fondez-vous dans la vibration primordiale.

18. Demeurez quelques instants dans le silence intérieur qui s'installe, savourant l'état d'unité harmonieuse de vos centres énergétiques. Tout votre être résonne à l'unisson, accordé sur la note sacrée de l'univers...

19. Lorsque vous sentez la méditation sonore complète, prenez une grande inspiration et expirez lentement par la bouche. Étirez-vous comme au sortir d'un long sommeil réparateur, en recontactant vos sensations corporelles.

20. Massez délicatement votre visage, votre nuque, vos mains, vos pieds, pour répartir l'énergie éveillée par les sons. Ouvrez lentement les yeux, en douceur, et reconnectez-vous à l'espace extérieur.

21. Dans la journée, vous pouvez revenir à cette pratique chaque fois que vous sentez le besoin de retrouver votre centre et votre alignement intérieur. Fredonnez les sons sacrés et laissez-les faire leur œuvre d'harmonisation subtile...

22. La pratique régulière du yoga du son renforce votre vitalité, dissout les blocages énergétiques et vous relie à des espaces élargis de conscience. Votre voix devient un baume qui vous nourrit et inspire votre vie.

Exercice 117 — L'écriture créative de son mythe personnel
Description :

Un exercice d'écriture intuitive pour explorer son histoire de vie sous la forme d'un récit mythologique.

Instructions

1. Installez-vous dans un endroit calme et inspirant, avec un carnet et un crayon. Créez une ambiance propice à l'intériorisation : musique douce, encens, lumière tamisée...

2. Fermez les yeux et visualisez le film de votre vie, de votre naissance à aujourd'hui. Laissez remonter les images marquantes, les décors, les personnages clés, les tournants, les défis, les victoires...

3. Puis imaginez que vous réécrivez votre histoire sous forme de mythe ou de conte merveilleux. Vous devenez le héros ou l'héroïne d'une épopée initiatique, avec ses ombres et ses lumières, ses épreuves et ses révélations...

4. Choisissez un titre évocateur pour votre mythe : "La Quête du...", "Le Voyage de...", "La Métamorphose de..."... Ce titre est comme une intention, un fil rouge qui guidera votre plume.

5. Rédigez votre mythe à la troisième personne du singulier, comme si vous parliez de votre personnage. Vous pouvez lui donner un nom de héros emblématique, à forte résonance archétypale.

6. Déployez les étapes de son périple en suivant la trame des grands mythes : naissance mystérieuse, signes précoces de son destin, départ du foyer, rencontre avec des mentors, descente aux enfers, apprentissage magique...

7. Votre personnage traverse des épreuves, affronte des ennemis, doute de lui-même, mais découvre en chemin ses talents singuliers et sa force intérieure. Ses failles se muent en atouts, l'obligeant à se dépasser.

8. Usez librement des ressorts du merveilleux : lieux enchantés, créatures fabuleuses, pouvoirs surnaturels, interventions divines... Votre imaginaire est votre meilleur allié pour transmuter votre expérience en épopée .

9. Pour clore, imaginez une scène de triomphe où votre héros, mûri par ses aventures, est reconnu et célébré par sa communauté. Il est devenu celui qu'il avait à être, réalisant son destin unique. Son mythe inspire le monde.

10. Relisez ensuite votre texte avec recul et émerveillement. Votre vie apparaît sous un jour nouveau : intense, mystérieuse, jalonnée de défis salvateurs et de rencontres significatives... Une histoire exemplaire .

11. Enfin imprégnez-vous des enseignements de votre mythe : en quoi informe-t-il votre chemin d'individuation ? Quelle force, quelle sagesse en retirez-vous ? Célébrez l'héroïne ou le héros que vous êtes .

12. Votre pratique de l'écriture mythobiographique vous révèle à la dimension archétypale et transpersonnelle de votre histoire de vie. Vous en faites une œuvre d'art, un joyau que vous ne cessez de polir...

Exercice 118 — Chant diphonique harmonisant
Description :

Une pratique vocale inspirée des traditions chamaniques pour se relier à des états de conscience élevés.

Instructions

1. Tenez-vous debout, les pieds enracinés dans le sol, le bassin déverrouillé, le dos droit, la nuque étirée vers le ciel. Respirez profondément pour détendre tout votre corps, desserrer vos mâchoires, libérer votre gorge.

2. Émettez un son grave et continu, comme un bourdon, dirigé vers votre centre énergétique le plus bas, entre l'anus et les organes génitaux. C'est la syllabe "Lam". Chantez-là pendant quelques minutes en gardant votre attention dans cette zone. Sentez votre son qui active l'énergie tellurique, vous enracine profondément...

3. Laissez le son monter en fréquence vers votre bas-ventre, au niveau du nombril. Chantez la syllabe "Vam" pendant quelques instants, en visualisant un rayonnement orangé dans cette région. Votre créativité et votre vitalité s'éveillent...

4. Élevez maintenant le son jusqu'à votre plexus solaire en chantonnant le son "Ram". Imprégnez-vous de la vibration jaune solaire qui stimule ce centre, siège de la force et de la volonté. Vous vous sentez énergisé(e), transformé(e)...

5. Continuez à faire monter la sonorité jusqu'à votre cœur en entonnant la syllabe "Yam". Baignez dans la lumière verte émeraude qui emplit votre poitrine, diffuse amour et harmonie dans tous vos cellules. Le cœur s'ouvre comme une fleur épanouie...

6. Dirigez le chant au niveau de votre gorge en fredonnant la syllabe "Ham". Gorgée de lumière bleue, votre gorge se libère, votre

expression devient fluide et authentique. Votre voix se déploie sans entrave...

7. Montez encore le son vers votre troisième œil en chantant intérieurement le son "Sham". L'indigo vibre entre vos sourcils, votre intuition s'éclaire, votre regard s'intériorise. Les brumes mentales se dissipent...

8. Finalement, laissez le chant fuser jusqu'au sommet de votre tête et résonner dans la syllabe silencieuse "Om". Immergez-vous dans la lumière violette qui nimbe votre crâne et vous relie au Divin. Vous vous abandonnez dans la vibration primordiale de l'Univers...

9. Pendant toute la durée du chant diphonique, gardez la conscience de votre respiration et des sensations corporelles éveillées par le son. Laissez votre voix se moduler librement, dessiner des volutes mélodieuses qui enchantent chaque centre.

10. Pour finir, ramenez votre conscience dans votre cœur et ressentez la symphonie lumineuse qui résonne en vous après ce voyage vibratoire ascendant. Tout votre être rayonne et pulse à l'unisson du grand chant cosmique...

11. Ce chant des voyelles sacrées est un bain sonore régénérant, une véritable alchimie vibratoire pour élever nos fréquences. Puisse-t-il enchanter ta pratique intérieure .

Exercice 119 — Le Bain de Forêt (ShinrinYoku)

Description: Une immersion contemplative dans l'atmosphère subtile de la forêt, pour se ressourcer, apaiser le mental et se synchroniser avec les rythmes du vivant.

Instructions

1. Choisissez une forêt ou un parc boisé proche de chez vous, que vous pouvez rejoindre facilement et où vous vous sentez en sécurité. Prévoyez au moins une heure de disponibilité, sans autre agenda que d'être présent.

2. En arrivant dans la forêt, prenez un temps pour vous poser et faire une transition depuis le rythme du quotidien. Éteignez votre téléphone, écartez vos préoccupations mentales. Permettez-vous d'arriver pleinement ici et maintenant.

3. Commencez par prendre quelques grandes respirations, en relâchant les tensions dans votre corps et votre esprit. Sentez vos pieds bien ancrés dans le sol, votre colonne vertébrale alignée et légère. Ouvrez vos sens à l'environnement forestier.

4. Puis entamez une marche lente et sans but parmi les arbres, en suivant votre curiosité et vos élans spontanés. Laissez la forêt vous guider et vous surprendre, comme une amie bienveillante qui vous accueille dans son intimité secrète.

5. Au fil de votre exploration, prenez le temps de vous arrêter souvent pour contempler les détails et les beautés cachées : le chatoiement d'une toile d'araignée, la danse des feuilles dans le vent, la texture d'un tronc moussu... Émerveillez-vous comme un enfant.

6. Ouvrez grand vos oreilles aux sons subtils de la forêt : le chant des oiseaux, le craquement d'une branche, le ruissellement de l'eau, le bruissement des insectes... Laissez cette symphonie naturelle vous bercer et vous apaiser.

7. Humez l'air à pleins poumons, en savourant le parfum de l'humus, de la sève, des fleurs... Sentez ces arômes boisés qui vous emplissent et vous revitalisent. La forêt exhale par tous ses pores une fragrance unique.

8. De temps en temps, touchez l'écorce d'un arbre, caressez une mousse soyeuse, ramassez un galet poli par la pluie... Ressentez ces textures variées qui vous relient concrètement au monde sensible. Vos mains sont des ponts de communication fine.

9. Si la météo le permet, enlevez vos chaussures un moment et marchez pieds nus sur le tapis de feuilles, de mousse, d'aiguilles de pin... Savourez ce contact direct avec la terre, ce massage stimulant de vos voûtes plantaires.

10. Vous pouvez aussi vous adosser à un arbre ami, vous laisser bercer dans un hamac forestier, vous allonger à même le sol... Goûtez la

sensation d'être soutenu, porté, enlacé par ces présences végétales. Abandonnez-vous à leur force tranquille.

11. N'hésitez pas à vous émerveiller à voix haute, à partager vos ressentis avec les arbres, à leur confier vos joies et vos peines... La forêt est une oreille attentive et sans jugement, une alliée pour accueillir nos mouvements intérieurs.

12. Si des pensées surgissent, laissez-les passer comme des nuages dans le ciel de votre conscience. Recentrez doucement votre attention sur vos sens, sur l'instant présent. La forêt vous invite à ralentir le mental, à retrouver la simplicité de l'être.

13. Poursuivez ainsi votre bain de forêt pendant au moins 30 minutes, sans autre but que de vous imprégner de cette atmosphère vivifiante. Laissez la magie sylvestre opérer sa subtile alchimie en vous, cellule après cellule...

14. Avant de repartir, prenez un dernier moment pour honorer et remercier la forêt. Vous pouvez vous incliner devant un arbre majestueux, déposer une offrande sur un rocher, murmurer une prière de gratitude... La forêt reçoit votre élan du cœur.

15. Sur le chemin du retour, prenez le temps d'intégrer les bienfaits de cette immersion : la clarté de votre regard, la détente de vos muscles, le calme de votre respiration... Vous transportez la sérénité et la vitalité de la forêt en vous.

16. Renouvelez régulièrement cette pratique, en variant les lieux et les saisons. Chaque bain de forêt est une occasion unique de dialogue et de ressourcement. Au fil du temps, votre relation avec le monde végétal s'approfondira, porteuse de mille enseignements...

17. Car en nous reliant à la sagesse millénaire des arbres, nous retrouvons notre propre nature essentielle : solide et souple à la fois, ancrée dans le présent et ouverte au changement, unie dans son essence et multiple dans son expression... La forêt est un miroir précieux.

Exercice 120 — La lettre à son enfant intérieur blessé
Description :

Un exercice d'écriture pour reconnaître et apaiser les souffrances de son enfant intérieur.

Instructions

1. Installez-vous dans un endroit calme, muni(e) de quoi écrire. Fermez les yeux et respirez profondément pour vous centrer. Visualisez votre enfant intérieur, tel qu'il était à l'âge où il a le plus souffert.

2. Contemplez cet enfant avec tendresse et compassion. Observez son langage corporel, son regard... Percevez sa détresse, sa solitude, son besoin viscéral d'amour et de sécurité.

3. Puis notez quelques phrases pour décrire son expérience, ses blessures primordiales. Par exemple : "Tu te sens abandonné, incompris, rejeté... Tu as peur, tu te sens indigne d'être aimé..."

4. Laissez remonter à la surface les émotions intenses de cet enfant : colère, honte, chagrin, terreur... Ressentez-les pleinement, sans chercher à les minimiser ou les refouler. Votre regard accueille tout.

5. Quand vous vous sentez prêt(e), rédigez une lettre à cet enfant vulnérable. Une lettre débordante de tendresse, de compréhension, de réconfort... Les mots aimants que vous auriez rêvé recevoir à l'époque.

6. Dites à votre enfant intérieur que vous le voyez, que vous entendez sa souffrance. Que ses sentiments sont normaux et légitimes au vu de ce qu'il a traversé. Qu'il n'y est pour rien, qu'il a fait de son mieux...

7. Puis faites-lui des promesses d'amour inconditionnel et de soutien indéfectible. Assurez-le de votre présence à ses côtés, pour toujours. Engagez-vous à l'écouter, le protéger, le chérir au quotidien.

8. Enfin, invitez-le à exprimer ce dont il a besoin pour guérir, s'apaiser. Accueillez ses demandes avec un cœur ouvert, sans jugement. Notez les actions concrètes que vous pouvez mettre en place pour y répondre.

9. Lorsque vous sentez que la lettre est complète, relisez-la à voix haute et signez-la. Puis allez la déposer dans un lieu naturel de votre choix : au pied d'un arbre, dans une rivière, dans un feu... En signe de liberté.

10. Cet exercice n'est pas une fin en soi, mais le point de départ d'une relation intérieure plus douce et bienveillante. Votre enfant blessé a besoin de votre amour au quotidien pour peu à peu s'apaiser et s'épanouir.

11. Réitérez donc l'écriture de lettres régulièrement, comme un rendez-vous privilégié avec ce petit être magnifique qui vit en vous. Et concrétisez vos paroles aimantes dans des actes : câlins, jeu, créativité, écoute de soi...

12. Progressivement, votre enfant intérieur pourra sortir de sa posture de victime pour redevenir cette source vive de spontanéité, de joie et d'émerveillement. En le libérant, c'est votre être entier que vous guérissez.

Exercice 121 — Le rituel de réconciliation avec son corps
Description :

Un rituel pour renouer une relation d'amour et de respect avec son corps, honorer ses forces et ses limites, et le remercier pour tout ce qu'il nous permet de vivre.

Instructions

1. Choisissez un moment où vous serez tranquille et disponible intérieurement. Créez une atmosphère propice au recueillement (musique douce, lumière tamisée, encens...).

2. Déshabillez-vous complètement et installez-vous devant un grand miroir. Allumez une bougie et regardez votre reflet dans la glace à sa lueur vacillante...

3. Commencez par respirer profondément. Accueillez votre image dans le miroir avec douceur et bienveillance. Déposez vos jugements, vos peurs, vos attentes...

4. Parcourez du regard chaque partie de votre corps, lentement, dans ses moindres détails. Votre visage, votre cou, vos épaules, votre buste, votre ventre, vos hanches...

5. Observez votre corps comme s'il était un paysage à explorer, une terre inconnue à cartographier... Soyez curieux de ses reliefs, de ses ombres et de ses lumières...

6. Ressentez la vie qui pulse en lui : votre souffle, votre chaleur, les battements de votre cœur. Votre corps est vivant, vibrant, palpitant de l'énergie du vivant...

7. Souvenez-vous de tout ce qu'il vous permet d'expérimenter. Les plaisirs des sens, les élans du désir, les émotions qui vous traversent, la force qui vous anime...

8. Émerveillés de la beauté unique de ce corps, de sa puissance et de sa fragilité mêlées... Il est votre compagnon de route, votre véhicule d'incarnation...

9. Maintenant, posez votre main sur votre cœur. Murmurez à votre corps : "Merci... Merci d'être là pour moi, merci de m'permettre de danser la vie..."

10. Dites-lui : "Je t'aime... Je suis fier(e) de toi, je te trouve beau/belle... Je te demande pardon de t'avoir négligé, mal-aimé. Je m'engage à prendre soin de toi..."

11. Ressentez un élan de tendresse et de gratitude infinie qui monte de votre cœur et se diffuse dans tout votre corps, comme une vague d'amour inconditionnel...

12. Votre corps boit cet amour, s'en imprègne, s'en délecte... Il en redemande . Continuez de lui transmettre cette vibration de douceur et de reconnaissance...

13. Terminez en prenant votre corps dans vos bras, en le serrant fort contre votre cœur. Comme deux amis trop longtemps fâchés qui se réconcilient enfin...

14. Soufflez la bougie et habillez-vous lentement, en conscience. Prolongez cette qualité de présence à vous-même, de bienveillance envers votre incarnation...

15. Les jours suivants, soyez attentif à nourrir cette relation renouvelée avec votre corps. Dialoguez avec lui, étreignes le, bénissez-le, célébrez-le.

16. En signant ce nouveau pacte d'amour avec votre corps, vous soignez la blessure primordiale de la séparation. Vous réconciliez la chair et l'esprit, la matière et la lumière.

Exercice 122 — Chant des ragas indiens
Description :

Une pratique vocale et vibratoire issue de la tradition indienne, où le chant de certains ragas active les centres énergétiques et élève la conscience.

Instructions

1. Installez-vous dans un endroit calme, assis en tailleur ou sur une chaise. Redressez la colonne vertébrale, détendez les épaules, fermez doucement les yeux.

2. Prenez quelques respirations profondes par le nez, en gonflant le ventre à l'inspir et en le rentrant à l'expir. Sentez votre corps qui s'enracine et votre esprit qui s'apaise.

3. Choisissez un raga simple comme le raga Bhupali, sur les notes Sa Re Ga Pa Dha Sa. Écoutez plusieurs fois un enregistrement du raga pour vous imprégner de sa mélodie.

4. Maintenant, entonnez la première note "Sa" à voix haute, en ouvrant la bouche. Tenez la note pendant 5 à 10 secondes, en sentant le son emplir votre tête.

5. Enchaînez les notes suivantes "Re Ga Pa Dha Sa", en les tenant chacune pendant 5 à 10 secondes. Laissez le son résonner dans votre poitrine et votre ventre.

6. Puis chantez la descente "Sa Dha Pa Ga Re Sa", toujours en tenant les notes. Sentez le son qui vibre maintenant dans tout votre corps, de la tête aux pieds.

7. Respirez naturellement pendant le chant. Caler l'émission des syllabes sur l'expire. Si besoin, reprenez votre souffle rapidement entre 2 notes.

8. Répétez cette montée et descente du raga 3 à 5 fois, en respectant votre rythme. Trouvez la tonalité juste, celle qui sonne harmonieusement en vous.

9. Puis laissez le chant se déployer plus librement. Répétez certaines notes, faites des allers-retours, des intervalles... Suivez le mouvement spontané de votre voix.

10. Explorez des variations subtiles de volume, d'intensité, de couleur émotionnelle. Laissez le raga vous traversez, vous emporter dans sa mélodie enivrante...

11. Après 10 à 20 minutes de chant, laissez les dernières notes s'évanouir dans le silence. Restez à écouter la vibration qui continue de résonner en vous.

12. Savourez le silence habité qui s'installe. Votre mental est absorbé, votre corps vibre à l'unisson, votre cœur est empli de sérénité et de gratitude...

13. Progressivement, réharmonisez-vous avec l'espace extérieur. Reprenez contact avec votre corps, bougez doucement, ouvrez les yeux quand vous vous sentez prêt.

14. Cette pratique régulière du chant des ragas vous reconnecte à votre être essentiel. Votre sensibilité musicale et émotionnelle s'affine, votre âme s'élève...

15. Vous pouvez choisir d'autres ragas en fonction de votre humeur, des périodes de la journée, de vos besoins énergétiques. Laissez-vous guider par votre résonance intérieure.

16. Le chant sacré indien est une voie de réalisation spirituelle, un yoga du son qui harmonise les différents plans de votre être et ouvre les portes de la Conscience...

Exercice 123 — L'Art du Pistage Animal

Description: Une pratique d'observation et de connexion intime avec le règne animal, sur les traces physiques et subtiles de nos frères et sœurs à fourrure, à plumes ou à écailles.

Instructions

1. Choisissez un environnement naturel propice à la présence animale: une forêt, un bord de rivière, un parc... Munissez-vous de bonnes chaussures de marche, de vêtements adaptés à la météo, éventuellement de jumelles et d'un carnet de notes.

2. Avant de commencer votre exploration, prenez un temps pour vous relier à votre intention du jour: observer, apprendre, communiquer avec le monde animal. Faites appel à votre curiosité, votre patience et votre humilité de pisteur-apprenti.

3. Commencez par vous mettre à l'écoute des sons environnants: chants d'oiseaux, cris d'insectes, bruissements de feuilles... Comme si vous régliez la fréquence de votre radar intérieur sur le monde vibrant qui vous entoure.

4. Puis laissez votre regard se poser sur le sol, à l'affût des premières pistes: empreintes de pas, restes de repas, plumes, poils... Chaque indice est une histoire, une invitation à entrer dans l'intimité de l'animal.

5. Identifiez l'espèce à laquelle appartiennent ces traces, en vous référant à vos connaissances ou à un guide de pistage. Essayez de comprendre le comportement de l'animal: sa direction, sa démarche, son état...

6. Suivez discrètement la piste fraîche, en restant attentif aux nouveaux signes: traces de griffes sur un tronc, coulée dans les herbes hautes, site de marquage... Chaque détail vous renseigne sur la vie de l'animal.

7. Ouvrez aussi vos autres sens: l'odeur musquée d'un terrier, le goût d'un fruit rongé, la chaleur d'un lieu de couchage... Comme si vous empruntiez le regard, le nez, la langue de l'animal pour percevoir son monde.

8. Si vous apercevez l'animal, restez à bonne distance pour ne pas le déranger. Observez ses mouvements, ses postures, ses interactions... Que vous apprend son langage corporel? Qu'exprime-t-il de sa relation au monde?

9. Vous pouvez essayer d'imiter discrètement sa gestuelle, sa démarche. En quoi ce mimétisme éclaire-t-il votre compréhension de l'animal? Que vous révèle-t-il de votre propre animalité?

10. Réfléchissez aux qualités spécifiques de cet animal: son agilité, sa discrétion, sa puissance, sa sociabilité... En quoi vous inspirent-elles? Qu'aimeriez-vous cultiver de semblable en vous ?

11. Au fil du pistage, prenez des notes dans votre carnet: vos observations factuelles, vos questionnements, vos élans de coeur... Comme un journal de bord qui tisse la relation entre vous et l'animal.

12. Si la piste se perd, félicitez-vous des découvertes déjà glanées. Chaque rencontre, même infime, est un cadeau. Remerciez l'animal de vous avoir laissé entrevoir un pan de sa vie secrète.

13. Avant de repartir, prenez un dernier moment pour honorer votre cousin sauvage: un salut, une offrande, une promesse de respect... Votre pistage est aussi un acte d'amour et de révérence.

14. De retour chez vous, aménagez un temps pour intégrer les enseignements du jour. Relisez vos notes, cernez les prises de conscience, les leçons de vie... Chaque animal est un maître discret.

15. Vous pouvez prolonger en faisant des recherches sur l'écologie de l'espèce, sa symbolique, les histoires qui lui sont associées... En éclairant votre vécu de pisteur par d'autres sources de connaissance.

16. Votre pratique du pistage sera d'autant plus riche que vous la renouvellerez régulièrement, avec différents animaux et milieux. Chaque espèce est une porte d'entrée unique dans le mystère du vivant.

17. Car en nous ouvrant à nos frères animaux, nous réveillons notre propre nature instinctive et intuitive. Le pisteur en nous est aussi un passeur entre les mondes, un être-frontière qui se laisse altérer et enrichir par le non-humain... Quelle aventure!

Exercice 124 — La calligraphie et les mantras visuels
Description :

Une pratique de calligraphie méditative pour incarner visuellement des paroles sacrées, en s'imprégnant de leur vibration et de leur beauté plastique.

Instructions

1. Choisissez une parole inspirante, un mantra, une qualité que vous souhaitez cultiver en vous. Par exemple : gratitude, paix, amour, présence, joie...

2. Intériorisez quelques instants le sens et la vibration de ces mots. Imprégnez-vous de la saveur unique de leur sonorité, laissez-les résonner en vous...

3. Imaginez à quoi ces mots pourraient ressembler s'ils prenaient forme sur le papier... Quels mouvements, quels rythmes, quelles couleurs traduiraient leur essence ?

4. Préparez votre matériel : un papier de qualité, un pinceau ou un calame, de l'encre de chine ou des encres de couleurs... Privilégiez des outils qui invite à la lenteur.

5. Installez-vous dans un espace calme, avec une lumière douce. Ancrez-vous dans votre assise, dans votre verticalité. Faites circuler quelques respirations conscientes...

6. Commencez par tracer votre mot ou mantra les yeux fermés, dans l'espace devant vous. Ressentez le mouvement qu'il dessine, son déploiement dans l'espace...

7. Imprégnez-vous du geste qui le fait naître, de l'énergie qu'il véhicule. Variez l'amplitude, la vitesse du tracé imaginaire. Incorporez progressivement sa danse...

8. Quand vous vous sentez familiarisé avec le mouvement, ouvrez les yeux. Tracez maintenant votre mantra à l'encre sur le papier, en un geste fluide et continu.

9. Votre respiration donne le rythme, votre présence habite chaque trait. Vous vivez votre calligraphie de l'intérieur, comme une expérience sensuelle et méditative...

10. Votre calligraphie est une célébration incarnée et poétique de votre mantra. Elle capte son mystère en volutes d'encre, en entrelacs inspirés, en rythmes subtils...

11. Variez les styles d'écriture, les tailles des caractères. Jouez avec les pleins et les déliés, les ombres et les lumières. Osez les contrastes, les superpositions, les jeux de transparence...

12. Pendant que vous tracez, répétez intérieurement votre mantra, imprégnez-vous de sa vibration. Fusion du son et de la forme, du sens et de la sensualité graphique...

13. Vous pouvez aussi improviser dans des écritures inventées, asémiques, qui figurent l'esprit plus que la lettre de votre parole inspirante...

14. Déployez toute votre créativité pour rendre visible l'invisible, pour donner corps à l'âme du langage. Votre calligraphie est un poème visuel qui irradie la page.

15. Quand un mantra vous semble achevé, célébrez-le encore quelques instants en silence. Imprégnez-vous de sa présence, comme une icône habitée de mystère...

16. En l'affichant dans votre espace de vie ou de travail, laissez sa calligraphie agir sur vous au quotidien, comme un rappel vibratoire, une émanation de beauté...

17. En calligraphiant vos aspirations profondes, vous les inscrivez dans la matière de votre vie. Votre intention passe du mental au geste, du concept à l'expérience vécue.

18. La calligraphie devient un art de vivre, une façon de tracer consciemment ses idéaux, ses valeurs, sa vision du monde. La beauté du trait exprime la beauté de l'être.

19. Plus vous pratiquerez cet art méditatif, plus votre écriture s'épurera, se libèrera des conventions pour devenir le miroir inspiré de votre paysage intérieur...

Exercice 125 — Le chant spontané
Description :

Une pratique libératrice pour explorer sa voix authentique, pour se relier à son chant intérieur et se mettre au diapason de son âme.

Instructions

1. Trouvez un endroit où vous pouvez chanter à voix haute sans gêne ni retenue. Une pièce à l'acoustique agréable, ou un lieu dans la nature, à l'abri des regards.

2. Commencez par vous ancrer dans votre corps, en prenant conscience de votre respiration, en relâchant les tensions dans votre mâchoire, votre gorge, votre ventre... Offrez-vous un moment de silence et de présence.

3. Puis amenez votre attention dans la région de votre cœur. Imaginez qu'il y a là une petite sphère de lumière vibrante, chaleureuse. C'est le centre de votre voix intérieure, de votre chant unique.

4. Commencez à émettre un son doux, en imaginant qu'il jaillit directement de cette sphère lumineuse. Peut-être un simple "aaah" ou "oooh", ou une voyelle qui vous vient spontanément. Savourez la vibration de ce son originel.

5. Laissez ce son s'épanouir, prendre de l'ampleur. Explorez différentes hauteurs, différentes intensités. Suivez le mouvement organique du

souffle, le désir de la voix. Ne cherchez pas la justesse ou la performance, juste l'authenticité du moment.

6. Progressivement, laissez votre chant se déployer plus librement, s'orner de mélodies improvisées, de mots inventés... Offrez-vous la permission d'une expression sans filtre, sans peur du ridicule. Votre voix est belle dans sa vérité.

7. Explorez différentes qualités émotionnelles - un chant doux comme une berceuse, un cri rageur, un rire en cascade, un murmure amoureux... Laissez la voix être le véhicule de vos émotions les plus secrètes, les plus inavouées.

8. À d'autres moments, laissez le chant devenir une prière, une invocation à la Vie, à l'Amour, à la Beauté... Offrez votre voix comme un pont entre la terre et le ciel, entre votre cœur et le grand Mystère.

9. Si des larmes ou des rires surviennent, intégrez-les dans votre chant, comme une couleur supplémentaire, une texture unique. Votre chant est un accueil inconditionnel de ce que vous êtes, dans l'instant.

10. De temps en temps, faites des pauses pour respirer profondément, ressentir l'écho de votre chant dans votre corps, dans l'espace. Goûtez le silence entre les sons, la vibration subtile de votre être.

11. Variez les langues, les registres. Osez des sonorités ethniques, des inflexions animales, des envolées lyriques... Votre voix est un instrument aux possibilités infinies, au service de votre expression la plus vraie.

12. Après au moins 20 minutes de chant spontané, laissez la voix revenir au souffle, au silence. Ressentez la chaleur dans votre corps, l'ouverture de votre cœur, la légèreté de votre esprit...

13. Refermez cette session par un mot de gratitude pour votre voix, cet allié vibrant, ce messager de l'âme. Prenez un instant pour écrire ce que vous avez contacté, libéré, découvert... C'est un précieux feedback sur votre cheminement.

14. Cette pratique est un rendez-vous intime avec vous-même, à renouveler aussi souvent que possible. Votre voix a tant à vous dire, à

vous offrir... Elle est votre signature sonore, votre contribution unique à la symphonie du monde.

Exercice 126 — Visualisation de l'arbre intérieur

Description: Un voyage imaginaire pour se ressourcer, s'ancrer et se relier à sa force de vie intérieure, en se visualisant comme un arbre majestueux.

Instructions

1. Installez-vous dans un endroit calme où vous ne serez pas dérangé. Asseyez-vous confortablement, le dos droit, les pieds bien ancrés dans le sol. Fermez les yeux et prenez quelques grandes respirations pour vous centrer.

2. Commencez par visualiser un magnifique paysage de nature, qui vous inspire et vous apaise. Cela peut être une forêt luxuriante, une prairie ensoleillée, une plage de sable fin... Imprégnez-vous des couleurs, des sons, des parfums de ce lieu.

3. Maintenant, imaginez qu'au centre de ce paysage se dresse un arbre majestueux, fort et gracieux. Observez son tronc solide, ses branches qui s'élèvent vers le ciel, son feuillage dense et vibrant.

4. Approchez-vous de cet arbre et posez votre main sur son écorce. Ressentez sa texture, sa chaleur, l'énergie paisible qui en émane. Prenez quelques instants pour vous imprégner de sa présence, de sa stabilité.

5. Maintenant, imaginez que vous devenez cet arbre. Vos pieds s'enfoncent profondément dans la terre nourricière, telles des racines puissantes et ramifiées. Ressentez la force et la stabilité que vous puisez dans ce sol riche et ancien.

6. Votre tronc s'élève vers le ciel, droit et flexible à la fois. Il est votre axe, votre colonne vertébrale, votre centre de force tranquille. Ressentez la sève vivifiante qui monte en vous, porteuse de vitalité et de résilience.

7. Vos branches se déploient dans toutes les directions, tels des bras ouverts pour embrasser la vie. Elles sont votre capacité à vous étendre,

à créer, à vous relier. Ressentez l'énergie créatrice qui circule en elles, prête à porter vos fruits.

8. Vos feuilles bruissent doucement dans la brise, captant la lumière du soleil et l'air pur. Elles sont vos poumons, votre peau, vos organes des sens. Ressentez leur réceptivité, leur sensibilité, leur joie d'être caressées par le vent et nourries par la lumière.

9. Prenez le temps d'habiter pleinement cet arbre que vous êtes, de ressentir sa sagesse et sa sérénité. Imprégnez-vous de sa capacité à s'adapter aux saisons, à se renouveler sans cesse, à offrir son ombre et ses fruits avec générosité.

10. Maintenant, imaginez une pluie fine et douce qui se met à tomber, lavant délicatement votre feuillage, hydratant votre écorce, s'infiltrant jusqu'à vos racines. Cette pluie est une bénédiction, porteuse de régénération et de purification.

11. Progressivement, cette eau bienfaisante devient lumineuse, comme si elle était chargée d'une énergie solaire. Elle pénètre chacune de vos cellules, illuminant tout votre être de l'intérieur. Vous irradiez d'une clarté douce et vibrante.

12. Savourez cet état d'harmonie parfaite, de plénitude sereine. Vous vous sentez profondément nourri, ressourcé, vivant. Votre force tranquille rayonne tout autour de vous, bénissant la terre et le ciel.

13. Lorsque vous sentez que la visualisation est complète, commencez à rétracter doucement vos racines, à rassembler votre conscience dans votre corps humain. Mais gardez en vous le sentiment de votre nature essentielle, solide et lumineuse à la fois.

14. Puis, lentement, rouvrez les yeux, étirez-vous, bougez vos doigts et vos orteils. Emportez avec vous dans la journée la sagesse paisible de l'arbre, la confiance que vous avez tout en vous pour croître, vous adapter et porter vos dons au monde.

Exercice 127 — Purification énergétique par les Sons de guérison

Description :

Une technique thérapeutique combinant sons sacrés et visualisation pour restaurer l'harmonie vibratoire des corps subtils.

Instructions

1. Allongez-vous confortablement sur le dos, les yeux clos. Ancrez-vous dans votre souffle et prenez conscience des 4 éléments qui vous constituent : la terre (chair), l'eau (sang), le feu (chaleur), l'air (respiration).

2. Visualisez sous vos pieds un grand pentacle de lumière rouge vif qui se met à vibrer. Inspirez profondément et émettez le son « AAAA » grave et soutenu, comme un bourdon. Sentez le son purifier vos jambes, vos os, votre force.

3. Au niveau du bassin, visualisez un pentacle orange lumineux. En chantant le son « OOOO » rond et fluide, ressentez l'énergie qui purifie vos organes, vos liquides, votre créativité.

4. Au niveau du plexus solaire, le pentacle est jaune doré. Émettez un « EEEE » clair et dynamique qui assainit votre volonté, votre mental, nettoie votre feu intérieur.

5. Au centre de la poitrine rayonne un beau pentacle vert. Le son « AAAA » plus doux, plus aérien équilibre votre cœur, diffuse l'harmonie dans vos relations, votre amour.

6. Au niveau de la gorge, dans un pentacle bleu azur, prononcez le « IIII » cristallin qui lave vos canaux de communication, votre expression, votre créativité.

7. Le pentacle indigo au milieu du front s'illumine par le son nasillard « MMMM » qui clarifie votre intuition, votre clairvoyance, la pureté de votre esprit.

8. Au sommet de la tête, un majestueux pentacle violet s'active. En chantant le son « SSSSS », sentez une pluie de lumière purificatrice qui sublime votre connexion à l'Âme, à l'Esprit divin.

9. Pour finir, prononcez 3 fois le son « OM », en irradiant la vibration sacrée dans tout votre être qui resplendit de pureté, tel un immense pentacle de lumière blanche.

10. Savourez le bien-être et la légèreté qui émanent de ce nettoyage vibratoire en profondeur. Vous avez fait résonner la musique de votre Être essentiel, vous avez accordé votre instrument subtil.

11. Revenez à votre respiration, à vos perceptions corporelles. Réancrez-vous ici et maintenant. Étirez-vous, remuez doigts et orteils, ouvrez les yeux, revenez à vous, purifié et ressourcé.

Exercice 128 — L'accueil bienveillant des sub-personnalités
Description :

Un dialogue intérieur pour apprivoiser et intégrer nos différentes facettes.

Instructions

1. Dans un moment de calme, installez-vous en position assise, colonne vertébrale droite et mains sur les genoux. Fermez les yeux et observez le flux de votre respiration, sans le modifier.

2. Visualisez un beau lieu naturel où vous vous sentez parfaitement détendu(e) et en sécurité : clairière, plage, jardin... Imprégnez-vous des couleurs, des parfums, des sons de cet Eden intérieur.

3. Sur une grande table ronde au centre de ce lieu, imaginez que se tiennent plusieurs personnages. Chacun représente une facette de vous : l'enfant joyeux, le protecteur blessé, le travailleur acharné, le médiateur paisible...

4. Observez ces personnages sans jugement, avec une curiosité bienveillante. Certains vous sont familiers, d'autres vous surprennent peut-être... Tous font partie de votre richesse intérieure, de votre complexité humaine.

5. Invitez le premier personnage à venir vous parler. Écoutez avec attention et compassion ce qu'il a à vous dire sur ses désirs, ses peurs, ses besoins... Remerciez-le pour son authenticité et assurez-le de votre écoute.

6. Faites de même pour chaque sub-personnalité autour de la table, en leur accordant un temps égal. Certains échanges seront aisés, d'autres plus inconfortables... Mais chacune de ces voix mérite d'être entendue.

7. Quand le tour est terminé, proposez à vos personnages un rituel de paix et d'unité. Par exemple, faites passer un bâton de parole ou allumez une bougie au centre de la table en signe d'alliance...

8. Sentez qu'au-delà de leurs différences, vos sub-personnalités ont toutes le même désir profond : œuvrer à votre bien-être et à votre réalisation. En se reconnaissant mutuellement, elles forment un cercle de coopération.

9. Pour clore la visualisation, voyez un fil d'or qui relie désormais le cœur de chaque personnage au vôtre. Vous êtes le centre unifié de cette belle roue humaine... Votre conscience peut accueillir la totalité de votre être.

10. Contemplez ce cercle intérieur pendant quelques instants, en savourant ce précieux sentiment de plénitude et de paix... Il y a de la place en vous pour toutes ces énergies qui ne demandent qu'à s'exprimer.

11. Lorsque vous rouvrez les yeux, gardez avec vous la sensation chaleureuse de cette réunion au sommet. Vos polarités intérieures sont comme les nuances d'un arc-en-ciel : ensemble, elles composent la lumière unique de votre être.

12. Réitérez cette méditation dès que vous sentez un conflit intérieur, une difficulté à faire des choix. En écoutant avec soin chaque sub-personnalité, vous saurez accorder vos différents besoins dans un élan créateur et harmonieux.

Exercice 129 — Voyage intérieur dans un paysage de guérison

Description :

Une visualisation guidée pour rencontrer son lieu de ressourcement et ancrer ses intentions de bien-être.

Instructions

1. Installez-vous dans un endroit calme, allongé ou assis confortablement. Fermez les yeux et prenez quelques respirations profondes pour vous détendre.

2. Imaginez que vous vous trouvez dans un beau paysage naturel, qui vous inspire paix et sérénité. Observez les détails de ce lieu : couleurs, formes, lumières...

3. Imprégnez-vous de l'atmosphère bienfaisante, des parfums, des sons subtils. Votre corps se détend, votre esprit s'apaise dans cet écrin de beauté et d'harmonie.

4. Au cœur de ce paysage, repérez un élément (arbre, rocher, cours d'eau...) qui attire votre attention et approchez-vous de lui. Il rayonne d'une énergie de guérison.

5. Adossez-vous à cet élément ou immergez-vous en lui. Ressentez son énergie régénératrice qui pénètre chaque cellule de votre corps, dissout vos tensions, vous revitalise.

6. Dans cet état réceptif, nommez mentalement vos intentions de guérison physique, émotionnelle, mentale ou spirituelle. Confiez-les à cet allié bienveillant.

7. Imaginez votre corps et votre esprit qui retrouvent leur équilibre originel, leur parfaite santé. Toutes vos cellules vibrent d'harmonie et de vitalité. Savourez cet état.

8. Lorsque vous vous sentez régénéré(e), remerciez ce paysage et cet allié. Sachez qu'ils sont toujours là, prêts à vous accueillir et à vous ressourcer quand vous en avez besoin.

9. Prenez une grande inspiration et réouvrez les yeux, gardant en vous la mémoire corporelle de cette plénitude. Cette visualisation est un rendez-vous avec votre pouvoir d'auto-guérison.

Exercice 130 — Rituel d'Écriture de sa Légende Personnelle
Description :

Un rituel créatif pour rédiger sa propre légende, en tissant les fils de son histoire de vie et en se projetant dans un futur inspirant.

Instructions

1. À chaque Pleine Lune, offrez-vous une plage de temps intime pour écrire un nouveau chapitre de votre légende personnelle.

2. Installez-vous confortablement dans un lieu inspirant, avec un beau carnet et un stylo que vous aimez. Allumez une bougie.

3. Respirez profondément. Invoquez en silence vos muses, vos guides intérieurs, vos forces créatrices. Connectez-vous à votre écrivain intérieur.

4. En méditant sur la période lunaire écoulée, identifiez les scènes marquantes, les tournants, les personnages clés qui ont jalonné votre parcours.

5. Sous forme narrative, racontez les derniers épisodes de votre histoire, avec leurs défis, leurs enseignements, leurs promesses... Écrivez au "je".

6. Captez les dialogues importants. Retranscrivez les paroles de sagesse reçues. Décrivez vos doutes, vos joies, vos prises de conscience.

7. Dévoilez comment le héros que vous êtes traverse ses ombres pour en ressortir grandi. Montrez ses ressources et ses qualités à l'œuvre.

8. Imaginez ensuite la suite de votre légende pour le mois à venir. Écrivez-la au présent, plantez le décor, créez l'intrigue, éclairez le chemin...

9. Faites de votre héros un être qui ose, qui rayonne, qui cueille les fruits de ses efforts. Donnez-lui un destin à sa mesure.

10. Quand votre chapitre est achevé, relisez-le à voix haute. Laissez vibrer en vous le pouvoir des mots. Célébrez cette étape de votre vie.

11. Méditez sur votre légende comme une trame de vie qui vous invite à déployer le meilleur de vous-même, en fidélité créatrice avec vos aspirations...

Exercice 131 — La Visualisation de son Lieu de Sérénité

Description :

Un exercice d'imagination guidée pour créer et visiter son "lieu ressource" intérieur, un espace de sécurité et de régénération accessible en tout temps.

Instructions

1. Installez-vous dans un endroit calme, en position assise ou allongée. Détendez votre corps et fermez les yeux. Respirez plus lentement, plus profondément.

2. Imaginez un lieu où vous vous sentez parfaitement détendu, serein et ressourcé. Un endroit réel ou imaginaire, à l'extérieur ou à l'intérieur... Laissez-le émerger spontanément.

3. Visualisez ce décor dans ses moindres détails : les couleurs, les formes, la lumière... Notez tous les éléments du paysage (végétation, eau, constructions...). Imprégnez-vous de sa beauté.

4. Entendez les sons présents dans cet endroit : chants d'oiseaux, bruissement du vent, musique douce... Écoutez également la qualité particulière du silence qui y règne.

5. Humez les parfums de cet espace : senteurs florales, embruns marins, arômes boisés, air pur... Laissez les effluves vous envelopper et vous apaiser.

6. Goûtez les saveurs associées à ce cadre idyllique : un thé fumant, un fruit gorgé de soleil, une herbe aromatique... Savourez un délice qui fond sur votre langue.

7. Ressentez les sensations tactiles liées à ce lieu : la douceur du sable sous vos pieds, la caresse d'une brise tiède, le moelleux d'une couverture... Notion le contact du support sous votre corps.

8. Imprégnez-vous de l'atmosphère bienfaisante de cet espace... Ressentez la paix profonde, la sécurité, l'harmonie qui y règnent... C'est votre cocon bienveillant, rien ne peut vous y atteindre.

9. Associez un mot ou une courte phrase à cet état de relâchement intense, par exemple "sérénité", "je suis en paix"... Répétez intérieurement ce mot-clé en savourant l'émotion qu'il déclenche.

10. Lorsque vous ressentez que la connexion à votre lieu de sérénité est profonde, ouvrez les yeux et étirez-vous comme au sortir d'une sieste réparatrice. Ressentez les bienfaits de cette escapade régénérante .

11. Reproduisez ce voyage intérieur dès que vous avez besoin de calme et de ressourcement. Le pouvoir évocateur de votre imagination est illimité.

Exercice 132 — Visualisation du fil d'or de son identité profonde
Description :

Une méditation pour contacter et incarner son essence singulière, au-delà des masques sociaux.

Instructions

1. Installez-vous dans un lieu tranquille, assis ou allongé. Fermez les yeux et respirez profondément pour vous détendre et vous centrer. Imaginez une lumière dorée qui vous enveloppe.

2. Visualisez devant vous un miroir qui reflète fidèlement votre apparence physique, avec vos habits et accessoires du moment. Observez-vous sans jugement, avec une neutralité bienveillante.

3. Puis voyez votre reflet qui se modifie progressivement. Vos vêtements se transforment en costumes reflétant vos différents rôles sociaux : parent, enfant, ami(e), collègue, partenaire amoureux...

4. Prenez le temps de contempler ces différentes facettes de vous-même. Appréciez leur présence, leur utilité... tout en sentant qu'elles ne définissent pas la totalité de votre être.

5. Progressivement, visualisez tous les costumes qui se dissolvent pour révéler votre corps nu. Vous vous tenez face au miroir dans votre simple appareil, dépouillé de tout artifice.

6. Au-delà de la vulnérabilité, ressentez la puissance de vous présenter ainsi dans votre authenticité brute. Votre corps est le temple de votre présence, de votre sensibilité, de votre humanité...

7. Maintenant, imaginez qu'un fil d'or lumineux émerge de votre cœur et traverse le miroir pour se prolonger à l'infini derrière lui. Ce fil incarne le mystère de votre identité ultime.

8. Imaginez que vous saisissez le fil et commencez à le tirer vers vous, l'enroulant autour de votre main. À mesure que vous tirez, des qualités essentielles affluent en vous par vagues successives...

9. Accueillez ces vertus profondes qui vous constituent dans votre unicité. Votre sensibilité, votre créativité, votre joie, votre soif de sens, votre force tranquille... Votre essence se dévoile.

10. Lorsque le fil est enroulé, ressentez votre alignement intérieur, votre solidité. Vous êtes centré dans votre axe, ancré dans votre dignité naturelle. Votre identité profonde irradie.

11. Pour clore la visualisation, voyez le miroir se transformer en une fenêtre ouverte sur un paysage de beauté sereine, reflet de votre paysage intérieur. Demeurez un instant dans sa contemplation.

12. Réouvrez les yeux, étirez-vous. L'essentiel est invisible pour les yeux, disait Saint-Exupéry. Vous êtes ce fil d'or qui relie tous vos visages, dans une cohérence subtile et lumineuse...

Exercice 133 — Visualisation d'autoguérison d'une partie du corps

Description :

Un exercice de visualisation guidée pour stimuler les processus d'autoguérison du corps en envoyant de l'énergie lumineuse dans une zone à soigner.

Instructions

1. Installez-vous dans un endroit calme où vous ne serez pas dérangé. Asseyez-vous confortablement ou allongez-vous, le corps détendu, la colonne vertébrale droite.

2. Fermez les yeux et prenez quelques respirations profondes pour vous centrer. À chaque expiration, relâchez les tensions physiques et mentales...

3. Portez maintenant votre attention sur une partie de votre corps qui a besoin de soin, de régénération. Peut-être une articulation douloureuse, un organe fatigué...

4. Permettez à cette zone de se manifester dans votre conscience. Accueillez les sensations présentes, sans les juger : douleur, gêne, inconfort, engourdissement...

5. Imaginez qu'une lumière blanche et pure apparaît au-dessus de votre tête. Elle descend lentement à travers votre colonne vertébrale, comme une douche lumineuse...

6. Cette lumière est imprégnée d'une énergie de guérison infinie. Elle rayonne l'intelligence et l'amour inconditionnel de votre Soi supérieur. Ressentez sa présence...

7. Visualisez maintenant que cette lumière atteint la partie du corps à soigner. Elle l'enveloppe d'un cocon lumineux et bienfaisant, vibrant de conscience pure...

8. La lumière pénètre dans cette zone, s'insinue dans chaque cellule, chaque fibre, chaque espace intercellulaire. Elle dissout toutes les tensions et les toxines...

9. Sous l'action de cette lumière purificatrice, voyez les cellules se régénérer, les tissus se réparer, l'organe reprendre sa taille et sa forme optimale...

10. Ressentez le pouvoir de vie qui rayonne à nouveau dans cette partie de vous. Une énergie neuve, saine et revitalisante l'imprègne en profondeur...

11. Adressez un message d'amour et de gratitude à cette partie du corps. Honorez-la pour tout ce qu'elle vous permet de vivre et d'expérimenter au quotidien...

12. Imprégnez-vous encore quelques minutes de la lumière qui continue son œuvre d'harmonisation. Comme si votre Soi supérieur prenait soin de vous avec compassion...

13. Progressivement, ramenez votre attention à votre corps global. Sentez la lumière de guérison se diffuser dans chacune de vos cellules, vous régénérer de la tête aux pieds.

14. Quand vous vous sentez prêt, réancrez-vous dans l'ici et maintenant. Bougez lentement vos membres, étirez-vous, ouvrez les yeux. L'exercice est terminé.

15. Prenez un moment pour noter votre expérience : les sensations, les images, les prises de conscience. Quelles parties de vous ont répondu à la lumière ? Qu'avez-vous découvert ?

16. En pratiquant régulièrement cette visualisation, vous stimulez vos capacités d'autoguérison. Vous renforcez votre connexion à votre sagesse intérieure et à votre pouvoir créateur.

Exercice 134 — Cérémonie du pardon au fil des saisons

Description :

Un rituel à déployer sur une année pour apprivoiser le processus intérieur du pardon à travers les forces et enseignements des 4 saisons.

Instructions

1. Choisissez une situation relationnelle que vous souhaitez transformer par le pardon. Engagez-vous à cheminer avec elle tout au long d'un cycle annuel, en valorisant les synchronicités.

2. Au printemps, consacrez du temps à vous reconnecter à la relation telle qu'elle était à son origine. Replongez dans les souvenirs heureux, les élans du cœur, les promesses du renouveau... Le pardon s'amorce dans la gratitude.

3. Célébrez cette renaissance par un geste symbolique : plantez une graine, inaugurez un autel de la relation, portez une couleur claire... Ancrez votre intention de pardon dans la matière.

4. En été, laissez émerger au soleil brûlant de la conscience les mémoires douloureuses de la relation. Écrivez une lettre honnête sur vos souffrances, vos peurs, vos colères... puis brûlez-la dans un feu sacrificiel.

5. Dispersez les cendres dans une étendue d'eau en visualisant que vous rendez ces blessures à la Grande Vie pour transmutation. Ressentez la légèreté nouvelle qui s'installe en vous...

6. En automne, méditez sur l'impermanence et la relativité de toute relation. Comme les feuilles qui tombent, les formes extérieures passent mais l'essentiel demeure... Qu'est-ce qui en vous ne peut être altéré ?

7. Lors d'une marche méditative, ramassez des feuilles aux couleurs chatoyantes. De retour chez vous, créez un mandala éphémère et contemplez la beauté cachée dans le lâcher-prise...

8. En hiver, dans le silence enneigé de votre cœur, plongez dans la profondeur du pardon véritable. Au-delà de la répétition des mots, goûtez ce que pardonner veut dire : donner par-delà les apparences...

9. Pour incarner cet état, faites un geste concret de générosité envers la personne (cadeau, message, prière silencieuse). Le pardon est un don à l'autre mais surtout à soi-même, pour renaître à la Vie...

10. Au terme du cycle, lors de la première lune du printemps suivant, faites une cérémonie de clôture pour honorer le chemin parcouru. Votre cœur s'est expansé pour accueillir ce qui est, au-delà des blessures et des jugements.

11. Célébrez cette Paix retrouvée par une offrande à la nature, une danse, un chant spontané... Rayonnez votre gratitude pour la justesse du chemin de vie, quelles qu'en soient les étapes.

Exercice 135 — La métaphore narrative de guérison émotionnelle
Description :

Un exercice d'écriture autobiographique pour revisiter ses blessures sous un angle créatif et les intégrer dans un récit porteur de sens.

Instructions

1. Choisissez un épisode difficile de votre histoire de vie que vous avez besoin de digérer et transcender. Prévoyez un moment tranquille avec un beau cahier pour vous y plonger.

2. Reliez-vous à votre enfant intérieur blessé et accueillez ses émotions, ses pleurs, sa vulnérabilité. Faites de la place pour son expérience, sans l'occulter ni la dramatiser.

3. Puis installez-vous dans une respiration calme et imaginez que vous écrivez ce récit de blessure à la troisième personne, comme une fable intemporelle avec ses épreuves initiatiques...

4. Vous pouvez changer les noms, transposer les lieux et les époques, ajouter des détails imaginatifs à la trame de votre expérience. L'idée est

de prendre une distance poétique avec le récit factuel pour en tirer un enseignement symbolique.

5. Introduisez la notion de transmission : votre héros ou héroïne, après avoir traversé l'épreuve douloureuse, en ressort grandi(e) et riche d'une sagesse à partager avec le monde. Le sens profond de sa blessure se révèle...

6. Laissez votre créativité s'emparer de ce récit réparateur. Jouez avec les points de vue, inventez des métaphores, des dialogues... Insufflez de la lumière et de la beauté dans le terreau brut de votre vécu.

7. Au fil de l'écriture, ressentez votre rapport à cette blessure qui se métamorphose. Elle n'est plus un fardeau honteux mais une étape précieuse de votre voyage existentiel, la promesse d'un trésor...

8. Pour clore votre texte, imaginez un dénouement qui honore à la fois la souffrance traversée et le cadeau révélé. Un nouveau chapitre s'ouvre, porteur de sens et de connexions inattendues...

9. En relisant votre histoire métaphorique, célébrez le pouvoir alchimique de vos mots. Sans nier la douleur ni idéaliser l'épreuve, vous avez su en extraire la sève et en faire une œuvre inspirante.

10. Gardez précieusement ce récit et relisez-le périodiquement pour réactiver son message guérisseur en vous. Vous pouvez aussi le partager avec des proches de confiance, pour rendre hommage à votre résilience.

11. Au fil du temps, vous pourrez revisiter d'autres pans de votre histoire selon ce procédé, en les intégrant dans une trame plus vaste, tel un patchwork de sens et de beautés secrètes...

12. Vous réaliserez que votre vie est une histoire dont vous êtes l'écrivain(e). En transformant vos blessures en trésors narratifs, vous reprenez le pouvoir de la raconter autrement, de façonner son sens ultime.

13. Car la guérison est aussi un acte poétique, une réécriture courageuse de son destin à la lumière du cœur et de l'âme. En métamorphosant votre biographie, c'est le monde entier que vous réenchantez...

Exercice 136 — Vocalisation des sons thérapeutiques

Description :

Une technique d'auto-guérison par la production de sons vibratoires qui apaisent le mental, libèrent les tensions et harmonisent l'énergie.

Instructions

1. Tenez-vous debout, les pieds enracinés dans le sol, les genoux légèrement fléchis. La colonne vertébrale est étirée vers le ciel, les épaules détendues.

2. Portez votre attention sur votre respiration naturelle. Sentez le ventre qui se soulève à l'inspir et se relâche à l'expir. Respirez sans forcer pendant quelques cycles.

3. Commencez par le son "OM". Inspirez profondément par le nez, puis à l'expiration, entonnez un long "OM" bouche ouverte, en faisant vibrer le son.

4. Pendant que vous chantez le son, gardez votre attention sur les sensations vibratoires dans votre corps, en particulier au niveau de la poitrine et du visage.

5. À la fin de l'expiration, laissez le son s'éteindre naturellement. Puis reprenez une inspiration par le nez et enchaînez un nouveau "OM" à l'expiration suivante.

6. Continuez pendant 3 à 5 cycles. Explorez différentes tonalités, graves ou aigües. Laissez le son emplir l'espace et faire vibrer chaque cellule de votre corps.

7. Passez maintenant au son "AH". À l'expiration, émettez un "AH" soutenu, bouche grande ouverte, comme un soupir de soulagement qui vient du ventre.

8. Sentez la vibration du "AH" qui résonne dans votre gorge, votre poitrine, votre ventre. Visualisez les tensions qui fondent, les émotions qui se libèrent...

9. Répétez ce son 3 à 5 fois, à votre rythme, sans forcer l'expiration. Modulez la hauteur et l'intensité. Sentez la détente et l'apaisement s'installer en vous.

10. Enchaînez avec le son "OU". Entonnez ce son bouche arrondie, en le faisant vibrer puissamment dans la gorge et la poitrine. Il évoque l'empathie, la compassion...

11. Chantez ce son en continu pendant tout le temps de l'expiration. Sentez-le agir comme un baume dans votre cœur, apaisant les peines et les blessures émotionnelles.

12. Poursuivez avec 3 à 5 répétitions, en goûtant la résonance subtile de ce son dans vos espaces intérieurs. Ressentez-vous comme enveloppé d'une vibration de douceur.

13. Vous pouvez ajouter d'autres sons selon votre inspiration : le "É" pour la clarté, le "I" pour l'intuition, le "O" pour l'ouverture, le "M" pour la tranquillité...

14. Terminez la pratique par quelques respirations profondes dans le silence. Puis étirez-vous, bâillez, secouez le corps pour relâcher les tensions résiduelles.

15. Prenez un moment pour apprécier le nouvel état vibratoire de votre corps. Vous vous sentez plus centré, plus présent, plus accordé à votre être profond.

16. Ces sons sont des outils puissants d'auto-guérison que vous pouvez utiliser chaque fois que vous avez besoin de vous apaiser ou de vous ressourcer.

Visualisation & Imagination Créatrice

Visualisation & Imagination Créatrice

Exercice 137 — Cérémonie chamanique de la hutte de sudation

Description :

Une puissante pratique de purification physique, émotionnelle et spirituelle issue des traditions amérindiennes, pour renaître à soi-même.

Instructions

1. Préparez la loge de sudation selon le rituel consacré : une tente conique basse avec en son centre un trou pour les pierres chauffées au rouge. Disposez des branches de sapin et de sauge à l'intérieur.

2. Passez la journée précédente en jeûne et en prière pour vous préparer au rituel. Rassemblez les intentions que vous souhaitez lâcher (toxines, mémoires, schémas...) et celles que vous voulez faire advenir.

3. Avant d'entrer dans la loge, déposez au pied du feu central une offrande de tabac pour les esprits, en formulant votre demande de purification et d'éveil. Puis pénétrez dans l'obscurité chaude de la hutte.

4. La cérémonie se déroule en 4 portes (séquences), chacune dédiée à une direction et ouverte par des prières et des chants traditionnels. Vous pouvez partager des paroles inspirées à chaque nouvelle porte.

5. La chaleur intense générée par l'eau versée sur les pierres brûlantes vous plonge dans une transe purificatrice. Abandonnez-vous aux visions, aux montées émotionnelles, aux messages qui vous traversent...

6. Chaque porte vécue jusqu'au bout vous rapproche de votre essence, cet espace vierge et sacré en vous. Les toxines et mémoires s'évacuent par la sueur, les larmes, les cris... Vous renaissez à vous-même.

7. La dernière porte est celle de l'Esprit, de la dissolution complète du moi dans la Conscience illimitée. Goûtez le silence immense qui s'installe en vous, cette plénitude d'être au-delà des pensées...

8. À l'issue de la 4ème porte, quittez lentement la hutte, en rampant comme un nouveau-né. Laissez votre corps se rafraîchir à l'air libre, en savourant le sentiment de légèreté et de liberté qui vous habite.

9. Les jours suivants, accordez-vous du temps d'intégration au calme. Honorez cette renaissance en changeant une habitude, en concrétisant une intention ou en accomplissant un geste symbolique.

10. Renouvelez l'expérience de la hutte à chaque changement de saison, pour rester en phase avec les grands cycles de la Nature. Vous forgez ainsi la femme/homme-médecine que vous êtes appelé(e) à devenir.

Exercice 138 — Activation onirique d'un souvenir ressource
Description :

Une technique pour revisiter en rêve un souvenir positif et l'ancrer dans son psychisme comme une ressource intérieure pour traverser les défis.

Instructions

1. Avant d'aller dormir, installez-vous dans votre lit et fermez les yeux. Respirez profondément pour vous détendre et tourner votre attention vers votre monde intérieur.

2. Laissez remonter à votre mémoire un souvenir positif, un moment de joie, de paix ou de réussite. Une situation où vous vous êtes senti(e) confiant(e), aimé(e), aligné(e).

3. Revivez ce souvenir de l'intérieur, avec tous vos sens. Visualisez le lieu, les personnes, les détails sensoriels. Réentendez les paroles, les sons. Ressentez les émotions de cet instant.

4. Ancrez ce souvenir ressource dans votre corps, votre cœur. Imprégnez-vous de sa lumière, de son énergie bienfaisante. C'est un trésor qui vous appartient pour toujours.

5. Formulez maintenant l'intention claire et affirmée de revisiter cette scène en rêve cette nuit, pour l'approfondir et vous en nourrir. Répétez mentalement cette intention comme un mantra.

6. Endormez-vous paisiblement en conservant votre attention légère sur cette intention. Gardez la sensation positive de ce souvenir comme une présence chaleureuse qui vous enveloppe.

7. Cette nuit ou une autre, vous allez revivre l'expérience de ce souvenir positif en rêve. Vous reconnaissez la scène, mais elle a une intensité nouvelle, plus grande que dans la réalité.

8. En rêve, prenez le temps de savourer chaque détail, chaque perception. Ressentez l'émotion positive décuplée, l'apprentissage ou la révélation que contient cet instant.

9. En plein rêve, affirmez à voix haute : "J'accueille la puissance positive de ce souvenir. Je l'ancre en moi comme une ressource inépuisable." Répétez cette affirmation avec conviction.

10. Imaginez que l'énergie lumineuse de ce souvenir rayonne dans tout votre corps et imprègne chaque cellule. Vous devenez ce souvenir, vous vous accordez à sa fréquence d'amour et de paix.

11. Lorsque vous sentez que vous avez pleinement intégré l'essence de ce souvenir, laissez la scène se dissoudre naturellement. Vous vous réveillez le matin revigoré(e) et inspiré(e).

12. Au réveil, prenez quelques instants pour vous remémorer votre rêve et l'écrire dans un carnet. Ressentez la présence vivante de cette ressource positive en vous, à votre disposition.

13. Répétez cette technique régulièrement avec différents souvenirs positifs. Constituez-vous ainsi un réservoir de ressources oniriques dans lequel puiser en cas de besoin.

14. Lorsque vous traversez une épreuve, une situation difficile, invoquez un de ces souvenirs ressources. Connectez-vous à son énergie bienfaisante, laissez-la vous nourrir et vous éclairer.

15. Cette pratique vous aide à capitaliser vos expériences positives et à les mobiliser comme des forces intérieures. Vous devenez résilient(e) et créatif (ve) face aux défis de la vie.

Exercice 139 — Visualisation d'expansion et de contraction de l'aura
Description :

Un exercice pour ressentir et harmoniser son champ énergétique subtil.

Instructions

1. Asseyez-vous en posture de méditation. Fermez les yeux, ancrez-vous dans votre respiration. Visualisez une sphère lumineuse dorée qui entoure votre corps physique.

2. En inspirant, imaginez que cette sphère s'étend progressivement autour de vous, jusqu'à atteindre 50 cm de diamètre. Votre champ vibratoire rayonne, se déploie...

3. En expirant, visualisez la sphère qui se rétracte lentement pour épouser parfaitement les contours de votre silhouette. Votre champ vibratoire se recentre, se densifie...

4. Continuez ce mouvement d'expansion à l'inspiration et de contraction à l'expiration, en visualisant la sphère lumineuse qui pulse au rythme de votre souffle.

5. Si vous repérez des zones plus sombres ou irrégulières dans la sphère, concentrez la lumière dorée à cet endroit. Équilibrez et harmonisez votre champ énergétique.

6. Au fil des respirations, ressentez votre aura qui gagne en force, en cohérence, en clarté. Elle devient une bulle de protection fluide, vibrante, lumineuse.

7. Poursuivez la respiration consciente encore quelques minutes, en savourant cet état vibratoire subtil. Vous êtes dans un cocon de douceur et de sérénité.

8. Pour finir, visualisez la sphère qui retrouve une taille de 50 cm tout autour de vous. C'est la dimension idéale pour des échanges harmonieux avec votre environnement.

9. Réouvrez les yeux, étirez-vous. Votre aura est revitalisée, purifiée. Ressentez la délicatesse de vos contours énergétiques, votre sensibilité accrue aux vibrations...

Exercice 140 — Visualisation des perles de lumières

Description : Un exercice pour rééquilibrer son corps énergétique, activer ses ressources d'auto-guérison et rayonner la lumière de son être véritable.

Instructions

1. Installez-vous dans un endroit calme, et placez-vous dans une position confortable, assis ou allongé. Fermez doucement les yeux et prenez quelques respirations profondes.

2. Commencez par visualiser un fil de lumière dorée qui sort de votre cœur et monte jusqu'à l'infini au-dessus de votre tête, vous reconnectant à votre guidance supérieure. Ressentez la délicatesse et la force de ce fil.

3. Maintenant, imaginez qu'une magnifique perle de lumière dorée descend le long de ce fil, depuis le ciel étoilé jusqu'à votre couronne. Elle est chargée d'une énergie pure et aimante.

4. La perle de lumière pénètre dans votre corps par le sommet de votre tête, illuminant votre cerveau, équilibrant votre glande pinéale. Ressentez son énergie bienfaisante qui apaise votre mental.

5. Progressivement, la perle de lumière descend dans votre gorge, libérant votre expression, votre créativité, votre communication. Visualisez votre chakra de la gorge qui s'ouvre et rayonne d'une belle couleur bleue.

6. La perle poursuit sa route vers votre cœur, le nimbant d'une lumière rose-dorée intense. Ressentez votre cœur qui s'ouvre, s'épanouit, se remplit d'amour et de gratitude. Toute votre poitrine s'allège et se dilate.

7. La perle descend maintenant vers votre plexus solaire, déployant une lumière jaune solaire, éclatante. Ressentez votre force, votre confiance, votre pouvoir personnel qui s'affirment. Votre volonté s'aligne avec votre cœur.

8. Puis la perle rejoint votre bas-ventre, votre chakra sacré, l'illuminant d'une lumière orangée vibrante. Visualisez ce centre créatif qui s'éveille, libérant votre passion, votre sensualité, votre joie de vivre.

9. Enfin, la perle de lumière atteint votre chakra racine, à la base de votre colonne vertébrale, déployant une lumière rouge vif, profonde. Ressentez vos racines qui s'enfoncent dans la terre, vous stabilisent, vous ancrent puissamment.

10. Prenez un instant pour ressentir votre corps tout entier baigné dans cette lumière dorée, chaque chakra vibrant à sa fréquence optimale. Vous êtes pure énergie, pur rayonnement.

11. Maintenant, imaginez que d'autres perles de lumière descendent du ciel, en une pluie scintillante, pénétrant votre aura, votre peau, chacune de vos cellules. Vous êtes littéralement nimbé de lumière.

12. Ces perles lumineuses dissolvent toutes les ombres, toutes les densités dans votre corps et dans votre esprit. Elles vous lavent, vous purifient, vous régénèrent profondément. Abandonnez-vous à leur pouvoir bénéfique.

13. Dans cet état d'ouverture et de réceptivité, formulez une prière ou une intention pour votre bien-être physique, émotionnel, mental et spirituel. Laissez les mots jaillir spontanément, portés par la lumière.

14. Savourez cet état de grâce pendant quelques instants, en visualisant votre être comme un cristal pur, translucide, vibrant d'amour et de clarté. Vous rayonnez cette lumière autour de vous, bénissant le monde.

15. Lorsque vous sentez la plénitude du processus, commencez à ramener doucement votre attention dans votre corps physique, en bougeant délicatement vos doigts et vos orteils, en reprenant conscience de votre respiration.

16. Avant d'ouvrir les yeux, faites le vœu d'incarner cette lumière dans votre quotidien, d'irradier par votre simple présence. Vous êtes une perle scintillante dans le grand collier de l'Univers.

17. Puis ouvrez doucement les yeux, en douceur, en vous étirant délicatement si besoin. Prenez un temps pour intégrer les bienfaits de cette visualisation, en restant à l'écoute de vos sensations, de vos élans.

18. Vous pouvez pratiquer cette visualisation régulièrement, pour entretenir votre corps de lumière, équilibrer vos chakras et déployer votre rayonnement unique au monde. Laissez la magie opérer.

Exercice 141 — Visualisation d'un bouclier de protection psychique
Description :

Une technique pour renforcer ses défenses psycho-énergétiques grâce au pouvoir de l'imagerie mentale.

Instructions

1. Asseyez-vous confortablement, le dos droit. Fermez les yeux et ancrez-vous dans votre respiration. Visualisez autour de vous un halo de lumière blanche, pure et vibrante.

2. Imaginez que cette lumière s'intensifie jusqu'à former un véritable cocon protecteur tout autour de votre corps. Ressentez la force de ce bouclier, son électromagnétisme puissant.

3. Visualisez la membrane de lumière qui devient lisse, résistante comme une armure. Rien ne peut la traverser sans votre accord. Votre bouclier filtre les influences extérieures.

4. Mentalement, passez en revue les situations et les personnes toxiques de votre vie. Imaginez que votre bouclier vous enveloppe totalement face à elles, infranchissable.

5. Si vous ressentez encore des vulnérabilités, visualisez la lumière qui répare la brèche, qui colmate la faille. Votre bouclier est une protection souple et intelligente.

6. Maintenant, imaginez que votre bouclier devient perméable à toutes les énergies positives : amour, joie, bienveillance... Elles passent à travers lui et vous nourrissent.

7. Ressentez comme vous pouvez désormais interagir avec le monde extérieur tout en préservant votre intégrité. Votre bouclier agit comme un filtre sensitif et sélectif.

8. Vous pouvez ajuster l'intensité lumineuse de votre bouclier selon les circonstances. En cas de grande vulnérabilité, visualisez-le épais et hermétique, le temps de vous resourcer.

9. Vous pouvez aussi lui donner une teinte particulière associée à une qualité : bleu apaisant, rose aimant, doré régénérant... Votre bouclier devient le reflet de votre force intérieure.

10. Pendant quelques minutes, respirez calmement en imprégnant chacune de vos cellules de la vibration protectrice de votre bouclier. Ancrez son image vivace en vous.

11. Pour finir, formulez mentalement votre gratitude pour cette lumière intelligente qui veille sur votre équilibre. Sachez que vous pouvez l'évoquer en toute circonstance.

12. Réouvrez les yeux, étirez-vous. Même invisible, votre bouclier continue d'agir. Il s'ajuste naturellement à votre état intérieur, sans rien bloquer de votre rayonnement vers l'extérieur.

Exercice 142 — Visualisation d'harmonisation des polarités intérieures
Description :

Un exercice de réconciliation des facettes masculine et féminine en soi par l'imagerie mentale.

Instructions

1. Allongez-vous confortablement, paumes de mains tournées vers le ciel. Fermez les yeux et suivez le rythme apaisant de votre respiration pendant quelques instants.

2. Visualisez désormais deux sphères au-dessus de vous, à 30 cm de distance. L'une, à droite, représente votre part masculine. L'autre, à gauche, incarne votre part féminine.

3. Observez la sphère de droite, sa taille, sa couleur, sa densité. Connectez-vous aux qualités yang de votre être : action, affirmation, clarté, précision, courage, mental...

4. Ressentez la vitalité qui émane de cette sphère. La puissance créatrice, la capacité à trancher et à construire. Honorez cette énergie masculine, malgré ses excès possibles.

5. Dirigez votre attention sur la sphère de gauche. Accueillez l'énergie yin qui la constitue. Douceur, réceptivité, fluidité, intuition, sensibilité, imaginaire, sensualité...

6. Ressentez la force tranquille de cette sphère. La profondeur de l'accueil, la sagesse du lâcher-prise. Célébrez cette énergie féminine, malgré ses potentielles dérives.

7. Contemplez les deux sphères dans leur complémentarité. Appréciez leurs différences et leurs points communs. Les deux font partie de vous, dans un équilibre unique.

8. Maintenant, imaginez un pont de lumière qui relie les deux sphères. L'énergie circule de l'une à l'autre librement, dans un mouvement d'intégration et d'enrichissement mutuel.

9. Ressentez comme la réconciliation de ces deux pôles en vous génère un sentiment d'harmonie et de plénitude. L'androgynie psychique est source d'unité et de création...

10. Pendant quelques minutes, continuez à visualiser l'échange fluide entre vos polarités yin et yang, masculine et féminine. Votre être s'unifie et vous vous sentez vibrant(e) de complétude.

11. Pour finir, imaginez les deux sphères qui fusionnent en un seul et même orbe doré au centre de votre poitrine. L'union des opposés culmine dans votre cœur, foyer de l'amour inconditionnel.

12. Réouvrez lentement les yeux, en étirant vos membres avec délice. La réconciliation de vos polarités intérieures est une clé vers la réalisation de votre plein potentiel. À chacun(e) son alchimie .

Exercice 143 — Invocation visuelle des forces de la nature

Description :

Un exercice de visualisation pour canaliser en soi les énergies des 4 éléments.

Instructions

1. Asseyez-vous en tailleur ou en position du lotus, dans un endroit calme. Fermez les yeux et ancrez-vous dans le rythme apaisant de votre respiration pendant quelques instants.

2. Visualisez désormais un magnifique paysage naturel devant vous. Un décor sauvage et harmonieux, où la Terre, l'Eau, l'Air et le Feu se côtoient en une symphonie parfaite...

3. Concentrez-vous d'abord sur l'élément Terre, incarné par le sol et les arbres. Ressentez la solidité, la stabilité, l'ancrage que la Terre vous procure. Visualisez ses énergies qui montent par vos pieds et vos jambes, vous enracinant profondément...

4. Puis portez votre attention sur l'élément Eau, symbolisé par la rivière ou le lac. Captez sa fluidité, sa capacité d'adaptation, son pouvoir de régénération. Imaginez ses énergies qui imprègnent votre bassin et votre ventre, siège de votre force vitale...

5. Dirigez ensuite votre conscience vers l'élément Air, présent dans le vent et l'atmosphère. Ressentez sa légèreté, sa liberté, son dynamisme. Visualisez ses énergies qui emplissent vos poumons et votre cœur, vous insufflant clarté et inspiration...

6. Enfin, focalisez-vous sur l'élément Feu, incarné par le soleil ou un feu de camp. Captez sa chaleur, sa passion, son intensité. Imaginez ses énergies qui irradient votre plexus solaire et votre tête, attisant votre force créatrice et votre intuition...

7. Pendant quelques respirations, savourez la présence des 4 éléments en vous, vous nourrissant de leurs qualités complémentaires. Vous êtes le réceptacle vivant de leurs énergies primordiales.

8. Puis visualisez les énergies des 4 éléments qui convergent dans votre cœur, fusionnant en une boule vibrante. Votre cœur devient le creuset alchimique où terre, eau, air et feu s'unissent en une quintessence lumineuse.

9. Imprégnez-vous de cette énergie unifiée qui rayonne désormais dans tout votre être. Vous vous sentez profondément relié(e) aux forces de la nature, intégré(e) harmonieusement dans le grand orchestre du vivant.

10. Achevez la visualisation par une grande inspiration, en absorbant la lumière élémentale au plus profond de vous. Puis expirez lentement, en diffusant cette énergie vitale dans chacune de vos cellules.

11. Réouvrez doucement les yeux, l'esprit clair et le corps régénéré. Les 4 éléments sont vos alliés permanents, prêts à vous prêter leur force et leur sagesse dès que vous les invoquez.

12. Au fil de la journée, vous pouvez raviver leur présence par le souvenir de cet exercice, ou en contemplant leurs manifestations autour de vous. Vous êtes l'enfant bien-aimé de la Nature, porteur de son essence créatrice.

Exercice 144 — Imagerie mentale à partir d'un support visuel inspirant
Description :

Un exercice pour laisser une image éveiller un scénario intérieur et stimuler la créativité.

Instructions

1. Choisissez une image qui vous interpelle dans un livre, un magazine ou sur Internet. Elle peut être figurative ou abstraite, l'essentiel est qu'elle titille votre imaginaire.

2. Installez-vous dans un endroit calme, l'image à portée de regard. Observez-la quelques instants, sans chercher à l'interpréter. Laissez-vous imprégner par ses couleurs, ses formes...

3. Fermez les yeux et visualisez l'image projetée sur l'écran intérieur de vos paupières closes. Parcourez-la mentalement, en vous attardant sur les détails qui attirent votre attention.

4. Puis laissez émerger un récit spontané à partir de l'image. Vous pouvez vous projeter à l'intérieur de la scène, imaginer un dialogue avec un personnage, prolonger la perspective...

5. Fiez-vous aux associations d'idées, même incongrues. Votre imagination est libre d'emprunter les chemins de traverse, de bousculer la logique apparente de l'image initiale.

6. Explorez les sensations et les émotions que ce scénario impromptu suscite en vous. Laissez-vous traverser par d'autres images, d'autres ambiances, au fil de votre rêverie.

7. Ne cherchez pas à tout rationaliser. Goûtez cet état de fluidité créatrice où les mondes intérieurs et extérieurs se répondent, où les symboles prennent vie de manière inattendue...

8. Lorsque vous sentez que le scénario s'épuise naturellement, rouvrez doucement les yeux. Prenez quelques instants pour noter les idées et les insights jaillis de votre exploration.

9. Cet exercice est une merveilleuse pratique pour assouplir votre mental et lui rappeler son inépuisable créativité. Toute image peut devenir le déclic d'un voyage intérieur original.

Exercice 145 — La Gestalt-thérapie des rêves récurrents

Description :

Une méthode pour explorer et intégrer les messages de nos rêves répétitifs.

Instructions

1. Commencez par noter le rêve récurrent qui vous habite, avec un maximum de détails sur le décor, l'action, les personnages, l'atmosphère... Précisez les émotions et sensations qui vous traversent au fil du rêve.

2. Identifiez le moment du rêve qui porte la plus forte charge émotionnelle, le pic d'intensité du scénario onirique. C'est souvent dans cet instant crucial que se concentre le message essentiel du rêve.

3. Visualisez-vous dans cette scène clé, en train de revivre le rêve les yeux fermés. Imprégnez-vous de nouveau des images, des dialogues, des ressentis... Permettez-leur d'émerger librement, sans censure.

4. Puis choisissez intuitivement un élément du rêve (objet, personnage, partie de vous, symbole...) et laissez-le prendre la parole, exprimer son point de vue sur la situation, dans un monologue intérieur spontané.

5. Changez ensuite de position - physiquement si vous le pouvez - et répondez à ce monologue en adoptant le point de vue d'un autre élément du rêve. Engagez un dialogue, en passant d'une perspective à l'autre.

6. Au fil de cet échange, de nouvelles compréhensions émergent, les motivations profondes se dévoilent, des possibilités inédites de résolution apparaissent... Votre rêve devient un espace vivant d'exploration .

7. Poursuivez l'exercice jusqu'à ressentir un déclic intérieur, l'impression que quelque chose s'est débloqué dans votre appréhension du rêve et de son message. Une partie de vous s'est exprimée et écoutée...

8. Terminez par une prise de parole depuis votre position de rêveur (se) : que répondez-vous aux diverses parties qui se sont exprimées ? Quelle action concrète pouvez-vous mettre en place pour intégrer ce message ?

9. Dans les jours qui suivent, observez l'impact de cet exercice sur votre vie et vos rêves. Souvent, le simple fait de mettre en lumière et dialoguer avec une partie inconsciente suffit à transmuter le scénario onirique.

10. Plus vous pratiquerez ce processus sur vos rêves marquants, plus vous développerez un langage intuitif avec votre inconscient. Vos nuits redeviendront un espace inspirant de rencontre avec vous-même.

Exercice 146 — Imagerie mentale d'un paysage de sérénité
Description :

Un exercice d'imagerie mentale pour s'apaiser et se ressourcer en se projetant dans un paysage intérieur de beauté, de sérénité et d'harmonie.

Instructions

1. Installez-vous dans un endroit calme, assis ou allongé dans une position confortable. Fermez les yeux, prenez quelques respirations profondes pour vous détendre.

2. Imaginez que vous vous tenez sur le seuil d'un paysage de sérénité, un lieu où vous vous sentez profondément apaisé, en sécurité, relié à l'essentiel...

3. Laissez les images vous venir spontanément : une plage au sable doré baignée par une mer turquoise, une clairière fleurie traversée par un ruisseau, un lac de montagne entouré de pins...

4. Encouragez tous vos sens à participer à l'expérience. Observez les nuances de couleurs, de lumières. Écoutez les sons paisibles de la nature. Humez les parfums vivifiants...

5. Imprégnez-vous de l'atmosphère unique de ce paysage. Respirez son calme, sa beauté, son harmonie. Votre rythme intérieur s'accorde à sa profonde sérénité...

6. Commencez à explorer cet espace de quiétude. Marchez lentement dans l'herbe tendre, le sable tiède, laissez l'eau fraîche vous caresser les pieds...

7. Chaque pas vous ancre davantage dans cet univers de paix et de ressourcement. Vous vous sentez en communion profonde avec chaque élément du paysage...

8. Si vous rencontrez des éléments perturbateurs (nuages sombres, bruits parasites...), accueillez-les comme des messagers. Que viennent-ils vous révéler sur vos inquiétudes cachées ?

9. Observez comme ils se dissolvent d'eux-mêmes sous l'action de votre conscience bienveillante. Votre paysage intérieur s'éclaircit, s'unifie, retrouve sa pureté originelle...

10. Imprégnez-vous longuement de cette qualité vibratoire de sérénité et de régénération qui baigne chaque parcelle de votre être. Désaltérez-vous à sa source vive...

11. Vous pouvez choisir un élément naturel (pierre, plume, coquillage...) comme symbole de cet état. En le rapportant avec vous, il vous servira d'ancrage au quotidien.

12. Avant de refermer la visualisation, remerciez ce paysage pour ses bienfaits. Sachez que vous pourrez y revenir chaque fois que vous aurez besoin de vous apaiser et de vous ressourcer.

13. Progressivement, réintégrez la conscience de votre corps physique. Étirez-vous, ouvrez les yeux, en douceur. Imprégnez-vous encore quelques instants du calme intérieur généré...

14. Cet exercice pratiqué régulièrement vous permet de développer un espace de sérénité en vous. En vous y replongeant le plus souvent possible, il s'ancre comme un réflexe positif.

15. Progressivement, vous devenez capable de convoquer cet état de quiétude et de beauté intérieure au cœur même de l'action et des turbulences. Votre paysage secret irradie en vous.

Exercice 147 — Visualisation créatrice d'un projet ou d'un souhait

Description :

Une technique pour stimuler la réalisation d'un objectif en l'imprimant dans son esprit.

Instructions

1. Choisissez un projet ou un souhait qui vous tient à cœur. Formulez-le de façon claire et affirmative. Identifiez les étapes clés de sa réalisation.

2. Installez-vous dans un lieu tranquille, fermez les yeux. Visualisez-vous dans un espace lumineux, debout face à un grand écran de cinéma. Vous tenez une télécommande.

3. Sur cet écran, projetez un film où vous vous voyez en train de réaliser votre objectif. Avec votre télécommande, vous pouvez ralentir, accélérer, faire des gros plans...

4. Imprégnez-vous des images, des sensations, des émotions associées. Votre visualisation mobilise tous vos sens. Elle doit être vivante, incarnée, comme une expérience vécue.

5. Intégrez dans le film des étapes de réussite, des synchronicités, des rencontres inspirantes. Tout semble facile et joyeux, vous êtes aligné(e) et confiant(e).

6. Ressentez l'état de satisfaction et de gratitude lorsque votre objectif est atteint. Célébrez intérieurement cette victoire. Imprimez cet état de réussite dans tout votre être.

7. Lorsque le film est terminé, éteignez l'écran. Remerciez votre imagination créatrice. Sachez qu'elle œuvre désormais en coulisse pour matérialiser cette vision .

8. Réouvrez les yeux, noter les idées inspirantes reçues pendant la visualisation. Votre inconscient est votre meilleur allié pour transformer vos rêves en réalité.

Exercice 148 — Visualisation des Lettres de Feu
Description :

Un exercice de visualisation créative utilisant l'écriture enflammée pour reprogrammer son esprit de façon puissante.

Instructions

1. Choisissez une phrase courte ou un mot qui incarne une qualité ou un état d'être que vous voulez cultiver (exemple : "Sérénité" ou "Je rayonne de joie").

2. Installez-vous dans un espace calme, assis ou allongé dans une position confortable. Prenez quelques respirations profondes pour vous centrer.

3. Fermez vos yeux et visualisez un vaste espace sombre devant vous, comme un grand tableau noir cosmique. Ressentez la présence de cet infini...

4. Imaginez un point de lumière blanche apparaître au centre de cet espace, comme une lueur d'abord timide qui se met à grandir et s'intensifier...

5. La lumière devient plus vive, plus chaude, jusqu'à prendre la forme d'une petite flamme vacillante. Visualisez-la danser devant vos yeux...

6. La flamme se met à tracer des lettres de feu dans l'espace sombre, comme une écriture ardente qui se dessine et crépite...

7. Regardez, fasciné, votre mot ou votre phrase s'inscrire en traits flamboyants dans le vide obscur. Les lettres rougeoyantes palpitent d'énergie...

8. Imprégnez-vous de chaque détail de cette vision : la brillance des lettres, la chaleur des flammes, les volutes de fumée lumineuse... Soyez totalement absorbé par elle.

9. Ressentez que ces mots de feu agissent comme une puissante suggestion dans votre inconscient. Ils s'impriment en vous, vous transforment de l'intérieur...

10. Laissez votre corps vibrer à l'unisson de cette affirmation flamboyante. Votre esprit s'en nourrit, votre être entier en rayonne...

11. Quand vous vous sentez prêt, ouvrez lentement les yeux. Bougez doucement votre corps. Sentez votre espace intérieur comme purifié par ce feu sacré.

12. Répétez cet exercice chaque fois que vous voulez ancrer en vous une nouvelle qualité d'être. Les mots de flammes agiront leur alchimie profonde en vous...

Exercice 149 — Visualisation du Bouclier de Roses
Description :

Un exercice de visualisation pour créer autour de soi un champ protecteur vibrant de beauté et de grâce.

Instructions

1. Tenez-vous debout, les pieds bien ancrés au sol, le corps détendu. Fermez les yeux et respirez profondément par le ventre.

2. Imaginez qu'à chaque inspiration, une douce brume rosée envahit tout votre corps. Elle se répand de la plante de vos pieds jusqu'au sommet de votre tête.

3. Visualisez cette brume lumineuse qui s'accumule autour de vous, formant peu à peu un halo vaporeux qui épouse votre silhouette...

4. La brume rosée se fait de plus en plus dense, vibrante d'énergie bienveillante. Elle forme maintenant un véritable cocon protecteur autour de vous.

5. Sur le pourtour de ce halo, visualisez des bourgeons de roses qui éclosent délicatement, un à un. Des roses blanches, roses, rouges se déploient...

6. Admirez la manière dont ces roses lumineuses constellent votre bouclier, telles des sentinelles florales. Leur beauté vous émerveille, leur parfum vous apaise.

7. Ressentez la douceur et la force qui émanent de ce cercle de roses. Elles veillent sur vous, filtrent les énergies extérieures, vous enveloppent de grâce...

8. Dans cet écrin de pureté et de régénérescence, vous vous sentez profondément en sécurité, centré dans votre être essentiel. Votre aura rayonne...

9. Goûtez la délicatesse vibrante de ce cocon. Laissez-le infuser tout votre corps de son nectar subtil. Baignez dans sa luminescence rosée.

10. Vous pouvez désormais traverser votre journée avec cette protection bienveillante, cette présence florale qui éloigne de vous les toxicités...

11. Quand vous vous sentez prêt, rouvrez doucement les yeux. Votre bouclier de roses demeure autour de vous, invisible mais bien présent.

12. Tout au long du jour, ravivez de temps à autre cette sensation enveloppante, pour réactiver votre cercle de protection et de régénérescence...

Exercice 150 — Rencontre onirique avec un guide intérieur

Description :

Un exercice de visualisation au seuil du sommeil pour recevoir les messages d'un mentor intérieur.

Instructions

1. Au coucher, installez-vous dans votre lit en position allongée. Fermez les yeux et détendez-vous en respirant profondément. Laissez la fatigue du jour vous gagner.

2. Imaginez que vous marchez dans un beau paysage, à la lisière entre le jour et la nuit. Le crépuscule nimbe l'atmosphère d'une lumière irréelle, propice aux visions...

3. Sur votre chemin se dresse un majestueux portail de bois flotté entouré de roses. Vous comprenez qu'il marque l'entrée vers le monde des rêves, de l'inconscient...

4. Visualisez-vous poussant doucement le portail, pénétrant dans un jardin extraordinaire. Les couleurs sont chatoyantes, une douce brise caresse votre visage.

5. Au cœur du jardin, un kiosque au dôme de verre vous invite à vous asseoir. Vous vous installez confortablement, dans un état de réceptivité et d'attente tranquille.

6. Quelques instants plus tard, une silhouette émerge des bosquets et se dirige vers vous. Vous reconnaissez votre guide intérieur, cette part de sagesse bienveillante en vous.

7. Votre mentor prend place à vos côtés. Dans un langage subtil - mots, images, sensations - il partage ses enseignements, ses encouragements, en réponse à vos questionnements.

8. Vous l'écoutez avec tous vos sens, imprimant ses messages dans votre cœur. À son contact, des compréhensions nouvelles éclosent, des nœuds se dénouent en vous...

9. Lorsque l'entrevue touche à sa fin, remerciez chaleureusement votre guide. L'un après l'autre, vous quittez le kiosque et la silhouette s'évanouit doucement dans la végétation...

10. Repassez le portail dans l'autre sens et revenez dans le paysage crépusculaire. Progressivement, laissez les images s'estomper et le sommeil vous emporter vers d'autres rêves...

11. Au réveil, prenez quelques instants pour noter les messages reçus durant la visualisation. Votre guide intérieur est la voix de l'âme qui veille sur votre croissance.

Exercice 151 — Le Festin Sensoriel Imaginaire
Description :

Un exercice de visualisation gourmande pour explorer son univers sensoriel et savourer les délices de son imagination créatrice.

Instructions

1. Choisissez un mets délicieux que vous aimeriez déguster. Ça peut être un plat préféré, une friandise d'enfance, une saveur exotique... L'essentiel est qu'il stimule vos papilles.

2. Fermez les yeux et imaginez ce mets posé devant vous. Observez sa forme, sa couleur, sa texture... Soyez attentif aux plus petits détails visuels (reflets, imperfections...).

3. Penchez-vous pour humer son parfum... Essayez de distinguer les différentes notes olfactives (épicé, sucré, fumé...). Sentez l'eau vous monter à la bouche au fur et à mesure...

4. Approchez votre oreille... Captez les sons subtils qui émanent de cet aliment (croustillant, crépitement, bouillonnement...). C'est comme une petite musique qui prélude la dégustation.

5. Effleurez du bout des doigts votre mets... Ressentez sa température (chaud, froid, tiède), sa consistance (moelleux, ferme, liquide...). Votre peau s'éveille au contact de ces textures...

6. Enfin, portez délicatement l'aliment à votre bouche... Laissez-le fondre sur votre langue, imprégnez chaque papille de sa saveur unique... Notez l'évolution des arômes tout au long de la dégustation...

7. Suivez en conscience le trajet de la nourriture dans votre corps, comme un fluide de plaisir et de vitalité... Visualisez chaque cellule qui se régale de ce festin sensoriel...

8. Après avoir savouré jusqu'à la dernière miette, prenez une grande inspiration et expirez dans un soupir de contentement. Ressentez la plénitude, le bonheur simple d'être connecté à vos sens...

9. Répétez l'expérience avec une boisson délicieuse (cocktail, nectar, thé parfumé...) puis avec un objet agréable à manipuler (galet poli, étoffe soyeuse, pétale de fleur...). L'exploration sensorielle est infinie .

10. En ouvrant les yeux, gardez cette présence éveillée à vos perceptions... Vous pouvez recréer cette qualité de contact sensoriel avec les objets de votre quotidien. Chaque repas, chaque geste peut devenir une expérience sensuelle.

Exercice 152 — Le Voyage Chamanique
Description :

Une visualisation guidée inspirée de la tradition chamanique pour consulter ses guides intérieurs et recevoir leurs enseignements.

Instructions

1. Installez-vous dans un endroit calme, assis ou allongé confortablement. Prévoyez au moins 30 minutes de tranquillité devant vous.

2. Fermez les yeux et détendez-vous en respirant profondément. Visualisez chaque expiration qui dissout vos tensions, chaque inspiration qui vous remplit de calme et de présence.

3. Visualisez maintenant un paysage naturel apaisant (forêt, montagne, océan...). Observez les couleurs, les textures, les odeurs... Imprégnez-vous de la sérénité qui émane de ce lieu.

4. Dans ce paysage, repérez une ouverture (terrier, grotte, tronc creux...). Vous sentez qu'elle est une porte vers le monde invisible, une invitation à l'explorer.

5. Avancez jusqu'à l'ouverture et glissez-vous dedans. Vous débouchez dans un tunnel qui s'enfonce dans la terre. Suivez-le tranquillement, avec la confiance que tout est juste et à votre rythme.

6. Au bout du tunnel, vous découvrez un espace lumineux, vibrant d'une douce énergie. Vous sentez la présence bienveillante de vos guides intérieurs. Peut-être distinguez-vous certaines silhouettes (animaux, ancêtres, archétypes...).

7. Saluez vos guides et exposez-leur, en pensée ou à voix haute, la situation ou question qui vous habite. Confiez-leur vos doutes, vos aspirations... Ils accueillent tout avec une bienveillance inconditionnelle.

8. Dans le silence de votre esprit, écoutez maintenant les réponses de vos guides. Soyez attentif aux mots, aux images, aux sensations qui émergent... Ne vous inquiétez pas s'ils vous paraissent mystérieux ou décalés. Le langage du monde invisible est symbolique .

9. Quand les messages s'estompent, remerciez du fond du cœur vos guides. Ressentez votre lien indéfectible avec ces présences aimantes, au-delà du temps et de l'espace.

10. Reprenez tranquillement le tunnel en sens inverse, jusqu'à émerger dans votre paysage ressource. Respirez à pleins poumons, étirez-vous, réveillez votre corps en douceur.

11. Lorsque vous vous sentez prêt, ouvrez les yeux. Prenez quelques instants pour intégrer cette expérience avant de reprendre vos activités. Notez dans votre journal ce dont vous vous souvenez.

12. Dans les jours qui suivent, restez attentif aux synchronicités, aux rêves, aux intuitions qui viendront éclairer les messages reçus. Vos guides continueront de vous accompagner depuis le monde invisible.

Exercice 153 — Cérémonie d'offrandes à la Pachamama

Description: Un rituel andin en l'honneur de la Terre-Mère, pour cultiver le lien sacré à la nature et la gratitude pour ses bienfaits.

Instructions

1. Choisissez un lieu naturel que vous aimez, un coin de forêt, une rivière, ou simplement votre jardin. L'important est de vous sentir connecté aux éléments.

2. Portez des vêtements confortables en matières naturelles.

3. Rassemblez vos offrandes : graines, fleurs, fruits, tabac, bâtons d'encens, cailloux, plumes... Des éléments naturels glanés avec respect.

4. Vous pouvez aussi confectionner un petit autel avec un joli tissu.

5. Asseyez-vous sur le sol et fermez les yeux. Prenez quelques grandes respirations et sentez votre corps qui s'enracine dans la terre. Reliez-vous à l'immense matrice vivante qu'est la Pachamama, source de toute vie.

6. Formez un cercle de protection autour de vous, en traçant une spirale dans le sens des aiguilles d'une montre avec votre main droite. Appelez les 4 directions pour veiller sur votre rituel.

7. Ouvrez les yeux et allumez un bâton d'encens ou de sauge blanche. Puis laissez monter du cœur des paroles spontanées d'hommage et de gratitude à la Terre-Mère, pour tous les dons qu'elle vous fait.

8. Commencez à disposer vos offrandes sur le sol ou sur l'autel, en conscience. Pour chacune, partagez une prière, un souhait, un merci... Créez un véritable mandala, reflet de votre monde intérieur.

9. Entrez dans un dialogue intime avec la Pachamama. Confiez-lui vos joies, vos peines, vos rêves... Demandez-lui son soutien et sa guidance bienveillante pour votre chemin de vie.

10. Au cœur de ce partage, goûtez le sentiment d'Unité profonde avec le vivant. Vous prenez votre juste place dans la grande ronde sacrée des êtres, ni plus ni moins important(e) que chaque brin d'herbe...

11. Pour clore la cérémonie, inclinez-vous pour embrasser la terre, front contre le sol. Puis levez les bras au ciel en signe de reliance... La Pachamama vous enseigne l'humilité et la vastitude, tout à la fois.

12. Défaites lentement le cercle en sens inverse. Laissez votre offrande sur place - elle sera recyclée avec sagesse par les esprits de la nature. Votre gratitude, elle, continue de rayonner.

13. Revenez à votre quotidien le cœur empli de cette présence aimante de la Terre qui vous porte. Et renouvelez ce rituel aussi souvent que nécessaire, pour réactiver ce lien essentiel et nourricier.

Exercice 154 — Visualisation du chemin de vie et ses étapes clés
Description :

Un exercice pour embrasser d'un regard intuitif son parcours personnel depuis la naissance jusqu'à la mort.

Instructions

1. Allonge-toi confortablement, ferme les yeux et détends-toi en respirant calmement. Visualise une longue route qui serpente à travers de vastes paysages. Cette route représente le chemin de ta vie.

2. Reviens par l'imagination à ta naissance, figurée par une borne kilométrique marquée d'un 0. Contemple le bébé que tu as été, si réceptif et vulnérable. Offre-lui ta bienveillance et ton émerveillement.

3. Parcours mentalement les grandes étapes de ton enfance le long de cette route. Vois les virages, les montées, les passages heureux ou difficiles... Quels ont été les moments charnières ? Les personnages clés ? Accueille ce passé avec le regard du cœur.

4. Poursuis ton chemin dans la période de l'adolescence. Observe les carrefours, les conflits, les découvertes intenses. Décris-toi tel(le) que tu étais alors, tes rêves et tes peurs. Embrasse cet(te) ado avec compassion.

5. Continue ton périple vers l'âge adulte, en notant les embûches rencontrées, les succès obtenus, les virages négociés... Contemple dans le paysage la croissance de ton être, les leçons de l'expérience.

6. Rejoins maintenant ta situation présente sur le chemin. Depuis ce point de vue en surplomb, envisage avec lucidité tes forces et tes vulnérabilités. Reçois de l'univers une parole sage pour continuer ta route...

7. Prolonge la visualisation vers ton futur : quels nouveaux panoramas aimerais-tu découvrir ? Quelles qualités d'être cultiver et offrir en chemin ? Quels compagnons espérer ? Goûte les promesses de ces possibles...

8. Enfin, imagine la dernière portion de la route qui mène à ton ultime demeure. Embrasse la finitude de ton parcours terrestre. Comment aimerais-tu traverser cette passe ? Quelle trace laisser derrière toi ?

9. De ce point de vue final, contemple tout le chemin parcouru depuis la case départ. Vois ta vie dans sa globalité, avec ses méandres et sa direction profonde. Honore ce parcours unique, inachevé, précieux.

10. Quand tu te sens prêt(e), reviens à ton point actuel sur la route et réanime-toi. Garde le souvenir de cette vision d'ensemble, ce survol intuitif pour éclairer et inspirer tes prochains pas. Namasté au pèlerin que tu es.

Exercice 155 — Visualisation de la spirale d'ADN éveillée
Description :

Un voyage intérieur au cœur de son code génétique pour activer son potentiel et sa guérison.

Instructions

1. Allongez-vous confortablement, bras le long du corps, paumes vers le ciel. Fermez les yeux et plongez-vous dans le rythme profond de votre respiration pendant quelques instants.

2. Visualisez votre corps allongé vu du dessus. Puis imaginez que vous plongez à l'intérieur de vous-même, passant les couches de peau, les tissus, jusqu'à atteindre une de vos cellules.

3. Contemplez cette cellule qui contient toute l'information de ce que vous êtes. En son noyau, visualisez la double hélice d'ADN lovée comme un serpent mystérieux...

4. Ressentez la puissance de vie contenue dans cette spirale. À travers elle, c'est toute l'histoire de l'humanité, tout le potentiel de l'évolution qui vibre en vous. Émerveillez-vous...

5. Maintenant, imaginez qu'une douce lumière dorée se met à pulser au centre de cette hélice. La spirale d'ADN s'illumine progressivement, révélant des motifs d'une complexité fascinante.

6. La lumière s'intensifie et c'est toute la cellule qui irradie désormais, comme un petit soleil. De cellule en cellule, visualisez cette vague dorée qui se transmet et finit par embraser tout votre corps.

7. Vous voilà baigné(e) dans cette clarté intense, vibrant à l'unisson de votre code génétique éveillé. Des informations précieuses se déverrouillent en vous, des mémoires guérisseuses s'activent...

8. Accueillez les sensations subtiles, les intuitions qui émergent de cet éveil cellulaire. Peut-être des picotements, des frissons... Quelque chose d'ancien et de neuf à la fois se réorganise en vous.

9. Imprégnez-vous de cette conscience corporelle décuplée, de cette sensation de régénération totale... Votre ADN communique son alphabet secret à chacun de vos atomes.

10. Savourez cet état vibratoire exceptionnel pendant quelques minutes, en respirant doucement. Vous réalisez que votre corps est un livre sacré dont vous détenez la clé...

11. Lorsque vous sentez la reconnexion bien établie, laissez la lumière de la spirale rétrécir progressivement, jusqu'à n'être plus qu'une étincelle dorée dans votre cœur.

12. Reversez délicatement votre conscience dans votre corps allongé. Étirez-vous comme au sortir d'un sommeil profond et ouvrez les yeux, empli(e) d'une vitalité nouvelle.

13. L'éveil de la spirale d'ADN est un processus que vous pouvez convoquer régulièrement pour vous régénérer et déployer votre potentiel. Votre corps est une partition géniale à réinterpréter.

Exercice 156 — Visualisation de sa pierre de naissance et ses qualités
Description :

Une méditation sur les vertus de sa pierre précieuse pour révéler et intégrer ses talents.

Instructions

1. Installez-vous dans un endroit calme, assis en position de méditation ou allongé sur le dos. Fermez les yeux et effectuez quelques respirations profondes pour vous centrer.

2. Visualisez votre pierre de naissance, celle associée au mois de votre venue au monde. Observez sa forme brute ou taillée, sa couleur chatoyante, sa texture particulière...

3. Ressentez les qualités intrinsèques de cette pierre, sa fréquence vibratoire unique. Chaque minéral est porteur d'une sagesse et d'une force qui résonnent.

4. Maintenant, imaginez que votre pierre irradie sa lumière colorée et vous enveloppe d'un halo scintillant. Vous baignez dans son énergie pure et vivifiante...

5. Dans cet écrin vibratoire, connectez-vous aux vertus de votre pierre. Peut-être la force et le courage du Grenat, la loyauté et la sincérité de la Citrine, la sagesse et la sérénité du Saphir...

6. Ressentez comme ces qualités font écho à votre nature profonde. Elles révèlent vos talents uniques, votre potentiel singulier. Votre pierre est un miroir de votre être essentiel.

7. Imprégnez-vous de ces vertus qui affluent en vous, irriguent chaque parcelle de votre corps et de votre âme. Vous vous découvrez infiniment précieux(se), comme votre pierre...

8. Pendant quelques instants, savourez cet état d'unité et de perfection intérieure. Vous réalisez que votre personnalité est comme une pierre brute que la vie se charge de polir et de révéler.

9. Lorsque vous sentez que l'intégration est complète, visualisez la lumière de votre pierre qui rétrécit progressivement jusqu'à tenir dans le creux de votre main.

10. Placez mentalement ce diamant lumineux dans votre cœur et laissez-le se diffuser dans votre sang, vos organes, vos cellules. Votre corps entier vibre de l'énergie cristalline...

11. Prenez l'engagement intérieur d'honorer et de cultiver les qualités de votre pierre de naissance dans votre vie. Elles sont vos alliées, vos guides sur le chemin de votre accomplissement.

12. Réouvrez doucement les yeux, en étirant votre corps avec délice. La visualisation touche à sa fin mais sa magie continue d'opérer en vous, comme une chrysalide de lumière.

13. Si vous possédez un bijou orné de votre pierre, portez-le régulièrement sur vous en pleine conscience. Il vous reliera à votre énergie signature, vos dons, votre beauté singulière.

Exercice 157 — La Visualisation créatrice d'une journée idéale
Description :

Un exercice matinal pour imprimer une direction inspirante à sa journée et piloter son vécu par l'imaginaire.

Instructions

1. Chaque matin au réveil, plutôt que de bondir hors du lit, accordez-vous un temps pour visualiser votre journée de façon positive et créative. C'est un rendez-vous avec votre imaginaire.

2. Commencez par interroger votre corps : quelles sont les sensations présentes ? Accueillez-les avec bienveillance, sans forcer. Votre corps est la boussole fiable de vos besoins et aspirations.

3. Puis plongez-vous dans un bref instant méditatif. Suivez votre respiration qui s'écoule naturellement. Appréciez la tranquillité de cet espace intérieur, au seuil de votre journée.

4. Depuis cette clarté, passez en revue les différents temps forts qui vous attendent : tâches professionnelles, rencontres, activités, imprévus... Rassemblez ces éléments comme un metteur en scène le ferait pour sa pièce.

5. Maintenant, visualisez le déroulement de cette journée de façon fluide, harmonieuse et satisfaisante. Vous vous voyez évoluer dans les différents contextes avec une aisance naturelle, une présence rayonnante.

6. Dans votre scénario intérieur, vous relevez les défis du jour avec calme et efficacité. Vous gérez les relations avec une communication fluide et assertive. Votre journée est une réussite à tous niveaux.

7. Imprégnez-vous des émotions positives et des sensations agréables générées par cette visualisation. Votre corps-esprit enregistre ce vécu optimal comme une mémoire, une empreinte vibrante...

8. Pour incarner cette vision inspirante, choisissez un mot-clé ou une phrase comme fil conducteur de votre journée. Par exemple : "Sérénité", "Je rayonne ma joie", "Tout est grâce". Ce motto sera votre phare.

9. Vous pouvez aussi associer un geste simple, un ancrage corporel à cette intention. Chaque fois que vous le reproduirez dans la journée, il ravivera en vous l'état d'être positif impulsé au réveil.

10. Achevez votre visualisation par une prière de gratitude pour votre capacité à créer de façon consciente votre réalité. Puis élancez-vous dans cette journée bénie avec enthousiasme.

11. En fin de journée, repassez votre vécu en revue : quelles connexions percevez-vous entre votre visualisation matinale et les événements ? Célébrez ces éclairs de magie et de synchronicité.

12. De jour en jour, votre aptitude à influencer votre expérience par la visualisation va s'affiner. Vous apprivoisez la puissance créatrice de votre imaginaire pour piloter votre existence avec fluidité et discernement.

Exercice 158 — Visualisation purificatrice d'un océan de lumière blanche
Description :

Une méditation guidée pour se régénérer dans un bain de clarté divine.

Instructions

1. Installez-vous confortablement, allongé(e) sur le dos. Fermez vos yeux et détendez-vous en prenant quelques grandes respirations. Ressentez votre corps qui s'enfonce doucement dans le sol.

2. Visualisez désormais que vous êtes allongé(e) sur une plage de sable blanc, baigné(e) de soleil. La mer s'étend à perte de vue, calme et scintillante. Savourez la beauté des lieux...

3. Puis imaginez que vous vous levez et avancez tranquillement vers le rivage. Vos pieds nus goûtent la douceur du sable tiède, votre peau frissonne à la caresse de la brise marine...

4. Entrez progressivement dans l'eau cristalline. Elle est à la température idéale, délicieusement veloutée. Avancez jusqu'à être immergé(e) jusqu'à la taille. Laissez-vous bercer par le doux ressac...

5. L'eau se teinte progressivement d'une lumière blanche éclatante. Bientôt, c'est un océan de clarté immaculée qui vous entoure, vibrant d'une énergie pure et régénératrice. Émerveillez-vous...

6. Plongez alors complètement dans cet océan de lumière. Sentez ses particules bienveillantes qui enveloppent chaque parcelle de votre corps, comme un cocon protecteur...

7. Respirez cette clarté vibrante. À chaque inspiration, elle emplit et purifie vos poumons, votre sang, vos cellules. Une vague de netteté, de santé, de vitalité se propage en vous.

8. Restez ainsi immergé(e) pendant quelques minutes, vous imprégnant de cette lumière purificatrice. Toutes les toxines physiques et psychiques sont balayées, dissoutes dans l'océan blanc...

9. Au plus profond de vous, une transformation s'opère. Vos mémoires cellulaires s'allègent, vos blocages fondent, vos peurs s'évanouissent... Une profonde guérison est à l'œuvre.

10. Lorsque vous vous sentez entièrement purifié(e) et ressourcé(e), dirigez-vous à nouveau vers la plage. Sortez lentement de l'océan de lumière, et allongez-vous sur le sable blanc pour vous reposer.

11. Ressentez la légèreté, la jeunesse éternelle de votre corps et de votre âme. Chaque atome de votre être vibre à l'unisson de la Lumière... Vous êtes profondément unifié(e) et pacifié(e).

12. Revenez doucement à votre espace du moment présent, avec la sensation délicieuse d'une pureté éclatante... Votre bain dans l'océan de clarté vous habite encore de ses bienfaits.

13. Étirez-vous avec volupté et réouvrez les yeux, empli(e) d'une sérénité rayonnante. Vous pouvez replonger dans cet océan lumineux dès que le besoin de régénération se fait sentir...

14. Votre vraie nature est cette Lumière infinie, au-delà de la illusions du corps et du mental. Chaque immersion dans ses flots purifiants vous reconnecte à votre essence immaculée.

Exercice 159 — Imagerie mentale à partir d'un texte poétique
Description :

Une visualisation créatrice basée sur la lecture méditative d'un texte inspirant, pour nourrir son monde intérieur et stimuler sa créativité.

Instructions

1. Choisissez un texte poétique ou un extrait de livre qui vous touche par sa beauté, sa profondeur ou son mystère. Les écrits sacrés, les

mythes, la poésie symboliste ou romantique offrent de magnifiques illustrations.

2. Créez une atmosphère propice au recueillement, dans la pénombre douce d'une lampe ou de quelques bougies. Vous pouvez diffuser une senteur apaisante ou une musique de fond très discrète.

3. Installez-vous confortablement dans votre posture de méditation préférée, le dos droit mais détendu. Posez le livre ouvert devant vous, à portée de regard.

4. Fermez les yeux quelques instants et prenez plusieurs grandes respirations pour détendre votre corps et apaiser votre esprit. Imagine une lumière dorée qui descend sur votre front, ouvrant votre troisième œil.

5. Puis commencez à lire silencieusement le texte choisi, sans chercher à l'analyser. Laissez chaque mot, chaque image pénétrer en vous comme une gorgée de nectar. Buvez à la source de la poésie...

6. À chaque passage qui vous interpelle, faites une pause et fermez à nouveau les yeux pour laisser l'image se déployer sur votre écran intérieur, en vous imprégnant de la atmosphère, des couleurs, des détails...

7. Explorez ce paysage symbolique avec vos cinq sens, comme si vous faisiez un rêve éveillé. Si des personnages apparaissent, dialoguez avec eux. Si une porte s'ouvre, franchissez-la... Suivez le fil de votre imagination créative.

8. Ne cherchez pas nécessairement une cohérence ou une ligne narrative. Laissez les symboles et les sensations vous traverser librement, comme dans un kaléidoscope chatoyant. L'important est de nourrir votre monde imaginal.

9. Après 10 à 20 minutes de cette lecture méditative, reposez le livre et prenez un temps de silence les yeux fermés pour intégrer ce voyage intérieur. Sentez les images vibrer dans votre cœur et votre ventre.

10. Vous pouvez ponctuer la méditation par une expression créative spontanée : écriture, dessin, chant, danse... pour prolonger la résonance

de ces symboles puissants en vous. Laissez couler ce qui veut s'exprimer.

11. Au terme de votre exploration, remerciez l'intelligence de la Vie qui parle en miroir dans ces textes inspirés. Savourez le sentiment de plénitude et d'ouverture à votre richesse intérieure.

12. Reprenez contact avec votre corps en vous étirant doucement. Massez vos mains, vos pieds, votre visage pour vous réancrer dans le présent. Puis ouvrez lentement les yeux, en gardant la saveur de ce voyage poétique.

13. Cette pratique peut se renouveler régulièrement avec des textes différents, pour stimuler sans cesse votre créativité et élargir votre bibliothèque intérieure. Vous deviendrez peu à peu le poète de votre vie...

Art & Créativité Intuitive

Art & Créativité Intuitive

Exercice 160 — Le Collage Intuitif
Description :

Un exercice créatif pour contacter son intuition, clarifier ses aspirations et laisser émerger des messages à travers des images symboliques.

Instructions

1. Rassemblez des magazines variés, des ciseaux, de la colle et un support rigide (feuille cartonnée, carton...). Créez une ambiance propice à la détente et à l'intuition (musique douce, bougie, tisane...).

2. Fermez les yeux, prenez quelques grandes respirations et connectez-vous à votre intention (une question, un thème, un projet...). Laissez émerger un mot-clé ou une sensation.

3. Feuilletez les magazines et détachez toute image qui attire votre attention, sans trop réfléchir. Suivez votre ressenti, même s'il vous semble incongru.

4. Étalez vos images devant vous et observez-les tranquillement. Repérez les thèmes, les couleurs, les symboles récurrents. Y a-t-il un fil rouge qui les relie ?

5. Sélectionnez les images qui vous "parlent" le plus et commencez à les disposer sur votre support. Laissez votre intuition guider la composition, sans rechercher la perfection esthétique.

6. Vous pouvez ajouter des mots, des phrases, des dessins pour enrichir votre collage. Superposez, juxtaposez, faites dialoguer les éléments entre eux...

7. Lorsque votre collage vous semble complet, prenez un temps pour le contempler. Quels messages, quelles pistes d'action se révèlent ? Notez vos impressions dans un carnet.

8. Affichez votre collage bien en vue pour garder le contact avec votre intuition au quotidien. Il est un reflet puissant de votre monde intérieur et de vos aspirations.

Exercice 161 — Les Asanas de l'Acceptation

Description: Un enchaînement de postures de yoga pour s'ancrer dans le moment présent, embrasser ce qui est là et cultiver le lâcher-prise des résistances mentales.

Instructions

1. Commencez debout, pieds joints, avec quelques respirations profondes pour vous centrer. Puis laissez émerger à votre conscience une situation ou une émotion que vous avez du mal à accepter.

2. Dans la posture de la montagne, imaginez que cette difficulté est une pierre dans votre main. Serrez le poing et contractez le bras comme pour la retenir. Puis relâchez brutalement la main, laissez tomber la pierre. Observez la différence de sensation.

3. Dans la posture de l'arbre, visualisez que cette difficulté est comme le vent dans vos branches : elle fait partie de la danse mais ne définit pas votre solidité intérieure. Respirez dans votre verticalité.

4. Dans la posture du chameau, imaginez que cette difficulté est un fardeau sur votre dos. Expirez en l'abandonnant derrière vous, en ouvrant votre cœur au ciel. Offrez-la à plus grand que vous.

5. Dans la posture du cadavre, imaginez que cette difficulté se dissout dans le sol sous votre corps, avalée par la terre nourricière. Respirez dans cet espace retrouvé en vous.

6. Au fil de cet enchaînement, goûtez les bienfaits de l'acceptation profonde : la paix intérieure, la confiance retrouvée, la connexion à votre être essentiel, inaltérable...

7. Terminez par une méditation assise, les mains posées sur les genoux, paumes ouvertes pour accueillir. Répétez silencieusement un mantra d'acceptation comme "Ce qui est là est là. J'embrasse ce qui est".

8. Laissez votre corps intégrer ce mantra vibratoire. Imprimez-le dans vos cellules, vos fascias, votre ADN. Il est votre nouvelle signature énergétique, votre chemin de libération...

9. Refaites cet enchaînement dès que le mental résiste à ce qui est. Pas après pas, posture après posture, votre capacité à dire oui aux

montagnes russes de la vie s'affirmera... La voie de l'acceptation est un art de vivre.

Exercice 162 — Le Land Art éphémère et naturel
Description:

Une création artistique à partir d'éléments glanés dans la nature, pour s'émerveiller de la beauté du monde et de son propre pouvoir d'émerveillement.

Instructions

1. Choisissez un lieu naturel qui vous inspire et vous apaise : forêt, plage, montagne, jardin... Prenez le temps de vous imprégner de l'atmosphère, des couleurs, des sons, des odeurs...

2. Commencez à collecter autour de vous les "trésors" qui attirent votre regard : pierres, bois flottés, fleurs, feuilles, mousse... Soyez attentifs aux textures, aux formes, aux contrastes.

3. Puis débutez votre composition à même le sol, en vous laissant guider par votre sens esthétique du moment. Votre land art peut prendre la forme d'un mandala, d'un mobile, d'un visage, d'une spirale...

4. Agencez chaque élément avec soin, dans un état méditatif et intuitif. La répétition de certains motifs, l'alternance des matières, les jeux d'ombre et lumière... tout participe à l'harmonie de l'ensemble.

5. Ressentez la dimension sacrée de ce dialogue intime avec la nature. Chaque fragment est porteur de l'intelligence du vivant. En les assemblant avec votre propre sensibilité, vous créez du beau et du sens...

6. Une fois votre œuvre terminée, prenez le temps de la contempler sous différents angles. Observez comme elle s'intègre dans le paysage, comme elle capte la lumière, comme elle évolue déjà...

7. Prenez une photo si le cœur vous en dit, pour garder une trace de cet instant de grâce. Mais le plus important est de goûter pleinement la joie de l'impermanence, la légèreté du lâcher-prise...

8. Abandonnez votre créature à son destin naturel : le vent, la pluie, les animaux... Elle est vouée à retourner aux cycles du vivant. Mais la beauté, elle, s'est imprimée dans votre mémoire et votre cœur.

9. En quittant les lieux, adressez une prière de gratitude aux esprits de la nature. Ils vous ont offert leurs trésors pour créer, le temps d'un instant, un reflet de votre monde intérieur...

10. Réitérez l'expérience dans d'autres lieux, sous d'autres humeurs... Le land art est une merveilleuse façon d'honorer notre lien à la Terre et notre créativité d'être-nature.

Exercice 163 — L'exploration intuitive de la peinture
Description :

Une immersion dans les couleurs pour suivre les mouvements spontanés de son monde intérieur et entrer dans la création authentique.

Instructions

1. Installez-vous dans un espace dédié avec tout le matériel nécessaire : toile ou grand papier, peintures, pinceaux, chiffons, eau... Habillez-vous confortablement, sans peur de vous tâcher.

2. Connectez-vous à votre respiration et faites délicatement rouler votre tête, vos épaules, votre bassin, en relâchant les tensions. Votre corps s'apprête à devenir le canal de votre créativité...

3. Observez la palette de couleurs devant vous. Sans réfléchir, laissez votre main se diriger vers la teinte qui vous attire instinctivement à cet instant. Déposez-la sur votre support, en un geste fluide.

4. Sans attendre, choisissez une deuxième couleur et faites-la dialoguer avec la première, sans idée préconçue. Votre main danse sur la toile au gré de votre ressenti. Nulle technique à respecter .

5. Poursuivez ainsi avec d'autres teintes, en osant les mélanges, les superpositions, les contrastes... Votre palette intérieure prend forme sur le papier, dans un langage abstrait et personnel.

6. Variez les outils en fonction de votre inspiration : pinceaux fins ou larges, éponges, doigts, objets insolites... Chaque médium offre une texture unique, une vibration particulière à votre œuvre.

7. Tout au long du processus, accueillez les sensations, les émotions, les pensées qui vous traversent, sans vous y attacher. Votre peinture révèle votre paysage du moment, au-delà des mots...

8. Si des formes figuratives émergent, suivez leur apparition sans vouloir les contrôler. Peut-être une partie de vous cherche-t-elle à s'exprimer à travers ces symboles, ces visages, ces silhouettes...

9. Vous sentirez naturellement quand votre tableau est achevé. Prenez alors quelques pas de recul pour l'observer avec un regard neuf. Qu'évoque-t-il en vous ? Quel titre lui donneriez-vous ?

10. Célébrez votre créativité en prenant une photo, en l'accrochant au mur ou en l'offrant à un proche. Votre peinture est la trace vivante de votre cheminement intérieur à cet instant...

11. Renouvelez l'expérience régulièrement, comme on écrirait les pages d'un journal intime. Vous serez surpris de voir émerger les différentes facettes de votre être sur la toile.

Exercice 164 — Le tissage intuitif de fibres naturelles
Description :

Un travail méditatif des fibres pour se relier aux rythmes de la nature et créer un objet unique, écho de sa vibration intérieure.

Instructions

1. Récoltez ou procurez-vous des fibres naturelles : laine, chanvre, lin, raphia, feuilles de palmier... Imprégnez-vous de leur texture vivante, de leur parfum, des histoires qu'elles portent en elles.

2. Asseyez-vous en tailleur avec vos trésors. Fermez les yeux et visualisez l'énergie propre à chacun : douceur de la laine, force du chanvre, souplesse des feuilles... Laquelle vous appelle ?

3. Laissez venir à vous les fils qui vous attirent. Ressentez-les entre vos doigts, sur votre peau. Comment souhaitent-ils dialoguer entre eux ? Quel motif secret veulent-ils révéler ?

4. Puis commencez à tisser librement, sans schéma préétabli. Vos mains s'activent d'elles-mêmes pour nouer, tresser, entrecroiser les matières, les couleurs, en un langage tactile et visuel.

5. Votre ouvrage prend forme organiquement, au rythme patient de vos gestes. Parfois fluide, parfois laborieux, il épouse les méandres de votre conscience, la danse mystérieuse de vos états d'âme...

6. Accueillez ce qui émerge sans le juger. Chaque boucle, chaque nœud, chaque frange est unique, nécessaire à l'harmonie de l'ensemble. En tissant la fibre, c'est le fil de votre vie que vous honorez.

7. Votre tissage peut prendre la forme d'un attrape-rêves, d'une tenture murale, d'un tapis... Laissez-vous guider par votre intention et les qualités des matières. Votre création s'impose d'elle-même .

8. Lorsque votre ouvrage est achevé, prenez le temps de le contempler, de l'explorer avec vos sens. Que vous dévoile-t-il sur vous-même ? Quelle part de vous s'est exprimée dans ces boucles et ces nœuds ?

9. Même imparfait aux yeux des autres, votre tissage est parfait car il reflète votre empreinte unique, votre dialogue intime avec la matière brute. Il est le témoin d'un instant de votre vie, brodé dans les fibres...

10. En tressant, en nouant, en tissant au fil des jours, vous ravivez la mémoire de vos doigts, la sagesse de vos mains. Le tissage est un art millénaire qui relie les peuples et les âges autour du grand métier à tisser de la vie.

Exercice 165 — Le modelage de formes organiques en argile

Description :

Une exploration tactile et méditative de l'argile pour se reconnecter à la terre et donner forme à son monde intérieur.

Instructions

1. Procurez-vous de l'argile naturelle et installez-vous dans un espace dédié, avec un grand tissu ou une bâche pour protéger le sol. Allumez une bougie et mettez une musique douce si vous le souhaitez.

2. Asseyez-vous confortablement et prenez une profonde respiration. Puis saisissez l'argile et commencez à la pétrir lentement, les yeux fermés. Ressentez sa texture, sa souplesse, sa fraîcheur...

3. Imprégnez-vous de cette matière première, connectez-vous à son origine tellurique. L'argile est comme une peau de la Terre que vous réveillez entre vos mains. Votre toucher se fait de plus en plus subtil...

4. Quand vous vous sentez en lien profond avec l'argile, rouvrez lentement les yeux. Continuez à la presser, la modeler, en suivant les impulsions de vos mains. Pas de forme préconçue, juste un dialogue sensible...

5. Peu à peu, des volumes organiques émergent : courbes, spirales, alvéoles... comme un écho des formes que l'on trouve dans la nature. Votre sculpture est un paysage qui naît de vos mains .

6. Ressentez le plaisir simple et profond de donner forme à la matière, couche après couche. Vos doigts dansent avec l'argile, ajoutent ici, creusent là... Tout votre corps participe à la création.

7. Lorsque votre sculpture vous semble achevée, prenez le temps de l'observer sous toutes ses faces. Quelle impression se dégage de ces formes, de ces pleins et de ces vides ? Quel écho intime éveillent-elles en vous ?

8. Vous pouvez laisser cette œuvre brute sécher à l'air libre ou la faire cuire pour la solidifier. Elle deviendra un talisman qui vous rappellera la puissance créatrice de vos mains et la beauté des formes naturelles.

9. Renouvelez cette pratique en explorant différentes qualités de toucher, différents gestes, différents formats... En honorant votre sens tactile, vous réveillez votre sensualité et votre potentiel créateur .

10. Le modelage de l'argile est une merveilleuse pratique pour s'ancrer dans la matière et se relier aux forces vives de la nature. En pétrissant la glaise, c'est votre être que vous façonnez avec amour et patience...

Exercice 166 — La peinture intuitive et méditative
Description :

Une pratique de peinture spontanée, sans recherche de résultat, pour entrer dans un état méditatif et se connecter à son monde intérieur.

Instructions

1. Installez-vous dans un espace calme, avec une feuille de papier blanc assez grande et des peintures de différentes couleurs. Portez des vêtements confortables.

2. Prenez le temps de respirer profondément et de vous centrer. Détendez le corps et le mental. Installez-vous dans une qualité de présence bienveillante à vous-même.

3. Observez les couleurs devant vous. Laissez votre regard se poser sur celles qui vous attirent aujourd'hui. Soyez à l'écoute de votre résonance intérieure...

4. Sans réfléchir, choisissez une première couleur qui vous fait signe. Plongez votre pinceau dedans, imprégnez-le de peinture. Puis approchez-le de la feuille...

5. Laissez votre main se mettre en mouvement librement sur le papier. Suivez son tracé avec curiosité, sans chercher à contrôler la forme qui s'esquisse.

6. Quand l'impulsion s'épuise, relâchez le pinceau. Observez les traits, les courbes, les taches qui sont apparues. Comment résonnent-elles en vous ? Que vous évoquent-elles ?

7. Laissez venir une nouvelle impulsion. Sentez quelle couleur, quel geste, quelle forme veut maintenant émerger. Toujours sans réfléchir, donnez-lui vie sur le papier...

8. Continuez ainsi pendant 10 à 30 minutes, en suivant le flux spontané de votre expression. Superposez les touches colorées, les traits intuitifs, au gré de votre inspiration.

9. Votre peinture prend forme organique sous vos yeux, sans préméditation. Vous entrez dans un état de conscience modifié, de dialogue silencieux avec votre intériorité...

10. Si le mental cherche à juger ou à interpréter, recentrez-vous simplement sur les sensations du pinceau sur le papier, les odeurs et les textures de la peinture...

11. À la fin de la séance, prenez le temps de contempler votre création avec un regard neuf. Que remarquez-vous ? Quelles parties de vous se sont exprimées sur la page ?

12. Vous pouvez écrire quelques mots sur votre peinture pour en cristalliser le sens. Ou simplement l'accueillir telle qu'elle est, comme un reflet mystérieux de votre être.

13. En pratiquant régulièrement la peinture intuitive, vous développez votre sensibilité et votre réceptivité. Vous apprivoisez un langage symbolique pour communier avec vous-même.

14. Cette exploration artistique méditative est une voie d'approfondissement de la conscience de soi et d'unification des différentes facettes de l'être. Suivez sa guidance.

Exercice 167 — Le dessin spontané
Description :

Une pratique ludique et puissante pour laisser s'exprimer son enfant intérieur, pour explorer ses émotions et ses rêves dans un langage symbolique et coloré.

Instructions

1. Choisissez un moment où vous vous sentez détendu et disposez d'au moins 30 minutes sans interruption. Créez une ambiance propice à la détente et à l'intériorisation.

2. Munissez-vous de feuilles blanches, ainsi que de crayons de couleur, pastels, feutres... qui vous attirent. La variété et la qualité des couleurs sont plus importantes que la technique.

3. Commencez par respirer profondément, en visualisant que vous purifiez votre esprit de toutes les préoccupations du jour. Amenez une qualité de présence et d'ouverture.

4. Puis faites appel à votre enfant intérieur. Imaginez-le qui s'éveille en vous, ravi de cette invitation à dessiner librement. Ressentez son énergie joueuse, spontanée, créative.

5. Sans réfléchir, choisissez une couleur qui vous attire et commencez à poser des traits sur la feuille, dans tous les sens. Laissez votre main bouger librement, sans recherche de forme ou de sens.

6. Explorez différentes textures, différents rythmes. Traits doux ou appuyés, hachures sauvages ou points délicats... Suivez simplement l'impulsion du moment, le plaisir du geste, la magie des couleurs.

7. Si une forme commence à émerger - un personnage, un animal, un paysage... - vous pouvez choisir de la développer ou de continuer dans l'abstraction. L'essentiel est de rester dans la spontanéité, sans jugement.

8. Quand vous sentez qu'un dessin est terminé, prenez un instant pour l'observer avec les yeux de l'enfant. Émerveillez-vous des couleurs, des formes, de l'énergie qui s'en dégage... Peut-être vous parlera-t-il d'une émotion, d'un message ?

9. Puis respirez et étirez-vous un instant, avant de repartir pour un nouveau dessin. Laissez chaque feuille être une nouvelle aventure, un nouveau terrain de jeu pour votre créativité.

10. Continuez à dessiner ainsi pendant au moins 20 minutes, en vous autorisant à expérimenter, à vous surprendre, à dépasser vos inhibitions. Plus vous dessinerez "mal", plus votre enfant intérieur sera ravi.

11. Lorsque vous sentez que la session est complète, prenez un temps pour contempler vos créations avec tendresse et reconnaissance. Remerciez votre enfant intérieur pour sa fraîcheur et sa liberté.

12. Vous pouvez ensuite dialoguer intérieurement avec chaque dessin, lui demander ce qu'il souhaite vous exprimer. Écrivez vos impressions, les insights qui vous viennent. Votre dessin est un miroir intuitif de votre monde intérieur.

13. Choisissez le dessin qui vous touche le plus et affichez-le dans votre espace, en souvenir de cette conversation intime avec vous-même. Votre créativité est un trésor à honorer.

14. Pour clore la session, offrez-vous un geste de gratitude et de tendresse envers vous-même. Et réjouissez-vous de cet espace de liberté, de cette bouffée d'air frais dans votre vie d'adulte.

15. Cette pratique est à renouveler aussi souvent que nécessaire, comme un rendez-vous privilégié avec votre cœur d'enfant, cette source vive en vous qui ne demande qu'à s'exprimer avec fantaisie et légèreté.

Exercice 168 — L'improvisation théâtrale
Description :

Une mise en jeu spontanée du corps et de la voix pour développer son imaginaire, sa présence scénique et son lâcher-prise jubilatoire.

Instructions

1. Rejoignez un groupe d'improvisation ou initiez une séance avec des amis. L'important est de créer un climat de confiance, de bienveillance et de liberté parmi les participants.

2. Commencez par un échauffement corporel et vocal ludique : marchez dans l'espace en variant les rythmes, étirez-vous dans tous les sens, émettez des sons en débloquant la mâchoire...

3. Puis passez le relais à votre imaginaire avec des exercices de visualisation guidée : vous vous réveillez dans un lieu insolite, vous possédez un super-pouvoir, vous êtes un animal... Laissez le corps réagir.

4. Place ensuite aux improvisations en duo ou petit groupe, à partir de thèmes ou de contraintes de jeu. Deux personnages coincés dans un ascenseur, une scène jouée dans une langue inventée, un débat improbable...

5. La seule règle : rebondir sur les propositions des autres en disant "oui" à l'imagination. Pas de jugement, pas de censure, juste le plaisir de construire ensemble une histoire dont on ne connaît pas la fin.

6. Osez l'exagération, la démesure, l'absurde... Votre corps et votre voix sont vos alliés pour incarner des émotions, des situations, des archétypes. Plus c'est gros, mieux ça passe.

7. Variez les registres en passant du burlesque au poétique, du réaliste au surréaliste... Et si un personnage vous fait vibrer plus que les autres, développez-le, nourrissez-le de votre vécu.

8. À la fin de chaque improvisation, prenez le temps d'un debrief collectif : les moments forts, les trouvailles, les obstacles... Ces retours sont précieux pour ajuster votre jeu, muscler votre spontanéité.

9. Et surtout, célébrez l'énergie unique de vos improvisations. Même approximatives ou chaotiques, elles ont créé un état d'être et de partage rare, générateur de joie et de créativité.

10. Poursuivez l'entraînement régulièrement et, qui sait, lancez-vous un jour dans un spectacle tout en impro devant un public complice... L'adrénaline de la scène est un puissant activateur de liberté intérieure.

11. Sans attendre, choisissez une deuxième couleur et faites-la dialoguer avec la première, sans idée préconçue. Votre main danse sur la toile, guidée par une intelligence qui la dépasse...

12. Laissez les formes, les textures émerger d'elles-mêmes. Ne cherchez pas à représenter quelque chose de figuratif. Entrez dans l'abstraction, la non-volonté, le mouvement spontané...

13. Si des pensées, des jugements traversent votre esprit, observez-les avec détachement et recentrez-vous sur votre respiration, le contact du pinceau sur la toile, la vibration des couleurs...

14. Accueillez avec curiosité toutes les impulsions créatives - traits vifs, coulures, mélange des matières... Votre toile est un espace d'expérimentation libre et sans limites.

15. Continuez ainsi pendant 20 à 30 minutes, sans vous soucier du résultat. Votre seule consigne est de rester présent(e) à l'instant et de maintenir le flux de la peinture, le rythme du geste.

16. Lorsque vous sentez un point d'achèvement naturel, déposez vos pinceaux et éloignez-vous de quelques pas. Observez votre œuvre avec un regard neuf, comme si elle avait sa vie propre.

17. Quelle impression générale s'en dégage ? Quelles émotions, sensations, pensées vous traverse-t-elle ? Imprégnez-vous de son atmosphère unique, reflet de votre monde intérieur...

18. Célébrez le processus créatif que vous venez de vivre, cet espace de liberté et d'authenticité que vous vous êtes accordé. Au-delà de la forme, c'est cela l'essence de la peinture intuitive.

19. Renouvelez l'expérience aussi souvent que possible, en faisant varier les formats, les couleurs, les outils... Votre main s'affine dans son expression spontanée, en connexion avec votre Soi profond.

20. Vous pourrez aussi transposer cet état de conscience ouvert et fluide dans d'autres pratiques créatives, mais aussi dans votre manière d'être au monde. Devenez l'artiste intuitif (ve) de votre vie .

Exercice 169 — La création de bijoux naturels et symboliques
Description :

Une pratique de création de bijoux à partir d'éléments naturels glanés, pour se relier à la beauté du vivant et se ressourcer au contact de la matière.

Instructions

1. Au cours de vos promenades dans la nature, collectez des petits trésors qui vous font signe : galets, coquillages, plumes, graines, cristaux, bouts de bois...

2. De retour chez vous, disposez-les devant vous. Contemplez leurs couleurs, leurs textures, leurs formes. Laissez leurs qualités vibratoires vous imprégner...

3. Inspirez-vous de leur beauté brute, de leur simplicité essentielle. Imaginez quelles pièces de bijoux pourraient les mettre en valeur : pendentifs, bracelets, broches...

4. Laissez parler votre créativité : quelles associations d'éléments sauraient capter leur énergie unique ? Lesquels se répondent secrètement, se complètent subtilement ?

5. Quand une idée de création s'impose à vous, rassemblez le matériel nécessaire : fil, pinces, anneaux, chaînes... ainsi qu'un espace dédié pour travailler confortablement.

6. Avant de vous lancer, prenez un temps de silence intérieur. Connectez-vous à votre respiration, à votre intention de créer dans l'écoute sensible des matériaux...

7. Saisissez le premier élément qui vous inspire. Respirez avec lui, goûtez sa présence, sa vibration... Demandez-lui intérieurement comment il souhaite être honoré.

8. Quand vous sentez une réponse émerger, commencez à jouer avec les matériaux, à faire des essais, des combinaisons... Laissez vos mains suivre leur intuition.

9. Privilégiez la sobriété à la surcharge, la justesse à l'effet. Cherchez l'équilibre des masses et des textures. Travaillez avec délicatesse, comme en dialogue intime avec la matière.

10. Quand un bijou s'achève entre vos mains, prenez le temps de le contempler, de vous imprégner de son aura unique. Comment la mise en forme embellit-elle la matière première ?

11. À travers vos créations, véhiculez des intentions, des symboles, des bénédictions... Le bijou est un talisman qui capte la lumière, recueille les énergies bénéfiques...

12. Vous pouvez aussi vous laisser inspirer par les traditions amérindiennes, aborigènes... qui chargent les bijoux de sens sacré : attrape-rêves, amulettes, objets de rituel...

13. En offrant vos bijoux en cadeau, visualisez la personne entourée de tous les bienfaits que vous y avez insufflés. Le bijou devient lien subtil de cœur à cœur...

14. Par cette pratique de création, vous développez votre sensibilité à la beauté du monde naturel. Vous apprenez le langage symbolique de la matière, des formes, des archétypes...

15. En vous reliant aux forces vives de la nature à travers vos bijoux talismans, vous vous reconnectez à votre propre essence rayonnante. Le joyau qui scintille en vous.

Exercice 170 — La carte aux trésors des émotions
Description :

Une pratique créative pour explorer la géographie de nos émotions, découvrir leurs messages et leurs trésors cachés, afin de mieux les accueillir et les honorer.

Instructions

1. Lorsque vous sentez une émotion difficile qui monte (peur, colère, tristesse...), plutôt que de la repousser, prenez un moment pour vous poser et l'explorer avec curiosité.

2. Choisissez une feuille de papier et des crayons de couleurs ou des feutres, puis installez-vous dans un endroit tranquille où vous ne serez pas dérangé(e). Créez une ambiance propice à l'intériorisation.

3. Fermez les yeux, prenez quelques grandes respirations et contactez l'émotion qui est présente en vous. Accueillez-la comme une invitée, sans la juger ni vouloir la changer. Juste pour la reconnaître et l'honorer.

4. Maintenant, imaginez que cette émotion est un paysage, un territoire à explorer. Si c'était un lieu, à quoi ressemblerait-il ? Une forêt sombre, un désert aride, un océan agité... ? Laissez venir les images, les impressions.

5. Ouvrez les yeux et commencez à dessiner ce paysage émotionnel sur votre feuille. Laissez votre main bouger librement, sans recherche esthétique. L'important est d'exprimer ce que vous ressentez, de donner forme à votre expérience intérieure.

6. Vous pouvez ajouter différents éléments à votre carte - des montagnes, des rivières, des animaux, des plantes... Tout ce qui symbolise les différentes facettes et intensités de votre émotion. Soyez créatif (ve), à l'écoute de votre intuition.

7. Utilisez des couleurs qui reflètent les nuances de votre état émotionnel. Peut-être du rouge pour l'intensité de la colère, du gris pour la lourdeur de la tristesse... Laissez les couleurs exprimer ce que les mots peinent à dire.

8. Lorsque vous sentez que votre carte est complète, prenez un moment pour la contempler avec bienveillance. Comme si vous exploriez un nouveau territoire, sans préjugés ni attentes. Qu'est-ce que vous découvrez ?

9. Au verso de la carte ou sur une autre feuille, écrivez en détail ce que vous percevez. Quelles sont les caractéristiques de ce paysage émotionnel ? Qu'est-ce qu'il révèle de vos besoins, de vos croyances, de vos peurs... ?

10. Puis demandez-vous : Qu'est-ce que cette émotion cherche à me dire ? Quel est son message caché ? Si elle avait une voix, que me dirait-elle ? Écrivez ce qui vous vient, sans censurer.

11. Enfin, imaginez que dans ce paysage se cache un trésor, un cadeau que cette émotion vous offre lorsqu'elle est pleinement traversée et intégrée. Qu'est-ce que cela pourrait être ? Une qualité, une force, une leçon de vie... ?

12. Dessinez et nommez ce trésor sur votre carte, comme une perle précieuse au cœur de votre expérience émotionnelle. Ressentez la gratitude pour ce cadeau, même s'il n'est pas encore pleinement révélé...

13. Pour clore la pratique, repositionnez votre carte face à vous et contemplez-la avec un regard neuf, empli de tendresse et de reconnaissance. Peut-être que quelque chose a déjà bougé ou s'est éclairci en vous ?

14. Vous pouvez conserver votre carte comme une alliée, un rappel des trésors qui se cachent au cœur de vos tempêtes émotionnelles. Ou bien la brûler dans un geste symbolique de lâcher-prise et de transmutation...

15. Cette exploration peut être renouvelée avec chaque émotion intense, pour tisser peu à peu une nouvelle relation à votre monde intérieur - plus accueillante, plus curieuse, plus amicale. Chaque émotion a un trésor à vous offrir.

Exercice 171 — La Cérémonie des Quatre Directions

Description: Un rituel amérindien pour honorer et intégrer les qualités des quatre points cardinaux, ces guides puissants pour notre cheminement intérieur.

Instructions

1. Choisissez un lieu naturel inspirant pour votre cérémonie: une clairière, un sommet, une plage... Ou aménagez un espace sacré dans votre jardin ou votre intérieur. L'important est votre qualité de présence et d'intention.

2. Rassemblez si possible un ou plusieurs éléments pour chaque direction: une plume pour l'est, un bol d'eau pour l'ouest, une pierre/cristal pour le nord, un bâton d'encens ou une bougie pour le sud. Ils seront vos alliés symboliques.

3. Placez-vous debout au centre de votre espace, l'autel devant vous. Respirez profondément et enracinez-vous dans le sol. Visualisez un fil de lumière qui part de votre cœur et vous relie aux quatre horizons, ainsi qu'au ciel et à la terre.

4. Commencez par vous tourner vers l'est, direction du soleil levant. Saluez l'aube, le renouveau, le printemps. Invoquez les qualités du mental illuminateur: la clarté, la lucidité, le discernement.

5. Prenez la plume dans votre main et laissez-la vous transmettre la légèreté de l'air, la fraîcheur des nouveaux commencements. Respirez l'énergie vive et inspirante de l'est. Demandez à être guidé sur votre chemin.

6. Reposez la plume et tournez-vous vers le sud, direction du soleil à son zénith. Saluez le plein jour, la maturité, l'été. Invoquez les qualités du cœur rayonnant: la chaleur, la passion, la générosité.

7. Allumez l'encens ou la bougie et laissez-vous imprégner par le parfum, la flamme dansante. Respirez l'énergie intense et créative du sud. Demandez à exprimer pleinement vos dons.

8. Éteignez la flamme et tournez-vous vers l'ouest, direction du soleil couchant. Saluez le crépuscule, l'achèvement, l'automne. Invoquez les

qualités de l'âme profonde: l'intériorité, le lâcher-prise, la transmutation.

9. Plongez vos mains dans le bol d'eau et laissez-la vous transmettre la fluidité des émotions, la douceur de l'introspection. Respirez l'énergie tendre et guérisseuse de l'ouest. Demandez à accueillir vos ombres avec amour.

10. Séchez vos mains et tournez-vous vers le nord, direction de l'étoile polaire. Saluez la nuit, le repos, l'hiver. Invoquez les qualités du corps sage: l'ancrage, l'endurance, le silence.

11. Prenez la pierre ou le cristal dans votre main et laissez-le vous transmettre la densité de la matière, la force de la lenteur. Respirez l'énergie solide et régénératrice du nord. Demandez à incarner votre sagesse.

12. Enfin, levez les yeux au ciel, vers FatherSky. Ressentez la dimension transcendante de votre être, votre soif d'absolu. Puis regardez la terre sous vos pieds, Mother Earth. Éprouvez votre appartenance à la nature, votre part instinctive.

13. Revenez au centre et prenez un temps pour intégrer ces énergies des quatre directions en vous. Ressentez-vous comme un être complet et multidimensionnel: corps et esprit, cœur et âme, humain et divin...

14. Pour clore la cérémonie, inclinez-vous dans les quatre directions en signe de gratitude et de respect. Puis relâchez le fil de lumière qui vous reliait. L'énergie des quatre portes d'éveil continue de danser en vous.

15. Prenez un temps pour consigner par écrit les messages reçus, les prises de conscience. Chaque direction est une école de vie et de mort, une source inépuisable de révélations. Honorez ces présences qui vous guident.

16. Vous pouvez renouveler cette cérémonie aussi souvent que vous le sentez, à chaque saison ou étape importante de votre vie. Les quatre directions sont des boussoles précieuses pour s'orienter dans le visible et l'invisible.

17. Car en nous reliant au cercle sacré de la vie, nous réalisons notre nature profondément interconnectée. Nous honorons le cycle des

saisons en nous et autour de nous. Nous marchons en équilibre sur la Terre-Mère, sous le regard bienveillant du Ciel-Père.

Exercice 172 — L'exploration du clair-obscur en dessin
Description :

Un exercice créatif et symbolique pour apprivoiser et intégrer ses polarités intérieures, entre ombre et lumière.

Instructions

1. Sur une feuille blanche, laissez libre cours à votre imagination et dessinez au crayon un paysage, un symbole ou une scène qui vous inspire. Laissez émerger les formes sans chercher la perfection.

2. Contemplez votre dessin avec recul et commencez à y ajouter des ombres, des zones d'obscurité, à la mine graphite ou au fusain. Observez les émotions, les pensées qui vous traversent en noircissant des parties.

3. Ajoutez maintenant des touches de lumière à la gomme ou au crayon blanc, en créant des contrastes, des jeux de clair-obscur. Ressentez ce que génère en vous l'apparition de la clarté.

4. Continuez d'alterner et de doser subtilement ombres et lumières, jusqu'à obtenir une composition qui vous paraît équilibrée et harmonieuse. Tout est une question de nuances et de cohabitation.

5. Imprégnez-vous de votre dessin final comme d'un miroir symbolique. Les ombres représentent les parts de vous les moins conscientes, les moins assumées. La lumière symbolise les forces de vie, les qualités.

6. Méditez sur la façon dont ombre et lumière s'embrassent et se complètent sur le papier. Une ne pourrait exister sans l'autre. De même nos défis sont des invitations à déployer nos ressources.

7. Accueillez cet enseignement des polarités avec gratitude. Votre Être est vaste et contient une multiplicité de nuances. Tout est potentiel d'intégration, de transformation à la Lumière.

8. Affichez votre œuvre comme un rappel bienveillant de la nécessité d'embrasser et d'unir tous les contrastes en soi, vers plus de complétude et de liberté d'être.

Exercice 173 — Le dialogue créatif entre 2 médiums artistiques
Description :

Un processus de création en alternant 2 formes d'art (danse et écriture, peinture et voix, musique et dessin...) pour stimuler sa créativité et explorer de nouvelles perspectives.

Instructions

1. Choisissez deux médiums artistiques qui vous inspirent et se complètent (les arts visuels avec les arts de la scène ou de l'écrit par exemple). Rassemblez le matériel nécessaire et créez-vous un espace propice à la libre création.

2. Commencez par l'un des arts, par exemple le mouvement dansé. Laissez émerger une danse spontanée pendant quelques minutes, en vous imprégnant des images, pensées, émotions qui la traversent.

3. Puis passez à l'écriture spontanée : laissez votre danse se prolonger sur la page, à travers des mots, des associations, des métaphores... Écrivez à la volée, dans l'élan de la danse, sans réfléchir.

4. Maintenant, lisez votre texte et laissez-le vous inspirer une nouvelle danse, en résonance ou en contraste. Votre corps répond à l'écriture, la nuance, l'approfondit...

5. Continuez ce dialogue entre les deux médiums pendant 20 à 30 minutes, en suivant le fil organique de la création. Chaque forme nourrit et régénère l'autre, en écho.

6. Soyez attentif aux correspondances inattendues, aux espaces inédits qu'ouvre la friction entre les langages. C'est là que de nouvelles pistes, de nouveaux possibles artistiques émergent...

7. Faites des pauses pour ressentir comment ce dialogue creuse votre intériorité et enrichit votre expression. Savourez la complémentarité des médiums, leur intelligence unique.

8. Au terme de l'exploration, prenez un temps pour intégrer votre voyage. Notez vos découvertes, vos questionnements. Et célébrez votre artiste multidimensionnel .

9. Pratiquer ce dialogue artistique sur un thème ou un projet précis décuple votre potentiel créatif en sollicitant plusieurs intelligences. Votre pratique s'affine, votre présence s'intensifie, votre art s'élargit.

Exercice 174 — Méditation de la Montagne

Description: Une pratique pour cultiver les qualités de stabilité, de force tranquille et de présence enracinée, en s'identifiant à l'image d'une montagne majestueuse.

Instructions

1. Asseyez-vous dans une posture stable et confortable, le dos bien droit, les mains posées sur les genoux. Fermez doucement les yeux et prenez quelques respirations profondes.

2. Visualisez devant vous une montagne, haute et majestueuse. Observez sa silhouette qui se découpe dans le ciel, ses pentes robustes, son sommet enneigé.

3. Imaginez les différentes saisons et les conditions météorologiques qui intéressent la montagne. Le soleil brûlant de l'été, les pluies torrentielles de l'automne, les vents glacés de l'hiver.

4. Malgré ces changements extérieurs, contemplez combien la montagne reste stable et inébranlable. Enracinée profondément dans la terre, elle accueille ces phénomènes avec une tranquille acceptation.

5. Maintenant, imaginons que vous devenez cette montagne. Vos jambes et votre bassin sont les pentes inférieures, votre torse et vos épaules les pentes médianes, votre tête le sommet majestueux.

6. Ressentez la puissance et la stabilité de cette montagne que vous êtes. Votre corps est ancré dans le sol, vos racines plongent dans la terre nourricière.

7. Quelles que soient les circonstances extérieures, les tempêtes émotionnelles ou les défis de la vie qui vous traversent, restez stable et centré comme une montagne.

8. Face aux pensées et aux émotions qui surgissent, soyez comme la montagne qui observe les nuages passer dans le ciel, sans s'y attacher ni s'y identifier.

9. Cultivez ce sentiment de présence inébranlable, cette force tranquille qui peut tout accueillir avec équanimité et sagesse.

10. Pendant les dernières minutes de la méditation, savourez cette expérience d'être une montagne vivante, pleinement présente et enracinée dans l'instant.

11. Avant de terminer, prenez un moment pour ressentir les bienfaits de cet exercice. Un sentiment de stabilité intérieure, de solidité et de paix inébranlable.

12. Puis, progressivement, laissez l'image de la montagne s'estomper. Réancrez-vous dans les sensations de votre corps et le mouvement naturel de votre respiration.

13. Lorsque vous vous sentez prêt, ouvrez lentement les yeux. Étirez-vous doucement, en gardant la conscience de votre stabilité intérieure.

14. Pendant la journée, lorsque vous serez confronté à des situations stressantes ou instables, rappelez-vous que vous pouvez à tout moment vous relier à la présence inébranlable de votre montagne intérieure. Elle est toujours là, solide et sereine en votre centre.

Exercice 175 — L'écriture sous contrainte littéraire (Oulipo)

Description :

Un exercice d'écriture créative à partir de règles précises, pour explorer de nouvelles possibilités stylistiques et narratives.

Instructions

1. Familiarisez-vous avec les différentes contraintes littéraires inventées par l'Oulipo, comme le lipogramme (texte sans une lettre donnée), le S+7 (remplacer chaque nom par le 7ème qui le suit dans le dictionnaire), etc.

2. Choisissez une contrainte qui vous inspire et amusez-vous à la mettre en pratique sur un court texte (poème, dialogue, description...). Votre imagination se met au service de la règle du jeu.

3. Par exemple, rédigez un portrait en utilisant uniquement des verbes, ou une chronique de voyage en remplaçant chaque adjectif par sa définition du dictionnaire...

4. Écrivez d'abord de manière fluide, sans vous censurer. Ne réfléchissez pas trop à la cohérence ou au sens. Laissez la contrainte vous guider vers de nouvelles associations d'idées, de nouveaux paysages...

5. Lorsque vous avez terminé, relisez-vous à voix haute. Observez comment la règle imposée modifie votre phrasé habituel, votre rythme, vos images, et ouvre des perspectives inattendues.

6. Tentez maintenant d'écrire un texte plus long (nouvelle, chapitre, article...) en suivant la même contrainte. Imprégnez-vous de son exigence comme d'une structure bienveillante pour votre créativité.

7. Peu à peu, intégrez la contrainte à votre processus d'écriture, jusqu'à ce qu'elle ne soit plus un obstacle mais un tremplin pour votre imaginaire. Votre cerveau gauche et votre cerveau droit dialoguent.

8. Vous pouvez aussi combiner plusieurs contraintes entre elles, ou en inventer de nouvelles. Le but est d'entretenir un rapport ludique et inspirant aux mots, loin des sentiers battus.

9. Au-delà des textes produits, savourez la récréation que vous offrez à votre mental, la souplesse gagnée dans votre expression, l'agilité de vos doigts sur le clavier...

10. À la manière des peintres qui se fixent un cadre précis (couleurs, format...) pour mieux transcender les limites connues, vous déployez votre liberté créatrice dans l'espace de la contrainte. Tout un art.

Exercice 176 — Rituel de consécration d'un objet de pouvoir

Description: Un rituel pour consacrer un objet naturel comme allié vibratoire, chargé de vous transmettre force et sagesse au quotidien.

Instructions

1. Choisissez un objet naturel qui vous attire et vous inspire. Un cristal, une pierre, un pendentif en bois, une plume, un bout d'écorce, un coquillage...

2. Placez cet objet au centre d'un espace dédié et protégé. Disposez autour 4 bougies blanches aux 4 directions. Ajoutez un bol d'eau pure, des fleurs, de l'encens...

3. Asseyez-vous en tailleur devant l'objet. Prenez quelques respirations lentes et profondes pour vous centrer. Sentez la stabilité de votre assise, la verticalité de votre dos.

4. Regardez l'objet posé devant vous. Contemplez sa forme, sa taille, ses couleurs. Détaillez sa texture, ses aspérités. Laissez son image se graver dans votre esprit.

5. Racontez-vous son histoire : d'où vient-il ? Quel a été son parcours pour arriver jusqu'à vous ? Quelles sont les qualités essentielles qu'il incarne ?

6. Ressentez sa vibration unique, l'énergie subtile qu'il dégage... Entrez en résonance avec lui. Commencez à tisser un lien d'intimité et de confiance...

7. Lorsque vous vous sentez prêt, tendez les mains vers l'objet. Visualisez une lumière blanche qui émane de vos paumes et l'enveloppe. Baignez-le de cette clarté purificatrice.

8. Prononcez une prière d'intention, pour le charger de transmettre certaines qualités dont vous avez besoin. Par exemple : force, sérénité, discernement, douceur, créativité...

9. Imaginez que l'objet absorbe votre intention et s'imprègne des vertus désirées. Visualisez-le qui se charge de cette lumière bénéfique, prête à vous servir.

10. Puis visualisez les 4 éléments qui viennent le bénir tour à tour : une brise d'air frais, un rayon de soleil chaleureux, une vague d'eau cristalline, un souffle de terre fertile...

11. Ressentez l'objet vibrer d'une vie nouvelle sous l'action des éléments. Il est maintenant relié aux forces primordiales de la nature, investi d'un pouvoir authentique.

12. Enfin, prenez l'objet entre vos mains et appliquez-le doucement contre votre front, votre gorge et votre cœur. Communiez avec lui. Scellez votre alliance sacrée.

13. Remerciez cet objet d'avoir accepté de cheminer à vos côtés. Engagez-vous à l'honorer et à en prendre soin. Il sera votre ami, votre protecteur, votre guide bienveillant sur la route...

14. Clôturez le rituel en éteignant les bougies une à une, dans le sens inverse des aiguilles d'une montre. Respirez la fumée de l'encens, buvez une gorgée d'eau consacrée.

15. Portez désormais cet objet de pouvoir sur vous ou gardez-le dans un endroit intime. Vous pourrez le solliciter chaque fois que vous avez besoin de son soutien vibratoire.

16. À travers ce rituel, vous avez créé une passerelle entre l'invisible et le visible. Vous avez insufflé dans la matière brute une intention sacrée qui ne demande qu'à se déployer...

Exercice 177 — L'écriture intuitive

Description :

Une pratique libératrice qui invite à laisser couler sur le papier le flot spontané de notre écriture, sans filtre ni jugement, pour explorer notre monde intérieur et laisser émerger nos aspirations profondes.

Instructions

1. Choisissez un moment où vous ne serez pas dérangé, et installez-vous dans un endroit confortable et inspirant, avec votre journal ou cahier et un stylo que vous aimez.

2. Commencez par prendre quelques grandes respirations, en relâchant les tensions dans votre corps et dans votre esprit. Amenez une présence douce et bienveillante à vous-même.

3. Connectez-vous à votre cœur, à cet espace de silence et de vérité en vous. Laissez émerger une question ou une intention pour cette séance d'écriture, sans chercher à la contrôler.

4. Lorsque vous vous sentez prêt, laissez votre main commencer à écrire sur le papier, sans réfléchir, sans vous préoccuper de la forme ou du contenu. Laissez les mots jaillir librement, spontanément.

5. Si vous sentez le flux de l'écriture ralentir ou des résistances apparaître, respirez profondément et recentrez-vous dans votre cœur. Puis laissez à nouveau courir votre stylo, avec curiosité et confiance.

6. Accueillez avec bienveillance tout ce qui s'exprime - émotions, images, souvenirs, rêves... Ne vous censurez pas, ne vous jugez pas. Soyez simplement le témoin de ce qui émerge, comme un explorateur amical.

7. Si des larmes ou des rires surviennent, laissez-les s'exprimer pleinement. Votre écriture est un espace sacré où tout peut être accueilli et transformé.

8. Vous pouvez écrire pendant un temps prédéfini, ou jusqu'à sentir que vous avez fait le tour de ce qui avait besoin de s'exprimer. Concluez en écrivant un mot de gratitude pour vous-même et pour ce processus.

9. Relisez ensuite tranquillement ce que vous avez écrit, sans jugement, avec le regard du cœur. Soulignez les passages qui vous touchent, vous interpellent. Peut-être y découvrirez-vous des pépites de sagesse, de nouvelles perspectives.

10. Vous pouvez aussi choisir un mot ou une phrase qui vous inspire et la laisser résonner en vous comme un mantra, un phare pour votre journée. Ou dessiner un symbole qui représente l'essentiel de votre écrit.

11. Refermez votre session d'écriture en vous offrant un geste de tendresse - une main sur le cœur, une caresse sur le visage... Remerciez-vous pour votre ouverture et votre courage.

12. Prenez un instant pour intégrer cette expérience, en laissant votre regard se poser sur une beauté autour de vous. Respirez, souriez. Puis reprenez doucement le cours de votre journée, enrichi de cette rencontre avec vous-même.

Exercice 178 — Le haïku et la poésie contemplative
Description :

Une pratique d'écriture poétique minimaliste, en résonance avec la nature, pour capter l'essence du moment présent et affiner sa vision contemplative du monde.

Instructions

1. Choisissez un lieu propice à la contemplation silencieuse : un jardin, un parc, une forêt... Installez-vous confortablement avec de quoi écrire. Respirez profondément.

2. Commencez par observer le paysage autour de vous. Laissez votre regard se poser, sans forcer, sur un élément naturel qui vous interpelle : un arbre, un oiseau, un rayon de soleil...

3. Contemplez cet élément avec une attention soutenue, comme si vous le découvriez pour la première fois. Notez les détails infimes, les jeux d'ombre et de lumière, les reflets...

4. Ressentez l'atmosphère unique qui se dégage de cette chose contemplée. Quelle émotion, quelle tonalité, quelle saveur distille-t-elle en cet instant précis ?

5. Quand vous vous sentez suffisamment imprégné, laissez émerger spontanément quelques mots sur votre papier. Des mots simples, concrets, évocateurs, au plus proche des sensations.

6. Jouez avec le rythme et les sonorités, la place des mots dans l'espace de la page. Cherchez une formule concise, épurée, qui exprime l'essence de ce moment de grâce.

7. Dans la forme traditionnelle du haïku, vous pouvez vous inspirer du rythme en 3 vers (5-7-5 pieds). Mais l'essentiel est de tendre vers la limpidité et la justesse de ton.

8. Efforcez-vous de suggérer plus que de décrire, de créer une atmosphère plus qu'un discours. Le poème est une porte ouverte sur le mystère indicible de l'instant...

9. Prenez le temps de goûter le silence d'où s'élèvent vos mots. Respirez l'odeur du monde, écoutez sa musique secrète. Soyez dans l'émerveillement des choses telles qu'elles sont.

10. Quand un premier poème est né, accordez-vous une nouvelle plage de contemplation. Laissez émerger d'autres haïkus ou poèmes courts, au fil de votre inspiration...

11. Vous pouvez évoquer une saison en particulier, l'heure de la journée, un élément qui contraste avec un autre... L'art du haïku joue des mots simples comme autant de touches de pinceau.

12. Relisez tranquillement vos poèmes. Ressentez comment quelques mots justes peuvent capter l'évanescence, faire vibrer l'éternité d'un moment, réenchanter votre vision du monde.

13. La pratique régulière du haïku développe un regard contemplatif, une communion intime avec la nature. Elle nous ouvre à la beauté et à la profondeur des choses les plus simples.

14. En cultivant cette poésie de l'instant, ce goût du minimal et de l'essentiel, vous réveillez l'artiste et le sage qui sommeille en vous. Celui qui sait s'émerveiller de la vie nue .

Exercice 179 — Le Morning Pages (Julia Cameron)
Description :

Une pratique matinale d'écriture libre et spontanée pour déverrouiller sa créativité, clarifier ses pensées et cultiver un lien intime avec soi-même.

Instructions

1. Chaque matin au réveil, avant toute autre activité, offrez-vous un moment d'écriture spontanée. L'idéal est de prévoir une demi-heure au calme, avec une boisson chaude à portée de main.

2. Munissez-vous d'un carnet vierge et d'un stylo qui glisse bien. Évitez d'écrire sur ordinateur, la connexion sensuelle au papier est précieuse.

3. Commencez à écrire sans réfléchir, sans chercher à bien écrire ou à être cohérent. Laissez couler le flux de votre conscience sur la page, dans une écriture cursive et ininterrompue.

4. Vous pouvez partir de votre ressenti du moment, de vos rêves de la nuit, d'une image ou d'une question... Puis laissez l'écriture vous emmener là où elle veut, sans la contrôler.

5. Ne vous préoccupez pas de l'orthographe, de la syntaxe ou du style. L'enjeu n'est pas de produire un texte parfait mais d'explorer sans entrave les territoires de votre monde intérieur.

6. Si vous êtes à court d'inspiration, réécrivez simplement la même chose jusqu'à ce qu'une nouvelle idée émerge. Restez en mouvement, la main faisant une avec le mental qui se libère.

7. Visez trois pages complètes à chaque session, sans forcer. C'est un seuil qui semble favoriser le déblocage créatif et l'accès à votre voix authentique.

8. Vous pouvez écrire sur vos émotions, vos aspirations, vos soucis, vos joies... Aucun sujet n'est tabou. Votre journal est un espace sacré où tout peut se dire sans jugement.

9. Ne relisez pas vos écrits dans l'immédiat, laissez passer au moins quelques semaines. Votre inconscient a besoin de ce temps de latence pour intégrer et transmuter ce qui est sorti.

10. Lorsque vous aurez rempli un carnet, vous pourrez le parcourir avec un regard neuf et bienveillant. Peut-être y découvrirez-vous des perles d'intuition, des messages de votre âme, des pistes pour avancer...

11. Surtout, célébrez le chemin parcouru : chaque page est une victoire sur l'autocensure, chaque ligne est un pas vers plus d'authenticité et de liberté créatrice. Votre écriture du matin est un rendez-vous sacré avec vous-même.

12. Si vous pratiquez ce rituel quelques mois, vous constaterez des effets bénéfiques sur votre humeur, votre énergie, votre discernement. Vous deviendrez l'explorateur et l'alchimiste de votre vie intérieure...

13. Pour Julia Cameron, les morning pages sont le socle de la récupération créative. En couchant nos angoisses et nos espoirs sur le papier, nous libérons un espace psychique pour que notre créativité naturelle se déploie, au service de nos projets et de notre évolution.

14. Alors, dès demain, offrez-vous ce cadeau du matin : un temps d'écriture intime et spontanée, pour donner voix à votre être profond et épouser le mouvement organique de la vie en vous... Votre créativité n'attend que votre plume matinale pour s'éveiller

Rituels & Cérémonies

Rituels & Cérémonies

Exercice 180 — L'Oracle des Synchronicités
Description:

Une pratique pour aiguiser son attention aux signes et messages de l'univers, et engager un dialogue intuitif avec le champ des synchronicités.

Instructions

1. Chaque matin au réveil, formulez une question ouverte ou une intention de guidance pour la journée (exemples : "Que puis-je faire pour cultiver plus de joie ?" ou "Univers, montre-moi le chemin vers plus d'abondance...").

2. Dans votre journal, notez votre question ou intention. Puis lâchez prise et laissez la journée se dérouler, en restant attentif aux signes éventuels.

3. Tout au long du jour, repérez les événements insolites, les rencontres marquantes, les phrases entendues, les symboles qui attirent votre attention... Comme si l'univers vous adressait des clins d'œil .

4. Le soir, relisez votre intention. Listez toutes les synchronicités, petites ou grandes, qui ont résonné pour vous. Pour chacune, notez le message qu'elle semble porter.

5. Relisez vos notes et ressentez la cohérence ou le fil rouge qui se dégage. Quelle réponse globale se dessine ? Quel pas suivant est inspiré ?

6. Remerciez l'univers pour ses messages (même s'ils vous semblent obscurs dans l'immédiat). Votre gratitude et votre confiance renforcent le dialogue intuitif .

7. Au fil des jours, affinez votre communication avec le champ des synchronicités. Vous développerez un véritable langage symbolique, une boussole intuitive pour naviguer votre vie.

Exercice 181 — Cérémonie de purification par les encens sacrés

Description :

Un rituel de nettoyage énergétique de son être et de son espace par la fumée des plantes sacrées.

Instructions

1. Procurez-vous de l'encens naturel de qualité (sauge blanche, palosanto, cèdre, copal...). Renseignez-vous sur les vertus spécifiques de chaque résine et syntonisez-vous à votre intention.

2. Créez un espace cérémoniel dans la pièce de votre choix, avec des cristaux, des plumes, des éléments naturels... quelques instants de respiration consciente pour vous centrer.

3. Allumez un charbon ardent dans un bol et déposez-y une pincée d'encens. Quand la fumée commence à s'élever, exprimez une prière pour appeler la bénédiction des quatre directions.

4. Fermez les yeux et laissez la fumée purificatrice vous envelopper entièrement, de la tête aux pieds. Visualisez-la qui chasse les énergies stagnantes, les mémoires obsolètes...

5. Avec une plume ou vos mains, brassez la fumée sur votre corps en conscience. Invitez-la à pénétrer chaque recoin de votre aura, purifiant vos corps physique, émotionnel, mental et spirituel.

6. Lorsque vous vous sentez dans un cocon vibratoire clair et lumineux, passez à la purification de l'espace. Faites le tour de la pièce dans le sens des aiguilles d'une montre, en diffusant la fumée sacrée.

7. Ouvrez les fenêtres pour laisser l'air circuler et visualisez les énergies disharmonieuses évacuées à l'extérieur. Votre décor retrouve sa pureté originelle, vibrant de lumière et de paix...

8. Revenez au centre de la pièce et laissez l'encens se consumer entièrement. Ressentez la clarté, le calme, le sentiment de sacré qui imprègne votre intériorité et votre lieu de vie.

9. Lorsqu'il est éteint, enterrez les cendres dans la terre ou dispersez-les au vent. Elles continueront leur action purificatrice et fertilisante là où elles seront accueillies...

10. Réactivez cette vibration purifiée chaque matin en allumant un bâton d'encens. Sa fragrance subtile vous connectera à l'invisible et vous enveloppera de son manteau protecteur...

11. Cette cérémonie est particulièrement recommandée à chaque changement de saison, ou lorsque vous sentez une baisse d'énergie, un besoin de nettoyer vos corps subtils et votre lieu de vie.

Exercice 182 — Rituel de passage des âges de la vie
Description :

Une cérémonie symbolique pour honorer et intégrer les grandes étapes de son parcours de vie, afin de vivre les transitions avec conscience et fluidité.

Instructions

1. Identifiez une transition majeure que vous vivez (adolescence, entrée dans l'âge adulte, maternité/paternité, mitan de la vie, retraite...) et sentez l'importance de la marquer par un rituel.

2. Choisissez un lieu naturel inspirant pour réaliser votre rituel (clairière, sommet, rivage...). Ou créez un espace sacré chez vous avec des éléments symboliques : bougies, encens, objets de pouvoir...

3. Débutez la cérémonie par un temps de méditation silencieuse pour vous centrer et contacter votre intention. Connectez-vous à votre respiration, votre corps, votre espace intérieur.

4. Évoquez mentalement les différentes étapes de cette tranche de vie que vous quittez. Les joies, les peines, les enseignements, les personnages marquants. Remerciez-les sincèrement.

5. Sur un papier, écrivez une lettre à votre "ancien vous" pour lui exprimer votre gratitude et votre compassion. Accueillez son parcours avec bienveillance et formulez vos adieux à cette étape.

6. Faites brûler cette lettre dans un bol en visualisant que vous remettez à la sagesse du Feu les expériences passées. Vous vous délestez, vous faites de la place pour le nouveau.

7. Énoncez maintenant à voix haute votre intention pour ce nouveau cycle qui s'ouvre. Comment souhaitez-vous le vivre, quelles valeurs incarnées, quels apprentissages réaliser ?

8. Imaginez votre "vous" futur épanoui(e) dans cet âge nouveau. Visualisez ses qualités, sa façon d'être au monde. Dialoguez avec lui/elle et demandez-lui conseil et soutien.

9. Réalisez un geste symbolique pour sceller ce passage : franchir un portail imaginaire, briser une chaîne, plonger dans l'eau purificatrice, planter une graine en terre, allumer une flamme...

10. Si vous le souhaitez, invitez des êtres chers à votre rituel pour qu'ils témoignent de votre transformation. Vivez un moment de célébration et de partage avec votre communauté.

11. En clôture de cérémonie, formulez une prière de gratitude et d'offrande à la Vie, à votre Soi supérieur, à vos guides. Affirmez votre confiance dans ce nouveau chemin qui s'ouvre.

12. Prenez un temps pour contempler en silence la beauté du paysage, la lumière du jour. Ressentez l'énergie d'optimisme et de renouveau en vous. Marchez d'un pas tranquille vers la suite.

13. Les jours suivants, imprégnez-vous encore de la force de ce rituel. Notez vos rêves, vos synchronicités. La Vie vous guide et vous inspire sur ce nouveau chemin de découverte.

14. Renouvelez ce rituel de passage chaque fois que vous sentez un cycle s'achever et un autre débuter. C'est une façon d'honorer le caractère sacré de votre destinée et d'en être un acteur conscient.

Exercice 183 — Rituel du feu intérieur

Description :

Une cérémonie méditative pour éveiller, purifier et revitaliser son feu intérieur, source d'énergie spirituelle et de volonté créatrice.

Instructions

1. Choisissez un lieu propice à une cérémonie sacrée, chez vous ou en pleine nature. Installez les éléments du rituel : un foyer ou une bougie, de l'encens, des cristaux, une offrande symbolique de votre choix.

2. Asseyez-vous en tailleur face au foyer. Fermez les yeux et respirez profondément. Visualisez un grand cercle de protection lumineuse autour de vous. Appelez les forces bienveillantes à vous entourer.

3. Ouvrez les yeux et fixez la flamme sans ciller. Ressentez la puissance du feu, sa chaleur, son rayonnement... Il est le symbole du pouvoir de transformation spirituelle en vous.

4. Sur une inspiration, aspirez la flamme dans votre plexus solaire, siège du feu intérieur. Visualisez une boule d'énergie rayonnante qui pulse dans votre ventre. C'est votre foyer de vie et de volonté.

5. Nourrissez cette flamme intérieure en récitant des affirmations puissantes : "J'éveille mon feu sacré. Je suis rayonnant de vitalité. Ma volonté est claire et affirmée. Je transmute mes peurs en force créatrice..."

6. Ressentez votre feu intérieur qui grandit, qui purifie votre corps et votre mental... Il brûle les scories, les blocages, les stagnations... Il ne laisse que l'or de votre être essentiel.

7. Laissez émerger une intention, un projet qui vous tient à cœur. Confiez-le à votre flamme intérieure. Visualisez qu'elle irradie dans cette direction, qu'elle dynamise sa réalisation...

8. Au pic de la visualisation, criez un "HA." puissant, en projetant votre feu dans l'espace devant vous. Sentez-le rayonner au-delà de vous, porter votre intention dans l'Univers. C'est une graine de potentiel...

9. Place au silence méditatif... Observez la danse paisible des flammes extérieure et intérieure. Réalisez qu'elles vibrent à l'unisson, reflets d'une même Énergie primordiale...

10. Pour clore le rituel, jetez dans le feu votre offrande symbolique, en signe de remerciement et de lâcher-prise. Puis saluez les directions, soufflez la bougie, avec gratitude pour cette renaissance...

11. Poursuivez votre journée en sentant votre feu intérieur qui veille, inextinguible. Il est l'allié puissant de votre chemin d'éveil et de réalisation.

12. Vous pouvez réactiver cette flamme sacrée par la visualisation, le mouvement, la respiration, à tout moment. Elle est votre source vive, votre élan vital originel.

13. Honorez le feu en vous et autour de vous. Dans le regard d'un être cher, un coucher de soleil, une parole inspirante... Célébrez son pouvoir de renaissance .

14. Car vous êtes né du feu et vous retournerez au feu. Entre-temps, vivez intensément, cocréez passionnément, aimez radieusement... C'est le vœu du feu intérieur qui cherche à s'exprimer à travers vous.

Exercice 184 — Purification respiratoire des sinus (Jala Neti)
Description :

Une technique issue du yoga pour nettoyer et débloquer les voies nasales, améliorer la respiration et renforcer l'immunité.

Instructions

1. Procurez-vous un pot Neti (une petite cruche en forme de théière) et du sel de mer non raffiné. Vous pouvez utiliser un demi-litre d'eau de source ou filtrée, tiédie pour plus de confort.

2. Diluez une cuillère à café bombée de sel dans l'eau tiède, jusqu'à obtenir un goût proche de celui des larmes. Versez la solution dans votre pot Neti, préalablement stérilisé.

3. Placez-vous au-dessus d'un lavabo, penchez-vous vers l'avant et tournez la tête vers la droite. Insérez doucement le bec du pot dans votre narine gauche, en gardant la bouche ouverte pour respirer.

4. Penchez le pot Neti de façon à faire couler l'eau salée dans votre narine. Gardez votre tête alignée pour permettre à l'eau de ressortir par l'autre narine, entraînant avec elle les impuretés.

5. Continuez à verser jusqu'à utiliser la moitié de l'eau, en respirant calmement par la bouche. Si la solution passe dans votre gorge, recrachez-la simplement sans panique.

6. Une fois terminé, retirez le bec, expirez doucement par le nez puis mouchez-vous délicatement, en bloquant une narine puis l'autre. Essuyez votre nez avec une serviette.

7. Répétez le processus de l'autre côté, en insérant le bec dans la narine droite et en laissant l'eau s'écouler vers la gauche. Finissez le reste de la solution nasale.

8. Après avoir mouché les deux narines, penchez-vous à nouveau en avant et expirez vigoureusement à plusieurs reprises, en contractant les abdominaux pour expulser l'eau résiduelle.

9. Pour parfaire le nettoyage, effectuez quelques respirations rapides du yoga (Kapalabhati) : inspirez par le ventre puis expirez par à-coups puissants en rentrant le nombril, comme si vous souffliez sur une bougie.

10. Relevez-vous calmement et prenez quelques grandes respirations par le nez, en savourant la sensation de fraîcheur et de clarté dans vos sinus. Votre souffle est libre et purifié.

11. Après la pratique, stérilisez votre pot Neti à l'eau bouillante et laissez-le sécher à l'air libre. Réservez-le uniquement pour cet usage, dans un endroit propre.

12. Il est recommandé de pratiquer le JalaNeti une à deux fois par semaine, de préférence le matin ou avant une séance de yoga. En cas de rhume ou d'allergie, vous pouvez le faire quotidiennement jusqu'à amélioration.

13. Les premiers essais peuvent être un peu inconfortables, mais en quelques séances vous apprivoiserez la technique et ressentirez tous ses bienfaits. Votre respiration sera plus ample et lumineuse.

Exercice 185 — Rituel du cacao sacré

Description : Une cérémonie ancestrale pour ouvrir le cœur, éveiller les sens et se reconnecter à la sagesse de la Terre-Mère, en savourant un délicieux cacao brut.

Instructions

1. Procurez-vous du cacao cru de qualité, de préférence issu du commerce équitable et biologique. Vous aurez également besoin d'une casserole, d'un fouet en bois et de votre tasse préférée.

2. Créez un espace sacré pour votre rituel, avec des éléments naturels qui vous inspirent - fleurs, pierres, bougies... Disposez une belle nappe et installez-vous confortablement, assis ou allongé.

3. Commencez par remercier les forces de la vie de vous offrir ce moment de connexion et de délice. Exprimez votre gratitude pour les mains qui ont cueilli et préparé ce cacao, pour la terre qui l'a vu grandir.

4. Dans une casserole, faites chauffer doucement de l'eau. Ajoutez 2 à 3 cuillères à soupe de cacao cru en poudre par tasse d'eau, selon l'intensité désirée. Vous pouvez aussi ajouter une pincée d'épices (cannelle, cardamome...) et un peu de miel si vous le souhaitez.

5. Mélangez délicatement avec un fouet en bois jusqu'à obtenir une préparation onctueuse et homogène. Pendant que vous mélangez, visualisez que vous infusez ce breuvage de vos prières et de vos intentions les plus pures.

6. Versez le cacao chaud dans votre tasse et prenez un instant pour admirer sa belle couleur et humer son parfum envoûtant. Ressentez la joie et l'excitation de ce moment de partage avec une plante sacrée.

7. Avant de boire, faites une offrande symbolique à la Terre, en versant quelques gouttes au sol avec une prière de votre cœur. Cela peut être

un message de paix, une demande de guidance ou simplement un merci.

8. Puis savourez votre cacao à petites gorgées, en le laissant fondre sur votre langue et éveiller tous vos sens. Ressentez sa douceur, sa chaleur, sa rondeur. Imaginez ses bienfaits qui se répandent dans tout votre corps.

9. Au fil de la dégustation, laissez votre esprit s'apaiser et votre cœur s'ouvrir. Accueillez les insights, les émotions, les visions qui émergent, sans les juger. Le cacao est un allié puissant pour explorer notre monde intérieur avec douceur.

10. Vous pouvez accompagner ce rituel de musique douce, de lecture inspirante ou simplement de silence méditatif. Laissez-vous guider par votre intuition et votre ressenti.

11. Lorsque vous avez terminé, prenez un moment pour intégrer l'expérience. Ressentez la vibration subtile du cacao dans vos cellules, l'expansion de votre cœur, votre connexion profonde avec le vivant.

12. Terminez en remerciant l'esprit du cacao et les forces de la vie pour ces bienfaits et ces révélations. Faites le vœu d'honorer ces enseignements dans votre quotidien.

13. Puis refermez doucement l'espace sacré, en rangeant les offrandes et en soufflant les bougies. Gardez-en vous le nectar de ce moment hors du temps, comme un trésor qui continuera de vous inspirer et de vous ouvrir le cœur.

Exercice 186 — Les rituels de reliance en groupe
Description :

Des pratiques collectives pour se relier en conscience, se soutenir et se célébrer mutuellement.

Instructions

1. Réunissez autour de vous un groupe de personnes en affinité (amis, collègues, famille...) et créez un espace rituel propice à l'intériorisation (cercle de coussins, bougies, encens, musique douce...).

2. Ouvrez votre cercle par un temps de centrage : fermez les yeux, respirez profondément ensemble et invoquez mentalement vos intentions de partage, de bienveillance, de célébration mutuelle.

3. À tour de rôle, verbalisez votre gratitude d'être ensemble, reliés dans un cercle de confiance et de soutien. Remerciez chaque personne pour les qualités qu'elle incarne et la lumière qu'elle apporte au groupe.

4. Proposez un temps de "météo intérieure" où chacun partage en quelques mots son état d'être du moment, ce qui l'habite de beau ou de difficile. Accueillez-vous mutuellement avec une écoute bienveillante.

5. Faites circuler un "bâton de parole" (ou un objet symbolique) et invitez chacun à exprimer une intention, un rêve, un défi qui lui tient à cœur. Le groupe renvoie des reflets nourriciers et des encouragements.

6. Variante : faites un tour de "J'offre / Je demande" où chacun exprime un talent qu'il veut mettre au service du groupe et un besoin qu'il formule pour être soutenu. Laissez émerger l'entraide et les synergies.

7. Ensemble, visualisez une lumière dorée qui descend sur votre cercle et nimbe chaque personne d'une aura de paix et de vitalité. Imprégnez-vous de ce champ vibratoire bienfaisant, renforcé par votre union.

8. Concluez votre rituel par un geste symbolique qui scelle votre reliance : une accolade collective, un chant, une danse partagée, un partage de nourriture... La libre créativité est de mise .

9. Honorez votre cercle et la qualité du lien co-créé entre vous. Puis réouvrez progressivement l'espace en vous étirant, en vous reliant au monde extérieur. Résonnez à ce qui a été échangé.

10. Renouvelez régulièrement ces rituels de reliance, pour réactiver le soutien et la circulation d'amour entre vous. Ces bulles de confiance sont des oasis de ressourcement sur votre chemin.

Exercice 187 — Rituel de Sourire au Monde
Description :

Un rituel matinal pour rayonner la bienveillance autour de soi et cultiver un regard aimant sur tous les êtres.

Instructions

1. Chaque matin au réveil, avant même d'ouvrir les yeux, étirez vos lèvres en un large sourire. Maintenez ce sourire pendant 1 à 3 minutes.

2. En gardant les yeux fermés, visualisez que vous irradiez autour de vous un halo de lumière bienveillante, comme un doux soleil émanant de votre cœur.

3. Formulez en silence votre intention d'être une présence chaleureuse et encourageante pour tous ceux que vous croiserez aujourd'hui.

4. En allant à la salle de bain, croisez votre regard dans le miroir et adressez-vous le plus beau des sourires. Reconnaissez votre visage comme digne d'amour.

5. Au fil de la journée, dès que vous y pensez, relevez les coins de vos lèvres et éclairez le monde de ce sourire intérieur.

6. Quand vous rencontrez quelqu'un, souriez à son humanité au-delà des apparences. Souriez à l'étincelle de vie qui brille en lui.

7. Souriez aux obstacles comme à des défis pour grandir. Souriez à vos erreurs avec compassion. Souriez à toute chose avec un regard neuf.

8. Le soir, remémorez-vous les sourires échangés. Endormez-vous en souriant dans la sensation d'être profondément relié aux autres.

9. Jour après jour, laissez ce rituel imprégner votre être et transformer votre vision du monde. Vous deviendrez un phare de douceur pour tous...

Exercice 188 — Rituel de la pleine lune

Description: Un rituel mensuel pour s'aligner avec les énergies lunaires, lâcher prise sur le révolu et formuler de nouvelles intentions en accord avec ses aspirations profondes.

Instructions

1. Choisissez un soir de pleine lune et créez un espace sacré pour votre rituel. Vous pouvez vous installer à l'extérieur pour vous baigner dans la lumière lunaire ou près d'une fenêtre avec vue sur la lune.

2. Disposez autour de vous des objets symboliques qui vous inspirent et vous relient au sacré - bougies, cristaux, fleurs, encens... Créez une atmosphère de beauté et de sérénité.

3. Asseyez-vous confortablement, le dos droit, et prenez quelques grandes respirations pour vous centrer. Ressentez la présence bienveillante de la lune, sa lumière douce qui vous enveloppe et vous apaise.

4. Commencez par faire un bilan intérieur du mois qui s'achève. Repassez en revue les événements marquants, les joies, les défis, les leçons apprises. Accueillez tout cela avec douceur et sans jugement.

5. Maintenant, identifiez ce que vous êtes prêt à lâcher, ce qui ne vous sert plus - des peurs, des croyances limitantes, des schémas nocifs, des attachements... Imaginez que vous les déposez symboliquement dans un bol ou sur un morceau de papier.

6. Lorsque vous vous sentez prêt, allez brûler ce papier ou vider ce bol, en visualisant que vous vous libérez du poids du passé. Ressentez la légèreté et l'espace qui s'ouvrent en vous.

7. De retour dans votre espace sacré, prenez quelques instants pour rêver votre futur. Quelles graines souhaitez-vous planter pour le cycle à venir ? Quelles qualités voulez-vous cultiver ? Quels projets vous tiennent à cœur ?

8. Laissez émerger de votre cœur 3 à 5 intentions profondes, en accord avec vos valeurs et vos aspirations. Formulez-les de manière positive et affirmative, comme si elles étaient déjà réalisées.

9. Vous pouvez écrire ces intentions sur un papier, les prononcer à voix haute ou simplement les ancrer dans votre cœur. Visualisez-les qui s'épanouissent dans la lumière de la pleine lune, qui se chargent de son énergie puissante.

10. Terminez en exprimant votre gratitude pour le chemin parcouru et pour toutes les bénédictions à venir. Ressentez votre connexion profonde avec les cycles de la nature, avec le mystère sacré de la vie.

11. Avant de clore l'espace, prenez un instant pour savourer la magie et la beauté de ce rituel. Imprimez ces sensations dans votre corps et dans votre cœur, comme un trésor intérieur qui continuera de vous inspirer.

12. Puis soufflez les bougies, rangez les offrandes et reprenez le cours de votre soirée en emportant avec vous la clarté et la puissance paisible de la pleine lune. Chaque jour, vous pourrez vous reconnecter à vos intentions et les laisser guider vos pas.

Exercice 189 — Rituel d'abondance et de prospérité
Description :

Une pratique pour se relier à sa nature profondément prospère et ouvrir les canaux de l'abondance matérielle et spirituelle dans sa vie.

Instructions

1. Choisissez une date symbolique pour ce rituel (nouvelle lune, équinoxe, anniversaire...). Rassemblez des objets évocateurs d'abondance : pièces dorées, fruits gourmands, images de la nature généreuse...

2. Créez un autel avec une belle nappe, des bougies, de l'encens. Disposez vos objets avec une intention artistique. Cet autel matérialise votre vision de la prospérité sur tous les plans.

3. Asseyez-vous face à l'autel et contemplez-le avec émerveillement. Puis fermez les yeux et visualisez une pluie de pièces d'or qui tombe du ciel et recouvre peu à peu tout l'espace autour de vous.

4. Ressentez l'abondance qui vous enveloppe, vous irrigue, vous comble... Tout l'univers conspire à vous offrir ses trésors les plus précieux. Vous le méritez simplement parce que vous êtes vivant(e).

5. Lorsque vous êtes imprégné(e) de cette énergie, exprimez à voix haute des affirmations positives : "J'active mon aimant à abondance. L'argent afflue facilement vers moi. Je suis digne de vivre mes rêves..."

6. Visualisez une corne d'abondance flamboyante au-dessus de votre tête. Elle déverse dans votre vie une cascade de possibilités, de synchronicités, d'opportunités... Dites un grand "OUI ." à ce flux inépuisable.

7. Laissez émerger l'image d'un projet concret que vous souhaitez réaliser ou d'un désir que vous voulez matérialiser. Confiez-le à votre corne d'abondance intérieure et lâchez prise...

8. Achevez le rituel par une danse spontanée, en bougeant votre corps dans toutes les directions. Vous irradiez la joie de la prospérité sur tous les plans . Votre corps sait comment se mettre en mouvement pour l'accueillir.

9. Remerciez les forces de l'invisible pour leur soutien permanent. Vous êtes à chaque instant co-créateur (trice) de votre réalité d'abondance. Il vous suffit d'ouvrir les vannes de la réception...

10. Gardez une trace de ce rituel en rédigeant votre expérience et vos engagements dans votre journal d'abondance. Et matérialisez votre nouvelle vibration par un cadeau à vous-même.

Exercice 190 — Rituel de nouvelle lune

Description :

Un rituel à effectuer chaque mois lors de la nouvelle lune, pour clore un cycle, lâcher prise sur le passé et clarifier ses intentions pour le cycle à venir.

Instructions

1. Choisissez un soir de nouvelle lune où vous serez tranquille. Créez une atmosphère rituelle : bougies, encens, objets sacrés, musique douce...

2. Installez-vous confortablement, de préférence à l'extérieur sous le ciel nocturne. Fermez les yeux, prenez quelques respirations profondes pour vous centrer.

3. Passez en revue le cycle lunaire écoulé, depuis la dernière nouvelle lune. Remémorez-vous les événements marquants, les joies, les peines, les accomplissements, les blocages...

4. Pour chaque souvenir qui émerge, accueillez l'émotion associée. Ressentez-la pleinement, sans jugement. Puis imaginez que vous confiez cette émotion à la lune.

5. Visualisez toutes vos expériences du mois écoulé qui se déposent dans le croissant lunaire, comme des pépites de vie qui vont nourrir le prochain cycle...

6. Lorsque vous sentez que ce travail de relecture et de lâcher-prise est complet, tournez votre regard vers le cycle à venir. Connectez-vous à vos aspirations profondes.

7. Qu'aimeriez-vous voir éclore dans votre vie pendant ce nouveau cycle ? Quelles qualités souhaitez-vous cultiver ? Quelles relations, quels projets fertiliser ?

8. Clarifiez une intention globale pour la période à venir, puis imaginez que vous la plantez comme une graine dans le sol fertile de la nouvelle lune.

9. Sentez la force d'engagement et de renouveau que cette intention fait naître en vous. Imprégnez-vous de la puissance des commencements, des possibles qui s'ouvrent...

10. Vous pouvez clore le rituel en écrivant votre intention sur un papier puis en le brûlant, en signe de remise au mystère sacré de la vie qui vous traverse.

11. Avant de souffler vos bougies, prenez encore quelques instants pour honorer le cycle naturel mort-renaissance, achèvement-commencement dont vous faites intimement partie.

12. Puis terminez en remerciant les forces de vie qui vous habitent. Éteignez doucement les bougies, inspirez l'encens, réintégrez le monde ordinaire, enrichi par ce passage rituel.

13. Renouvelez à chaque cycle lunaire cette pratique pour rester en phase avec les rythmes cosmiques et devenir co-créateur des cycles de votre vie.

Exercice 191 — Rituel de reconnexion avec les ancêtres
Description :

Une cérémonie pour honorer ses racines, guérir l'arbre généalogique et recevoir force et guidance de ses ancêtres.

Instructions

1. Choisissez une date propice (jour des morts, anniversaire d'un aïeul...) et un lieu calme où créer votre autel. Rassemblez des photos, objets, offrandes symboliques pour vos ancêtres.

2. Disposez une belle nappe, des bougies, de l'encens, des fleurs... Créez une ambiance propice au recueillement. Ajoutez au centre un bol d'eau pure et une coupe de sel.

3. Asseyez-vous devant l'autel et méditez pour vous relier à la lignée de vos ancêtres. Visualisez vos racines qui plongent dans la terre, s'abreuvant à la source originelle...

4. Allumez une bougie pour chaque ancêtre et prononcez son nom à voix haute. Partagez une anecdote, un trait de caractère, une pensée inspirante sur lui/elle... Votre mémoire honore sa mémoire.

5. Pour les ancêtres plus lointains dont vous ne connaissez pas l'histoire, invoquez leur présence bienveillante. Visualisez une flamme qui s'allume pour chacun sur votre arbre généalogique lumineux.

6. Dans le bol d'eau, versez doucement le sel en nommant ce que vous souhaitez transformer, réparer, clarifier dans votre lignée. L'eau symbolise votre intention de purification et de réconciliation.

7. Restez un moment, yeux fermés, à respirer dans cet espace sacré. Ressentez la gratitude pour le fil de vie qui vous relie à vos aïeux. Leurs destins tourmentés vous ont ouvert la voie...

8. Demandez intérieurement aux ancêtres éveillés de vous entourer de leur guidance aimante. Soyez à l'écoute des mots, images, sensations qui vous traversent...

9. Terminez le rituel en chantant un air traditionnel, en récitant un poème ou en dansant une danse qui évoque la mémoire familiale en vous. Votre corps est le temple vivant de tous ceux qui vous ont précédé .

10. Après la cérémonie, offrez l'eau salée à une plante ou à la terre en signe de libération et de renouveau. Et prenez soin de votre autel, comme vous prendriez soin de votre arbre généalogique...

11. Ce rituel est à renouveler régulièrement pour nourrir le lien à vos ancêtres et recevoir leurs bénédictions. Vous vous inscrivez dans une lignée qui vous dépasse et vous porte.

Exercice 192 — Rituel de libération des schémas de vie limitants

Description :

Un rituel psycho-magique pour se défaire de ses conditionnements profonds et renaître à un être neuf.

Instructions

1. Trouve un lieu propice pour ton rituel : dans la nature, près d'un cours d'eau, un endroit chargé de sens pour toi. Choisis un moment où tu seras tranquille, de préférence à l'aube ou au crépuscule.

2. Apporte de quoi écrire (feuille et stylo), quelque chose à brûler (bougie, allumettes) et à enterrer ou immerger (petite boîte, caillou...). Crée un espace sacré (cercle de pierres, bougies, encens...).

3. Assieds-toi au centre de ton cercle et ferme les yeux. Invoque mentalement tes guides, tes ancêtres ou tes forces tutélaires. Demande-leur de t'assister et te protéger pendant ton rituel.

4. Sur ta feuille de papier, écris tout ce que tu veux laisser derrière toi : tes peurs, tes doutes, tes croyances toxiques, tes vieux schémas... Sois honnête et exhaustif, c'est un acte d'explicitation et d'humilité.

5. Quand tu as fini, plie ta feuille et glisse-la dans ta petite boîte (ou sous ton caillou). C'est comme si tu mettais tes fardeaux dans un cercueil symbolique. Scelle ce réceptacle avec soin.

6. Prononce alors des paroles puissantes, comme si tu t'adressais à tes ombres : "Je vous remercie pour vos enseignements, mais désormais je vous libère et je choisis de renaître à la lumière. Je ne suis plus enchaîné(e) à vous. Je m'en vais libre et purifié(e)."

7. Creuse un trou dans la terre et dépose-y ta boîte. Ou immerge-la dans la rivière. C'est un geste d'abandon définitif, de rupture de pacte avec tes vieux démons. Ressens le soulagement, l'espace disponible...

8. Allume alors ta bougie et contemple sa flamme. Laisse-la consumer tout résidu de peur et d'auto-sabotage. Vois tes cendres s'envoler dans la nuit. Imprègne-toi de la chaleur, de la lumière de cet espoir renaissant.

9. Quand la bougie a fini de se consumer, ferme les yeux et visualise ton être lavé de ses scories, transparent, lumineux. Sens ton corps vibrer d'une énergie nouvelle, ton cœur s'ouvrir, ton esprit s'élargir...

10. Remercie le Vivant pour ce rituel libérateur. Démantèle soigneusement ton cercle sacré. Puis lance-toi d'un pas décidé sur le chemin de ton existence renouvelée, en terre vierge de toi-même.

Exercice 193 — Rituel thérapeutique du Reiki
Description :

Une séance guidée de soins énergétiques par imposition des mains, pour équilibrer les corps subtils et favoriser la guérison holistique.

Instructions

1. Installez-vous dans un lieu calme et accueillant, baigné d'une lumière douce. Allumez une bougie et de l'encens si vous le souhaitez, pour créer une atmosphère sacrée.

2. Allongez-vous confortablement sur une natte ou un futon, les bras le long du corps. Fermez les yeux et détendez-vous en respirant profondément. Visualisez une bulle de lumière blanche qui vous enveloppe.

3. Prononcez mentalement ou à voix haute les 5 principes du Reiki : "Juste pour aujourd'hui, je me libère de la colère. Juste pour aujourd'hui, je me libère des inquiétudes..."

4. Placez vos mains en prière devant le cœur et appelez silencieusement l'énergie du Reiki. Visualisez une sphère de lumière dorée qui descend du ciel et pénètre votre couronne. Elle irradie le long de vos bras jusqu'au centre des paumes.

5. Posez lentement vos mains sur votre corps en suivant les positions traditionnelles du Reiki : couronne, front, tempes, gorge, cœur, plexus solaire, bas-ventre... Laissez-les au moins 3 minutes à chaque endroit.

6. Accueillez la chaleur, les fourmillements, les vibrations subtiles qui émanent de vos paumes. C'est l'énergie de vie universelle qui vous traverse et réharmonise tous vos plans.

7. Si une zone vous semble bloquée ou douloureuse, imposez-y les mains plus longtemps, avec une intention de douceur et de libération. Visualisez la lumière du Reiki qui dissout les nœuds...

8. À la fin du parcours, reposez les mains sur votre cœur. Ressentez sa pulsation paisible, son expansion lumineuse... Vous vous reconnectez à votre essence cœur, votre nature de paix et de joie.

9. Laissez émerger un sentiment de gratitude pour la vie, pour le cadeau de cette séance. Remerciez l'énergie du Reiki pour ses bienfaits qui continueront d'œuvrer en vous, subtilement...

10. Pour conclure, étirez-vous comme après un long sommeil réparateur. Massez doucement vos membres, votre visage. Ouvrez tranquillement les yeux, avec la sensation d'une profonde détente et vitalité.

11. Poursuivez votre journée en restant attentif aux messages de votre corps et de votre âme. Le Reiki est un allié précieux pour votre mieux-être quotidien. Activez-le par la pensée dès que le besoin s'en fait sentir.

Exercice 194 — Rituel d'engagement des vœux du cœur

Description :

Une cérémonie solennelle et intime pour formuler et ancrer ses aspirations profondes, ses idéaux éthiques et spirituels.

Instructions

1. Choisissez une date et un lieu propices pour vivre ce moment sacré. Vous pouvez vous rendre sur un site naturel majestueux ou créer une ambiance spéciale chez vous, avec des bougies, de l'encens, des objets inspirants.

2. Préparez un texte solennel énonçant vos vœux essentiels, vos lignes de conduite, vos priorités de vie et d'évolution. Quelle femme/homme voulez-vous devenir ? Quelles sont vos valeurs cardinales ? Vos rêves d'impact positif ?

3. Habillez-vous avec une tenue qui vous met en valeur et vous connecte à votre noblesse intérieure. Portez éventuellement un symbole qui représente votre engagement (bijou, foulard, tatouage éphémère...).

4. Commencez le rituel en vous mettant dans un état méditatif par des respirations profondes. Énoncez une prière de votre choix pour appeler la présence du sacré et des forces bienveillantes.

5. Puis lancez à voix haute, avec toute la conviction de votre âme : "En ce jour et pour toujours, moi [votre nom], je m'engage solennellement à ..." Déclamez vos vœux, clairement, puissamment.

6. À chaque engagement énoncé, allumez une bougie puis fermez les yeux pour le sceller en vous. Ressentez le poids et la portée de vos mots. Vous vous engagez devant le plus haut en vous, en totale liberté.

7. Après la dernière phrase, restez un moment les yeux clos pour intégrer la vibration de vos vœux au plus profond de votre être. Votre parole a le pouvoir d'orienter le cours de toute votre vie...

8. Pour clore la cérémonie, inclinez-vous symboliquement pour honorer votre résolution. Puis éteignez lentement les bougies en visualisant que vous diffusez la lumière de vos engagements dans le monde.

9. Rédigez vos vœux sur un beau papier et signez-le comme un pacte sacré avec vous-même. Vous pouvez aussi l'enterrer symboliquement pour ancrer votre intention dans la matière.

10. Relisez régulièrement vos vœux en les disant à voix haute. Ils sont votre garde-fou et votre phare dans les tempêtes de l'existence. Vous honorez ce qu'il y a de plus noble en vous .

11. Lorsque le moment sera venu, n'hésitez pas à ajuster vos engagements pour refléter votre évolution. Renouveler ses vœux est une magnifique pratique pour rester fidèle à son chemin de vie...

Exercice 195 — La Célébration des petites victoires du quotidien

Description :

Une pratique de gratitude ciblée pour honorer ses réussites et ses progrès quotidiens, aussi infimes soient-ils.

Instructions

1. Chaque soir avant de vous endormir, accordez-vous un temps de célébration de vos "petites victoires" du jour : tous ces micro-succès, apprentissages et dépassements de soi qui ont jalonné vos heures.

2. Allongé(e) confortablement dans votre lit, respirez profondément pour vous ancrer dans une qualité de présence à vous-même. Votre journée a peut-être été dense, prenez le temps de la déposer...

3. Parcourez en esprit le film de cette journée et repérez toutes les situations qui ont suscité en vous un sentiment de fierté, de satisfaction ou de joie, même fugace. Elles peuvent sembler anodines de prime abord...

4. Par exemple : un geste d'entraide, un élan créatif, une prise de parole affirmée, un pas vers un projet, un soin accordé à votre corps, un moment de présence à vos proches, une émotion accueillie avec douceur...

5. À chacune de ces "victoires", marquez une pause et savourez pleinement le goût de cette réussite. Ressentez la confiance et la joie qui l'accompagnent. Ancrez cette sensation positive dans votre corps.

6. Remerciez-vous pour votre engagement, votre patience, votre créativité, votre sensibilité... Toutes ces qualités ont rendu vos petites victoires possibles. Honorez vos talents et vos ressources .

7. Pour chaque petit succès, vous pouvez aussi imaginer que vous vous décernez une médaille, un trophée symbolique. Votre estime de vous-même se nourrit de cette reconnaissance inconditionnelle.

8. Si des jugements surviennent ("c'est insignifiant", "j'aurais dû faire mieux"...), accueillez-les avec bienveillance et recentrez-vous sur vos

élans positifs. Vous êtes en train d'affermir votre muscle de la gratitude.

9. Au fil des célébrations, vous pouvez formuler une prière de gratitude pour votre vie, pour vos apprentissages, pour la personne que vous devenez, pas après pas... Vous honorez votre chemin d'évolution.

10. Endormez-vous dans la saveur bienfaisante de cette célébration. Vos rêves s'imprègnent de ses ondes positives . Vous programmez une attitude enthousiaste et confiante pour le lendemain...

11. Ce rituel du soir en appelle d'autres : un journal des victoires, une danse de la joie, un dîner festif, un message de félicitations à un proche... Inventez vos célébrations sur mesure .

12. De petites victoires en reconnaissance, vous consolidez votre estime de vous et votre élan vers une vie plus riche. Un succès en entraînant un autre, vous devenez l'artisan enthousiaste de votre croissance.

Exercice 196 — Le Journal des Petits Miracles
Description :

Une pratique d'écriture quotidienne pour repérer et savourer les cadeaux du présent, ces petits miracles qui enchantent nos journées.

Instructions

1. Chaque soir, offrez-vous un moment de calme et de recueillement avec votre journal.

2. Remémorez-vous votre journée et identifiez 3 à 5 "petits miracles" qui ont illuminé votre quotidien.

3. Décrivez ces précieux moments en détail, en utilisant tous vos sens. Revivez l'expérience sur le papier.

4. Après chaque récit, nommez le cadeau ou la leçon reçue, en commençant par "Merci la vie pour..."

5. Savourez l'émotion générée par chaque souvenir et laissez la gratitude vous irradier.

6. Au fil des jours, vous deviendrez un détective des petites touches de grâce et de beauté qui parsèment votre vie.

Exercice 197 — Le Yoga Nidra des Rêves Éveillés

Description: Une pratique de relaxation profonde et de visualisation pour contacter ses aspirations profondes et planter les graines de leur réalisation.

Instructions

1. Couchez-vous confortablement sur un tapis, avec un coussin sous la tête et une couverture sur le corps pour maintenir une température agréable.

2. Prenez quelques grandes respirations et effectuez un scan corporel pour relâcher les tensions : portez votre attention sur chaque partie du corps, des orteils à la tête, en inspirant dans la zone puis en expirant toute crispation.

3. Connectez-vous à une aspiration ou un rêve qui vous tient à cœur actuellement. Laissez-le monter depuis votre espace intuitif, sans le diriger.

4. Commencez à visualiser ce rêve comme s'il était déjà réalisé. Transportez-vous dans un futur proche où il s'est concrétisé. Impliquez tous vos sens dans cette projection positive.

5. Que voyez-vous autour de vous ? Quelles actions réalisez-vous ? Avec qui interagissez-vous ? Quels retours positifs recevez-vous ?... Plongez dans ce film intérieur comme s'il était réel.

6. Ressentez pleinement les émotions associées à ce rêve devenu réalité. Laissez la joie, la fierté, la gratitude... imprégner chaque cellule de votre corps. Baignez dans ces hautes fréquences vibratoires .

7. Lorsque le film est complet, revisionnez-le mentalement en accéléré, avec tous ses détails savoureux. Gravez cette expérience inspirante dans votre mémoire corporelle et émotionnelle.

8. Pour clore la séance, réancrez-vous dans votre environnement en bougeant doucement doigts et orteils. Étirez-vous comme au sortir d'un sommeil réparateur, en gardant les yeux fermés.

9. Avant de vous relever, prenez quelques instants pour noter les idées inspirantes, les étapes clés, les personnes ressources... qui ont émergé de votre voyage intérieur. Ce sont les graines de votre rêve.

10. Imprégnez-vous de la certitude profonde que ce rêve est déjà en route. Votre projection régulière dans sa réalité vibre à la fréquence de sa réalisation. Vous co-créez son avènement.

Exercice 198 — Les rituels de deuil et de libération
Description :

Des pratiques symboliques et créatives pour honorer une perte, traverser le processus de deuil et retrouver un ancrage vivant en soi.

Instructions

1. Identifiez la perte que vous souhaitez honorer et traverser à ce moment de votre vie : un être cher disparu, une relation terminée, un projet avorté, un lieu quitté, une partie de vous abandonnée...

2. Choisissez un lieu sûr et inspirant pour créer un espace rituel : dans la nature, chez vous devant un autel, dans un lieu de recueillement... L'essentiel est de vous sentir soutenu(e) et en sécurité.

3. Rassemblez quelques éléments symboliques qui incarneront votre processus : une bougie, des fleurs, un objet représentant ce que vous avez perdu, votre journal intime, une image sacrée, une offrande de nourriture...

4. Vous pouvez vous purifier avant de commencer, par une douche ou un bain conscient, en visualisant que l'eau emporte toutes les énergies

stagnantes. Ou en allumant un bâton de sauge et en diffusant la fumée autour de vous.

5. Puis installez votre espace rituel en disposant les éléments choisis de façon harmonieuse et signifiante pour vous. Créez une atmosphère de recueillement et de beauté simple, qui reflète votre intention.

6. Asseyez-vous devant cet espace et prenez quelques instants pour vous centrer. Respirez profondément en visualisant une lumière dorée qui descend dans votre cœur et s'y loge comme un petit soleil rayonnant.

7. Puis exprimez à voix haute votre intention pour ce rituel de deuil : faire vos adieux, demander la guérison, recevoir un enseignement... Parlez avec authenticité, depuis ce cœur lumineux en vous.

8. Laissez maintenant émerger les émotions liées à cette perte : la tristesse, la colère, la peur, la culpabilité... Donnez-leur une voix, un visage, un geste. Vous pouvez pleurer, crier, trembler... tout est bienvenu dans cet espace sacré.

9. Si des pensées obsessionnelles vous visitent, exprimez-les également sans vous censurer. Votre mental a besoin lui aussi de déposer son fardeau, d'être entendu dans ses ruminations et ses questionnements.

10. Utilisez l'écriture, le dessin ou le collage dans votre journal pour donner forme à ce qui se présente. Considérez ces pages comme un miroir accueillant et sans jugement pour votre expérience intérieure.

11. A un moment donné, vous pouvez effectuer un geste rituel pour signifier le lâcher-prise : brûler un objet symbolique, enterrer une lettre, disperser des fleurs dans une rivière, couper une mèche de cheveux...

12. Vous pouvez prononcer des paroles de gratitude et de pardon, pour la personne disparue ou la situation passée. Même si c'est difficile, essayez de bénir et de remettre à la Vie ce que vous avez perdu, en reconnaissant l'apprentissage reçu.

13. Offrez une prière de votre cœur pour la guérison et la paix de toutes les personnes concernées par cette perte, en vous incluant vous-même. Visualisez que la lumière divine les entoure et veille sur leur chemin.

14. Si des larmes montent à nouveau, laissez-les couler en douceur et recueillez-les dans un bol d'eau claire. C'est l'eau sacrée de votre deuil, qui porte en elle la promesse d'une renaissance future...

15. Lorsque vous sentez que le processus émotionnel et rituel arrive à son terme naturel, remerciez l'Esprit de Vie de vous avoir guidé(e) et soutenu(e) dans cette traversée. Votre perte est une graine dans le grand cycle de l'existence...

16. Vous pouvez clore le rituel en soufflant la bougie, en rangeant les offrandes sur votre autel ou en les confiant aux éléments naturels. Prenez un temps de silence et de respiration consciente pour revenir à vous-même.

17. Effectuez un geste doux envers vous-même - vous caresser le visage, vous enlacer, chanter une berceuse réconfortante... Célébrez la force et le courage de votre cœur dans cette épreuve.

18. Puis reprenez doucement vos activités, en sachant que le chemin du deuil est un processus organique avec ses vagues et ses accalmies. D'autres moments comme celui-ci seront sans doute nécessaires pour traverser toutes les étapes vers la guérison.

19. Mais en honorant pleinement votre perte, en osant vous relier à ce qui est vivant en vous ici et maintenant, vous posez les jalons d'une résilience et d'une renaissance intérieures. Votre cœur s'ouvre à nouveau, différent et enrichi...

Épanouissement Personnel & Relations Harmonieuses

Épanouissement Personnel & Relations Harmonieuses

Exercice 199 — Les constellations familiales en figurines

Description :

Une méthode puissante pour cartographier et rééquilibrer son système familial.

Instructions

1. Réunissez des petits objets symbolisant les membres significatifs de votre famille : figurines, animaux en peluche, galets... Laissez votre instinct guider le choix de chaque élément.

2. Délimitez un espace au sol pour créer le champ de votre constellation familiale. Puis placez-y chaque figurine en fonction de ce que vous ressentez, sans réfléchir. Votre corps sait...

3. Prenez quelques pas de recul pour contempler cette cartographie extériorisée de votre système familial. Observez la distance entre les figurines, leur orientation, les regroupements éventuels...

4. Laissez émerger les dynamiques invisibles qui sous-tendent cette configuration : loyautés, conflits, exclusions, secrets... Votre famille révèle ses lois tacites, ses mémoires enfouies.

5. Si des émotions montent, accueillez-les avec douceur. Vous donnez une voix à ce qui était tu. Sentez aussi la force de vie qui anime chaque membre de ce système, au-delà des schémas difficiles.

6. Guidé(e) par votre ressenti, commencez à déplacer doucement certaines figurines, en ajoutant ou retirant des éléments. Votre intention est d'alléger les nœuds relationnels, d'équilibrer les forces en présence.

7. Ce nouveau paysage familial n'est pas figé. Continuez à l'ajuster jusqu'à ressentir un apaisement intérieur, une justesse dans le placement de chaque figurine. Quelque chose de neuf respire...

8. Quand la constellation vous semble complète, prenez le temps d'honorer chaque membre de votre clan. Accueillez-les dans votre cœur, avec leurs joies et leurs blessures. Votre regard les embrasse tous.

9. Pour clore le rituel, inclinez-vous doucement devant ce système sacré dont vous faites partie. Votre humble travail de reconnaissance contribue à sa guérison et à son évolution.

10. Dans les jours qui suivent, vous pouvez reprendre certains placements, dialoguer intérieurement avec une figurine, célébrer cette nouvelle image de votre famille... L'essentiel est de rester dans une intention de paix.

11. Les constellations sont une voie d'amour et de réconciliation. En changeant votre regard sur votre lignée, vous reprenez votre juste place, bénissant ceux qui vous ont précédés et ceux qui vous suivront...

Exercice 200 — L'ancrage dans "l'ici et maintenant" au cœur du projet
Description :

Une pratique de pleine présence pour vivre son engagement de façon détachée et inspirée.

Instructions

1. Choisissez un projet qui vous tient à cœur (création, relation, objectif...). Observez ce qui résonne en vous quand vous vous le représentez : enthousiasme, peur, doute, impatience ? Accueillez ces mouvements.

2. Puis recentrez-vous dans l'ancrage de l'ici et maintenant. Sentez le poids de votre corps sur le sol, la circulation de l'air dans vos narines... Vous êtes pleinement là, au seuil de l'action à venir.

3. Depuis cet espace présent, visualisez les contours généraux de votre projet, comme une direction à suivre, un horizon à atteindre. Imprégnez-vous de son essence, de sa nécessité profonde dans votre vie.

4. Maintenant, ramenez votre attention sur l'étape juste devant vous. La plus petite action concrète que vous puissiez faire pour avancer. Envisagez-la dans ses détails pratiques, avec netteté.

5. Dès que possible, accomplissez ce premier pas en pleine conscience. Votre mental est focalisé, vos sens en éveil, votre respiration fluide. Vous êtes totalement accordé(e) à votre geste, sans volonté.

6. Célébrez cette avancée, aussi infime soit-elle. Savourez le plaisir simple d'agir en cohérence avec votre être profond. Vous êtes au diapason de vous-même, dans le flux du vivant.

7. Puis revenez au point d'équilibre de l'ici et maintenant, votre centre de gravité. Là où passé et futur s'abolissent, où vos ressources se renouvellent en silence. Respirez l'instant dans sa plénitude.

8. Depuis ce lieu de paix vigilante, projetez-vous vers la suite... Le prochain pas à accomplir se dessine organiquement, avec la grâce de l'évidence. Vous poursuivez votre projet pas après pas, dans un éternel présent.

9. Peut-être essuierez-vous des revers, des doutes, des obstacles ? Accueillez ces défis comme des invitations à revenir à la source de l'instant, à épouser le processus plutôt que le résultat.

10. Votre pratique vous apprend à danser avec les aléas de l'existence. Ni attachement excessif, ni lâcher-prise destructeur : vous trouvez la voie du milieu, un engagement serein et confiant.

11. Quels que soient les détours de votre projet, vous avez pour boussole cette présence à l'instant. Comme la respiration consciente relie le corps et l'esprit, elle unit vos rêves et vos actes en un mouvement harmonieux.

12. Ce projet est l'occasion d'une initiation à la patience et au non-vouloir. Vous réalisez que la clé est de faire de chaque pas un accomplissement en soi, une danse sacrée avec le mystère du vivant.

Exercice 201 — L'EFT des émotions difficiles

Description :

Une pratique de libération émotionnelle combinant l'acupression de points spécifiques et la verbalisation des ressentis, pour se libérer des blocages et retrouver son élan vital.

Instructions

1. Lorsque vous sentez une émotion difficile (peur, colère, tristesse, honte...), prenez un moment pour vous poser dans un endroit calme. Fermez les yeux et respirez profondément.

2. Identifiez l'émotion qui vous habite et évaluez son intensité sur une échelle de 0 à 10. Par exemple : "Je sens de la colère à 7/10". Soyez précis et honnête dans votre ressenti.

3. Formulez une phrase d'acceptation, comme : "Même si je ressens cette colère à 7/10, je m'accepte profondément et complètement". C'est une façon de vous accueillir tel(le) que vous êtes, sans vous juger.

4. Puis commencez à tapoter doucement avec deux doigts le point karaté (côté de la main, sous l'auriculaire), en répétant votre phrase d'acceptation 3 fois. Respirez profondément.

5. Maintenant, tout en continuant à respirer, tapotez 5 à 7 fois chacun des points suivants, en énonçant à voix haute votre ressenti du moment :

6. À chaque point, verbalisez avec des mots simples ce qui vous traverse, comme : "Cette colère dans ma gorge... Cette tristesse dans mon ventre... Cette peur qui me noue les épaules..."

7. Faites plusieurs tours des points en répétant vos phrases, jusqu'à sentir une baisse d'intensité émotionnelle. Vous pouvez adapter vos mots à ce que vous ressentez au fur et à mesure.

8. De temps en temps, reprenez une grande respiration et réévaluez l'intensité de l'émotion sur l'échelle de 0 à 10. Observez les changements subtils, les décalages, les ouvertures...

9. Continuez ainsi jusqu'à descendre à une intensité de 3 ou moins. Si de nouvelles émotions ou sensations apparaissent, intégrez-les dans vos phrases de verbalisation.

10. Lorsque vous sentez un apaisement suffisant, vous pouvez refermer la séquence en tapotant le point karaté et en énonçant une phrase positive, comme : "Je fais la paix avec mes émotions. Je suis en sécurité. Je suis libre."

11. Prenez un temps pour respirer profondément et ressentir les bienfaits de cette pratique dans votre corps et votre esprit. Étirez-vous, buvez un verre d'eau, notez vos observations...

12. Vous pouvez renouveler cette séquence EFT aussi souvent que nécessaire, dès qu'une émotion inconfortable apparaît. C'est un outil précieux pour réguler vos états internes et vous libérer de vos schémas émotionnels limitants.

13. Avec la pratique régulière, vous développerez une plus grande fluidité émotionnelle, une capacité à traverser les tempêtes et à retrouver rapidement votre centre. Chaque libération est un pas vers plus de paix et d'alignement.

Exercice 202 — L'Ancrage du Guerrier Pacifique
Description :

Un enchaînement de postures inspirées du Qi Gong et des arts martiaux, pour activer ses ressources vitales et sa puissance intérieure, au service de la paix en soi et dans le monde.

Instructions

1. Tenez-vous debout, les pieds parallèles écartés de la largeur du bassin. Prenez quelques grandes respirations et étirez-vous de tout votre long, comme pour faire de la place à l'énergie.

2. Pliez légèrement les genoux et imaginez des racines puissantes qui partent de vos pieds et s'enfoncent profondément dans le sol. Ressentez la force et la stabilité qui montent de la terre jusqu'à vous, nourrissant chacune de vos cellules.

3. Placez vos mains devant votre bas-ventre, paumes vers le ciel. Inspirez en étirant vos bras sur les côtés, paumes vers le ciel, comme pour recueillir l'énergie du vaste espace. Puis expirez en ramenant les mains devant le ventre, paumes vers le sol, comme pour faire descendre cette énergie dans votre ancrage. Répétez 3 fois.

4. Joignez vos mains devant votre poitrine, les doigts entrecroisés, et pressez les paumes l'une contre l'autre. Restez dans cette posture de prière intérieure quelques respirations, en cultivant la sensation d'alignement et de centrage. Votre force tranquille rayonne tout autour de vous.

5. Décroisez lentement les doigts et ouvrez les bras devant vous, paumes vers l'avant, dans un geste d'offrande et de protection. Sentez votre espace personnel, votre intégrité que vous affirmez avec douceur et fermeté. Respirez dans votre dos, entre les omoplates.

6. Faites un pas en avant avec votre jambe droite et pliez le genou droit à 90 degrés, dans la posture du guerrier. Votre jambe arrière est tendue, votre bassin stable. Levez vos bras au ciel, paumes vers l'avant, coudes légèrement pliés. Votre regard est clair et votre respiration ample.

7. Restez dans la posture du guerrier pacifique quelques respirations, en savourant votre force et votre souplesse. Vous êtes vigilant sans être tendu, puissant sans être dur, enraciné et ouvert à la fois. C'est votre posture intérieure face aux défis de la vie.

8. Inspirez en redressant la jambe avant et en étirant les bras plus haut. Puis expirez en revenant à la position de départ, les deux pieds parallèles, les bras le long du corps. Prenez un instant pour ressentir l'énergie qui circule en vous, l'ancrage et la présence qui se sont renforcés.

9. Répétez la séquence de l'autre côté, en faisant un pas en avant avec la jambe gauche cette fois. Prenez le temps d'explorer les subtiles différences de sensations, d'ajuster votre posture, de respirer dans les espaces tendus.

10. Pour finir, secouez doucement tout votre corps pour relâcher les tensions et faire circuler l'énergie. Sautillez sur place, étirez-vous dans tous les sens, émettez des sons si vous en avez envie... Sentez la vitalité qui monte du sol et se diffuse jusqu'au bout de vos doigts .

11. Terminez par quelques respirations conscientes, debout ou assis, les yeux fermés. Éveillez une gratitude pour cette pratique qui vous reconnecte à vos ressources intérieures, à votre capacité naturelle de vous adapter avec grâce et courage aux aléas de la vie.

12. N'hésitez pas à refaire cet enchaînement chaque fois que vous sentez le besoin de vous recentrer et de mobiliser votre énergie avec conscience. C'est une pratique courte mais intense, qui peut s'insérer facilement dans votre quotidien.

13. Votre guerrier pacifique intérieur est toujours là, prêt à vous épauler pour traverser les tempêtes et célébrer les éclaircies. Faites-lui confiance, il est votre meilleur allié sur le chemin de la sagesse et de l'accomplissement.

Exercice 203 — L'Ancrage des 5 Éléments
Description :

Un rituel énergétique pour s'ancrer dans les qualités des 5 éléments (terre, eau, feu, air, éther) et retrouver son équilibre intérieur.

Instructions

1. Choisissez un lieu tranquille dans la nature si possible, ou aménagez un espace calme chez vous. Disposez au sol ou sur un autel 5 objets symboliques des éléments : un caillou, un bol d'eau, une bougie, une plume, un cristal par exemple.

2. Asseyez-vous en tailleur devant cet autel improvisé et fermez les yeux. Prenez quelques grandes respirations et visualisez des racines lumineuses qui partent de votre bassin et s'enfoncent dans la terre, vous reliant à son énergie stable et nourricière.

3. Ouvrez les yeux et prenez le symbole de la terre dans vos mains. Ressentez son poids, sa densité, sa texture. Inspirez profondément et visualisez que vous faites monter l'énergie de la terre en vous, vous apportant ancrage, endurance, stabilité. Exprimez votre gratitude à la terre qui vous porte.

4. Reposez l'objet et prenez le bol d'eau. Observez la surface de l'eau, peut-être votre reflet dedans. Ressentez sa fraîcheur, son invitation au lâcher-prise. En respirant, imaginez que l'élément eau diffuse en vous ses qualités de fluidité, d'adaptabilité, de douceur et de bien-être. Remerciez l'eau en vous et autour de vous.

5. Replacez le bol et allumez la bougie avec conscience. Contemplez la flamme, sa danse vibrante. Ressentez sa chaleur qui monte vers votre visage. Inspirez et invitez l'élément feu à raviver en vous la clarté, la passion, le courage et la détermination. Honorez le feu de votre vitalité.

6. Soufflez doucement la bougie et prenez la plume dans vos mains. Effleurez-en votre peau et observez comme elle vibre au moindre souffle. Inspirez et laissez l'élément air vous transmettre ses qualités de légèreté, de liberté, de communication et de connexion. Exprimez votre reconnaissance à l'air qui vous anime.

7. Enfin, saisissez le cristal et portez-le à votre troisième œil, entre les sourcils. Ressentez son énergie subtile, sa pureté. Avec le souffle, invitez l'élément éther à éveiller en vous la clarté, l'intuition, la conscience spirituelle. Remerciez l'éther en vous et autour de vous.

8. Reposez le cristal et fermez à nouveau les yeux. Prenez le temps de ressentir la synergie des 5 éléments en vous, comme un écosystème intérieur équilibré et harmonieux. Visualisez-vous au centre d'une sphère de lumière qui irradie ces qualités dans toutes les directions.

9. Si une affirmation positive vous vient, répétez-la intérieurement quelques fois, pour sceller cet ancrage des 5 éléments. Par exemple : "Ancré comme la terre, fluide comme l'eau, clair comme le feu, libre comme l'air, éveillé comme l'éther, je rayonne ma sagesse unique..."

10. Lorsque vous vous sentez complet, saluez une dernière fois les éléments de la nature avec gratitude. Laissez votre respiration revenir à la normale, bougez doucement vos membres et ouvrez les yeux quand vous êtes prêt. L'énergie des éléments continue de circuler en vous.

11. Vous pouvez laisser votre autel en place et y revenir aussi souvent que vous le souhaitez, pour retrouver cet équilibre intérieur et cette connexion aux forces de la nature qui vous habitent et vous entourent.

12. N'hésitez pas à adapter ce rituel selon votre sensibilité et votre intuition. Vous pouvez par exemple l'enrichir d'un chant spontané, d'un mouvement libre ou d'un temps d'écriture inspirée pour intégrer les messages de votre sagesse élémentaire.

13. Avec la pratique, vous deviendrez de plus en plus familier de ces 5 énergies en vous et pourrez les convoquer d'un simple souffle, d'une simple évocation, pour retrouver votre centre et votre pouvoir intérieur.

14. Célébrez la magie des 5 éléments qui vous composent et vous relient au grand vivant . En mariant leurs qualités, vous réalisez la symphonie unique de votre être, ancrée et inspirée à la fois. Vous êtes une merveille de la nature.

Exercice 204 — Harmonisation émotionnelle par la gamme des soupirs
Description :

Un exercice respiratoire et vocal pour relâcher les tensions émotionnelles bloquées et retrouver fluidité et légèreté intérieure.

Instructions

1. Debout, les pieds enracinés dans le sol, prenez conscience de votre verticalité. Respirez profondément dans le ventre et détendez vos épaules.

2. Fermez les yeux et connectez-vous à une émotion qui vous pèse : tristesse, colère, peur... Sans chercher à l'intellectualiser, localisez où elle se manifeste dans votre corps.

3. Portez votre attention sur cette zone. Imaginez que l'émotion est comme un nuage gris, compact, qui obstrue votre espace intérieur. Acceptez ce nuage, sans jugement.

4. Sur une première expiration, poussez un long soupir, comme un "Ahhhhhhh" qui part du bas-ventre et monte jusqu'au sommet du crâne, en passant par le plexus et la gorge.

5. Répétez ce grand soupir 3 fois de suite, en amplifiant le son, le mouvement. Sentez que le souffle dissout le nuage émotionnel, le fait fondre comme neige au soleil...

6. Enchaînez avec des soupirs plus légers, des "Ohhhhh" qui partent de la poitrine et terminent en douceur sur les lèvres. Comme une brise de printemps qui nettoie les résidus...

7. Terminez par des soupirs subtils, des "Ehhhhh" qui naissent dans la gorge et s'évaporent comme une brume, libérant un parfum de soulagement, de paix retrouvée...

8. Achevez la séquence par 3 grandes respirations silencieuses. Ressentez la légèreté nouvelle, l'espace qui s'est créé en vous. Toute émotion est appelée à être exprimée, affinée...

9. Ouvrez les yeux, étirez-vous, secouez vos membres. Savourez cet état de liberté intérieure. Et rappelez-vous : il y a toujours un soupir salvateur qui vous attend dans les moments de lourdeur émotionnelle.

Exercice 205 — Rituel de renouveau au lever du soleil

Description: Un rituel matinal pour célébrer la naissance d'un nouveau jour, l'éveil de notre être et notre connexion au rythme sacré de l'univers.

Instructions

1. Choisissez un beau matin pour vous lever avant l'aube, idéalement dans un lieu où vous pourrez admirer le lever du soleil - dans la nature, au bord d'un lac, sur une colline...

2. Habillez-vous chaudement et confortablement, emportez une couverture pour vous asseoir, de l'eau, et éventuellement un objet symbolique qui vous relie au sacré (un cristal, une plume, une photo...).

3. Trouvez un endroit paisible où vous installer, face à l'est, là où le soleil va se lever.

4. Asseyez-vous confortablement sur votre couverture, le dos droit, les mains posées sur les genoux ou le cœur. Fermez doucement les yeux et prenez quelques grandes respirations pour vous centrer.

5. Commencez par ressentir la présence de la terre sous vous, solide et nourricière. Imaginez des racines qui partent de votre bassin et s'enfoncent profondément dans le sol, vous ancrant dans la stabilité et la confiance.

6. Puis prenez conscience de l'immensité du ciel au-dessus de vous, encore sombre mais déjà vibrant de la promesse de l'aube. Ressentez votre connexion à cet espace infini, à ce mystère qui vous dépasse et vous englobe.

7. Maintenant, tournez délicatement votre attention vers l'est, là où le soleil s'apprête à faire son apparition. Observez les subtils changements dans le ciel - les nuances de bleu, de rose, d'orange qui commencent à colorer l'horizon.

8. Au fur et à mesure que la lumière grandit, imaginez qu'elle entre par votre troisième œil, entre vos sourcils, et descend progressivement dans votre corps, éclairant chacun de vos organes, chacune de vos cellules.

9. Accueillez cette lumière nouvelle comme un cadeau précieux, une bénédiction qui vient éveiller votre être, activer vos plus hautes potentialités. Ressentez sa chaleur bienfaisante qui vous envahit, son énergie vivifiante qui vous régénère.

10. Lorsque le soleil pointe à l'horizon, ouvrez les yeux et contemplez ce spectacle magnifique, comme si vous le découvriez pour la toute première fois. Émerveillez-vous devant la beauté et la perfection de ce moment, devant le miracle sans cesse renouvelé de la vie.

11. Joignez les mains devant votre cœur en signe de gratitude et de révérence. Remerciez le soleil pour sa générosité, sa constance, sa lumière qui rend toute vie possible. Remerciez l'univers de vous offrir cette nouvelle journée, riche de promesses et d'opportunités.

12. Prenez quelques instants pour formuler une intention ou une prière pour cette journée qui commence. Que souhaitez-vous cultiver, créer,

honorer en ce jour nouveau ? Laissez votre aspiration la plus profonde monter de votre cœur et confiez-la à la lumière du soleil levant.

13. Continuez à respirer calmement en vous imprégnant de la magie de ce moment. Gravez dans votre cœur la beauté, la sérénité, la clarté qui émanent de cet instant suspendu entre nuit et jour. Sentez que vous vous éveillez à vous-même, à votre nature essentielle, lumineuse et illimitée comme le soleil.

14. Lorsque vous vous sentez prêt, refermez doucement ce moment sacré. Vous pouvez chanter un mantra, faire une offrande à la nature autour de vous, ou simplement exprimer votre gratitude en silence.

15. Puis levez-vous en douceur et commencez votre journée en emportant avec vous la bénédiction de l'aube, la force tranquille du soleil levant. Laissez sa lumière imprégner chacun de vos actes, chacune de vos paroles, chacune de vos pensées.

16. Et si au cours de la journée vous sentez que vous vous éloignez de votre centre, de votre clarté, revenez simplement à ce moment de grâce, à cette sensation d'éveil et d'unité. Le lever du soleil est toujours là en vous, prêt à illuminer votre chemin et à réenchanter votre vie.

Exercice 206 — L'accueil bienveillant des polarités intérieures
Description :

Un exercice pour apprendre à embrasser ses différentes facettes intérieures dans une attitude d'acceptation et de réconciliation.

Instructions

1. Installez-vous dans un endroit calme, assis ou allongé confortablement. Prenez quelques grandes respirations et fermez doucement les yeux. Amenez votre conscience à l'intérieur de vous.

2. Identifiez en vous une première polarité, deux aspects contrastés de votre personnalité. Par exemple une part rayonnante, extravertie et une part timide, introvertie. Ou une part créative, audacieuse et une part rationnelle, prudente.

3. Visualisez ces deux facettes de vous comme deux personnages distincts. Observez leur apparence, leur attitude corporelle, leur façon de bouger et de s'exprimer. Écoutez leurs pensées, leurs croyances.

4. Maintenant, imaginez que ces deux personnages se font face et engagent un dialogue. Chacun exprime son point de vue, ses besoins, ses peurs. Encouragez une communication authentique et respectueuse.

5. À travers ce dialogue, cherchez à comprendre la fonction positive de chaque polarité. En quoi la part timide vous protège, vous permet de vous ressourcer ? En quoi la part rationnelle vous aide à cadrer vos élans ?

6. Progressivement, amenez ces deux facettes à voir leur complémentarité. Comment elles peuvent coopérer, s'enrichir mutuellement. Imaginez qu'elles se rapprochent physiquement l'une de l'autre.

7. Visualisez maintenant une lumière dorée qui émane de votre cœur et enveloppe ces deux parties de vous. Une lumière chaleureuse, aimante, qui les invite à s'unifier, à se réconcilier.

8. Lorsque vous sentez que les deux pôles sont prêts, imaginez qu'ils fusionnent l'un avec l'autre, pour ne former plus qu'un seul être. Un être unifié, qui intègre les qualités des deux facettes.

9. Ressentez ce nouvel état intérieur d'unité et de paix. Vous accueillez toutes vos polarités dans une acceptation bienveillante. Vous êtes vaste et multiple, et en même temps profondément Un(e).

10. Achevez la méditation en revenant à votre respiration, en prenant conscience de votre corps. Imprégnez-vous de ce sentiment d'harmonie intérieure, d'accueil inconditionnel de vous-même.

11. Vous pouvez renouveler cet exercice avec différentes polarités au fil des jours. Cultivez envers vous-même une attitude d'acceptation et d'amour inconditionnel. Vos contrastes font votre richesse et votre unicité.

Exercice 207 — Ancrage tellurique et rayonnement céleste

Description :

Une pratique pour s'enraciner profondément tout en se connectant aux énergies spirituelles, unifiant le Ciel et la Terre en soi.

Instructions

1. Tenez-vous debout, pieds nus si possible, les pieds légèrement écartés. Détendez tout votre corps, relâchez les tensions du visage. Fermez les yeux et suivez votre respiration.

2. Visualisez des racines puissantes qui partent de la plante de vos pieds, s'enfoncent profondément dans la terre. Ressentez votre connexion stable, nourricière à la Terre-Mère.

3. Par vos racines, aspirez l'énergie tellurique, cette force régénératrice qui monte dans vos pieds, vos mollets, vos cuisses. Accueillez la présence vivifiante de la Terre en vous.

4. L'énergie tellurique continue sa montée le long de votre colonne vertébrale, dans chacune de vos vertèbres, jusqu'au sommet de votre crâne. Votre corps s'enracine, se solidifie.

5. Maintenant, imaginez une lumière dorée qui descend du Ciel et pénètre par le sommet de votre tête. C'est l'énergie céleste, spirituelle, qui vient à votre rencontre.

6. Ressentez cette lumière subtile qui descend le long de votre colonne, illumine chacun de vos centres énergétiques. Votre âme s'élève, se reconnecte à sa nature divine.

7. L'énergie céleste fusionne avec l'énergie tellurique au niveau de votre cœur. Comme une alliance sacrée entre le Ciel et la Terre, le spirituel et le matériel en vous.

8. De votre cœur rayonne alors une sphère de pure lumière qui s'étend tout autour de vous. Vous irradiez dans toutes les directions la synthèse parfaite du Ciel et de la Terre.

9. Respirez profondément dans cette sphère de complétude, d'unité entre vos polarités. À chaque inspiration la sphère s'étend, à chaque expiration elle se stabilise.

10. Imprégnez-vous de cet état d'être unifié, aligné, où le Divin s'ancre en vous et où votre humanité s'élève à la rencontre du Ciel. Savourez cette sensation d'équilibre parfait.

11. Pour terminer, enracinés et rayonnants, relâchez doucement la visualisation. Gardez la conscience de vos racines à la Terre et de votre connexion au Ciel, de cette verticalité lumineuse.

12. Pratiquez cet exercice régulièrement, en prélude à votre journée ou dans la nature. Cet ancrage et cette élévation vous relient à qui vous êtes vraiment : un pont de lumière entre visible et invisible.

Exercice 208 — L'exercice du témoin éveillé (en situations relationnelles)
Description :

Une pratique de présence et de recul en situations d'interaction, pour ne pas se laisser emporter par ses réactions automatiques.

Instructions

1. Avant une rencontre ou un échange que vous pressentez difficile (professionnel, familial, amical...), prenez quelques instants pour vous recentrer. Respirez profondément et détendez votre corps.

2. Visualisez en vous un espace de conscience vaste et paisible, comme un ciel bleu que rien ne peut altérer. C'est le lieu de votre Présence éveillée, de votre "Témoin intérieur".

3. Imaginez que vous installez confortablement ce Témoin dans un siège un peu en retrait, légèrement au-dessus de la scène relationnelle qui va se jouer. Il est votre allié bienveillant et lucide.

4. Pendant toute la durée de l'interaction, gardez un lien subtil avec ce Témoin, comme un fil lumineux qui relie votre tête à cet espace de conscience. Ancrez-vous dans sa présence apaisante.

5. Dès qu'une tension ou un stress monte en vous, confiez-vous mentalement au Témoin, comme si vous passiez le relais à sa vigilance aimante. Laissez-le observer la situation sans jugement.

6. Depuis ce recul intérieur, repérez les sensations corporelles, les émotions et les pensées qui s'agitent en vous. Constatez-les, sans les réprimer ni vous y identifier. Elles ne sont qu'une infime partie de votre être.

7. Avec l'œil du Témoin, observez aussi l'autre dans sa globalité, au-delà de ses paroles et de ses actes. Percevez son humanité, ses peurs et ses espoirs, comme vous le feriez pour un enfant égaré.

8. Goûtez le soulagement et la liberté de ne pas être englué dans le mental, de ne pas réagir automatiquement... Vous pouvez rester centré(e) dans cette conscience spacieuse, bienveillante et inspirante.

9. Quand des mots ou des actes vous viennent en retour, vérifiez brièvement avec le Témoin leur justesse avant de les offrir. Votre Présence éveillée sait répondre avec une parole de vérité, calme et ferme à la fois.

10. Quoi qu'il arrive pendant l'interaction, laissez le Témoin accueillir l'expérience et l'envelopper d'une conscience aimante. Votre paix intérieure devient inaltérable, votre stabilité contagieuse.

11. Au terme de la rencontre, remerciez votre Témoin éveillé pour son assistance précieuse. Ressentez votre puissance retrouvée, votre souveraineté intérieure. Et réjouissez-vous de cette nouvelle manière d'être en relation.

Exercice 209 — La transmutation alchimique des blessures en forces

Description :

Une pratique pour transformer ses espaces d'ombre et de souffrance en opportunités d'évolution et en trésors de résilience.

Instructions

1. Dans un lieu calme, allume une bougie et installe-toi confortablement près d'elle. Contemple un instant sa flamme et connecte-toi à son pouvoir de transmutation de la matière.

2. Ferme les yeux et convoque le souvenir d'une blessure de vie, un traumatisme passé qui a laissé une empreinte en toi. Évoque les images, les émotions, les sensations liées à cet événement.

3. Accueille cette mémoire souffrante avec une infinie douceur, comme s'il s'agissait d'un enfant apeuré. Offre-lui la chaleur de ta présence, la lumière de ta conscience. Laisse-la s'exprimer sans jugement.

4. Plonge au cœur de l'ombre, dans les recoins les plus meurtris de cette blessure. Ose regarder cette part fragile de toi qui n'a pas encore été entendue, cette innocence enfouie sous des couches de colère ou de peur.

5. En l'exposant ainsi à la lumière du cœur, sens la transmutation à l'œuvre : la glace qui fond, les nœuds qui se délient, les larmes qui lavent... L'amour inconditionnel dissout les impuretés.

6. Des cendres de cette blessure, vois maintenant émerger les premiers bourgeons de nouvelles qualités : la vulnérabilité se mue en sensibilité, la peur en vigilance, la tristesse en empathie...

7. Prends le temps d'identifier et de nommer ces forces vives que la souffrance a paradoxalement permis de cultiver en toi. Telles des fleurs de résilience, elles ont poussé dans la terre sombre de l'adversité.

8. Célèbre ces trésors de sagesse, de force, de compassion que tu as su extraire de la matière première de ton expérience. Honore le chemin d'évolution et d'individuation qu'ils tracent pour toi.

9. Respire profondément et ancre dans ton corps cette alchimie. La blessure n'a pas disparu mais elle est désormais intégrée, au service de ton accomplissement. Sa douleur est devenue sagesse, sa fêlure une ouverture au divin.

10. Partage maintenant ta lumière transmutée autour de toi en l'irradiant dans l'univers. Envoie ton souffle régénéré aux quatre directions. Vois ton rayonnement toucher et apaiser d'autres êtres en chemin...

11. Reviens à toi en douceur, les yeux toujours clos. Psalmodie intérieurement la phrase alchimique : "Solve et Coagula", dissoudre et réunir. Car en toi le plomb lourd des blessures s'est transmuté en or vivant.

12. Pour clore la méditation, souffle la bougie et prononce : "Je suis l'Athanor au creuset duquel toute souffrance devient compassion, toute limitation devient dépassement. Mon chemin est croissance et accomplissement."

Exercice 210 — Le Dialogue Intérieur
Description :

Une pratique d'auto-coaching bienveillant pour clarifier ses pensées, apaiser ses émotions et trouver des solutions créatives en dialoguant avec soi-même par écrit.

Instructions

1. Lorsque vous traversez une situation difficile ou confuse, prenez un moment pour vous poser dans un endroit calme avec un journal et un stylo. Offrez-vous un temps dédié pour explorer votre monde intérieur.

2. Commencez par décrire brièvement en haut de la page la situation qui vous préoccupe, de la manière la plus factuelle et neutre possible. Nommez simplement les faits, sans entrer dans l'interprétation ou le jugement.

3. Puis laissez venir à vous la première question qui émerge face à cette situation. Une question ouverte et bienveillante, qui reflète votre besoin de clarté et de guidance intérieure. Par exemple : "Qu'est-ce que cette situation vient m'apprendre sur moi ?"

4. Écrivez cette question et laissez un espace en-dessous pour la réponse. Puis, en vous connectant à votre sagesse profonde, laissez venir la réponse sous forme d'écriture spontanée. Accueillez ce qui émerge, sans censure.

5. Rebondissez sur cette première réponse pour formuler une nouvelle question, toujours dans un esprit d'ouverture et de curiosité bienveillante. Par exemple : "Comment puis-je m'appuyer sur cet apprentissage pour avancer ?" Écrivez à nouveau la question et laissez la réponse se révéler...

6. Poursuivez ainsi ce dialogue en vous pendant 10-15 minutes, en enchaînant les questions et les réponses. Laissez le fil de l'échange se dérouler naturellement, sans forcer. Faites confiance à votre intuition pour vous guider.

7. Si des émotions émergent pendant l'écriture, accueillez-les avec douceur et validez-les. Vous pouvez les intégrer dans votre dialogue, en demandant par exemple : "Chère tristesse, que cherches-tu à m'exprimer ? De quoi as-tu besoin ?"

8. À tout moment, si vous sentez une résistance ou un jugement monter, respirez profondément et rappelez-vous que vous êtes en train de prendre soin de vous, d'apprendre à mieux vous connaître et vous comprendre. La bienveillance est clé.

9. Au fil du dialogue, vous pouvez sentir des ouvertures se créer, des perspectives nouvelles émerger... Comme si une partie plus sage et aimante de vous donnait à voir des possibilités inédites. Savourez ces moments de grâce.

10. Lorsque vous sentez que le processus arrive à son terme naturel, relisez tranquillement l'échange en surlignant les passages qui vous touchent ou vous inspirent particulièrement. Peut-être y a-t-il là des perles de conscience à conserver...

11. Vous pouvez conclure en remerciant votre sagesse intérieure pour sa présence et ses conseils, en formulant une prière ou une intention positive pour intégrer ses enseignements. Puis refermez le journal en douceur, comme un précieux confident.

12. Cette pratique peut être renouvelée aussi souvent que nécessaire, comme un rendez-vous privé avec votre meilleur coach : votre soi profond . Au fil des dialogues, vous apprendrez à mieux discerner sa voix et à lui faire confiance.

13. Le dialogue intérieur est une voie royale vers la connaissance de soi, l'apaisement émotionnel et la résolution créative des défis de vie. En nous écoutant avec patience et compassion, nous devenons notre propre guide et allié.

Exercice 211 — La Méthode Sedona
Description :

Un protocole puissant pour se libérer rapidement et durablement d'une émotion ou d'une croyance limitante, en l'accueillant pleinement et en l'invitant à se dissoudre d'elle-même.

Instructions

1. Pensez à une émotion désagréable ou une croyance négative qui vous pèse actuellement et dont vous aimeriez vous libérer. Par exemple, une peur, une colère, une tristesse, un doute...

2. Permettez-vous de contacter pleinement cette émotion/croyance. Imprégnez-vous de son énergie, laissez-la vous envahir, sans la retenir ni l'amplifier. Accueillez-la comme une invitée, avec une curiosité bienveillante.

3. Posez-vous la question fondamentale de la Méthode Sedona : "Est-ce que je pourrais laisser partir cette émotion/croyance ?" Ressentez honnêtement ce que cette question éveille en vous, sans forcer de réponse.

4. Si la réponse est "non" ou "je ne sais pas", posez-vous la question suivante : "Est-ce que je pourrais accueillir cette émotion/croyance ?"

Encore une fois, soyez à l'écoute de votre ressenti sincère, même s'il vous surprend.

5. Si la réponse est à nouveau "non" ou "je ne sais pas", demandez-vous alors : "Est-ce que je pourrais au moins accueillir ma résistance à accueillir ou laisser partir cette émotion/croyance ?" Accueillez le "oui", le "non" ou le "je ne sais pas" qui émerge spontanément.

6. En reconnaissant et en permettant ainsi votre résistance éventuelle, vous créez paradoxalement un espace pour qu'elle se dissolve d'elle-même. C'est le principe alchimique de la Méthode Sedona : plus on embrasse ce qui est, plus cela se transforme.

7. Continuez à poser ces 3 questions clés en boucle, en revenant toujours à la première dès que possible. Laissez le processus se dérouler à son rythme, sans chercher à le contrôler ou le forcer.

8. À un moment donné, vous sentirez probablement un déclic intérieur, comme si l'émotion/croyance perdait de sa charge, de son emprise. Quelque chose se détend, s'allège en vous... Savourez cet espace de liberté retrouvée.

9. Vous pouvez accompagner ce processus de relâchement par une respiration consciente, en visualisant que vous expirez l'énergie de l'émotion et inspirez de la lumière, de la paix. Votre souffle devient un allié de la transmutation.

10. Lorsque vous sentez que vous pouvez enfin répondre pleinement "oui" à la question "Est-ce que je pourrais laisser partir cette émotion/croyance ?", prenez un temps pour célébrer et ancrer cette libération. Ressentez la gratitude pour ce travail intérieur et la légèreté nouvelle qui en découle.

11. Vous pouvez clore la séance par un geste symbolique qui reflète cette liberté retrouvée, vous étirer, danser, chanter, sourire à la vie... Puis reprenez doucement vos activités, en savourant cet état d'être plus vaste et lumineux.

12. Cette méthode peut s'appliquer à tout blocage émotionnel ou mental. Plus vous la pratiquerez, plus vous gagnerez en rapidité, en simplicité. Vous découvrirez que la présence aimante à ce qui Est, est la clé de voûte de toute transformation.

13. La Méthode Sedona est une voie directe et puissante vers la paix intérieure, au-delà du "laisser faire" et du "laisser aller". En embrassant nos parts d'ombre, nous révélons notre lumière inaltérable et notre liberté essentielle. Quel précieux cadeau.

Exercice 212 — La pratique du rire libérateur
Description :

Une pratique simple et puissante pour relâcher les tensions, retrouver la joie de vivre et se relier à la source du rire en soi.

Instructions

1. Chaque jour, offrez-vous une session de 5 à 10 minutes de rire intentionnel, le matin au réveil ou en fin de journée. Vous pouvez pratiquer seul ou avec des amis.

2. Tenez-vous debout, les pieds enracinés dans le sol, le corps détendu. Commencez par quelques respirations profondes pour vous oxygéner et vous détendre.

3. Expirez profondément en émettant un son (comme "Ha ." ou "Ho .") depuis le ventre. Sentez que ce son chasse les tensions, libère votre souffle, ouvre votre cage thoracique.

4. Puis laissez un sourire s'esquisser sur votre visage, un sourire qui monte jusqu'à vos yeux. Faites comme si vous étiez la personne la plus heureuse du monde...

5. Commencez à rire doucement, en forçant un peu au début s'il le faut. "Ha, ha, hi, hi, ho, ho..." Laissez le rire monter en puissance, gagner progressivement tout votre corps.

6. Simulez un fou rire, comme si vous veniez d'entendre la blague la plus drôle du monde. Laissez le rire vous secouer des pieds à la tête, sans retenue .

7. Si le mental juge ou contrôle, continuez à rire de plus belle . Riez de votre rire, riez de votre ego qui ne sait plus quoi faire de cet éclat de vie...

8. Autorisez-vous toutes les déclinaisons possibles du rire : gloussements, petits cris, rires sonores, silencieux, saccadés, essoufflés... La palette est vaste.

9. Vous pouvez aussi faire des grimaces, vous chatouiller, sauter sur place, danser... pour amplifier le mouvement du rire. Suivez votre inspiration du moment.

10. Si le rire retombe, repartez de plus belle en exagérant le mouvement. "Ha, ha, ha..." Ne vous censurez pas. Ne réfléchissez pas. Faites confiance au rire pour vous guider.

11. Progressivement, le rire forcé devient naturel. Quelque chose en vous s'abandonne à la joie pure, à la délicieuse absurdité de l'instant. Une énergie jubilatoire vous parcourt.

12. Continuez à rire sans savoir pourquoi, pour le seul plaisir de rire, de plus en plus profondément... Des larmes de joie et de soulagement peuvent se mêler à votre rire...

13. À la fin de la session, laissez le rire s'éteindre naturellement, comme une vague qui reflue. Respirez profondément, ressentez la profonde détente qui émane de vous...

14. Votre corps est délesté, votre esprit apaisé, votre cœur débordant de gratitude... En touchant à la source du rire en vous, vous vous êtes relié à la joie de l'Être.

15. Prenez le temps de savourer cet état vibratoire. Imprimez-le en vous. Tout au long de la journée, ravivez-le dès que vous en sentez le besoin. Le rire est votre ressource.

16. Au fil de la pratique, le rire s'installe en vous comme une respiration naturelle. Vous devenez de plus en plus capable de rire de vous-même, de relativiser, de célébrer la vie.

17. Cette pratique est un remède universel contre le stress, la dépression, le repli sur soi. Un éclat de rire incarne la souveraineté de l'esprit sur la lourdeur de l'ego.

Exercice 213 — La Pratique du Témoin dans l'action

Description :

Un entraînement pour agir depuis un espace intérieur de sérénité et de clarté, au cœur même de l'intensité.

Instructions

1. Choisissez une activité dynamique (sport, danse, marche rapide...) qui sollicite votre corps et votre mental de façon soutenue. L'idée est de vous mettre en situation de défi, à la limite de votre zone de confort.

2. Avant de débuter l'activité, offrez-vous un temps de centrage. Respirez profondément et connectez-vous à cet espace de conscience tranquille en vous, comme un lac sous la tempête. C'est le lieu du Témoin intérieur.

3. Puis élancez-vous dans l'action d'un pas décidé. Restez vigilant aux signaux corporels, aux montées d'adrénaline, aux messages du mental... sans vous y identifier. Vous les observez depuis la position stable du Témoin.

4. Accueillez la brûlure dans vos jambes, les courbatures, le souffle court... Regardez avec amusement les pensées de découragement, les envies d'abandonner. Le Témoin voit tout sans broncher, vaste et silencieux.

5. Au cœur de l'effort, votre ancrage est ce fil de conscience immobile qui ne se laisse pas emporter par le mental. Vous n'êtes pas vos sensations de fatigue ou vos tempêtes intérieures. Vous êtes ce vaste espace d'accueil bienveillant.

6. Si vous "décrochez" de la posture de Témoin, revenez-y en douceur dès que possible. Votre présence s'affine et se stabilise à mesure que vous la sollicitez. Vous gagnez en endurance attentionnelle.

7. Lorsque vous atteignez vos limites, observez avec curiosité ce qui se passe en vous. Votre ego proteste, votre corps se crispe, votre mental résiste ? Le Témoin embrasse tout cela dans sa claire Présence, impassible.

8. Vous pouvez expérimenter des poches de sérénité insoupçonnées, des ressources qui se libèrent depuis cet espace... Peut-être une joie subtile, une confiance tranquille, le goût de vos ressources profondes...

9. Poursuivez ainsi votre activité en maintenant la conscience du Témoin souverain, malgré les turbulences. Votre pratique ouvre un espace de liberté et d'action juste au cœur de l'intensité.

10. Au terme de la séance, prenez le temps d'intégrer cet apprentissage dans le calme. Le Témoin vous a révélé un lieu de stabilité et de permanence en vous, depuis lequel vous pouvez danser avec les défis du monde.

11. Le reste de la journée, veillez à revenir à cette qualité de regard intérieur au cœur des situations stressantes ou inconfortables. La posture du Témoin s'invite dans votre vie comme une alliée précieuse.

Exercice 214 — L'Ancrage des Ressources Positives
Description :

Un rituel pour contacter et "ancrer" dans le corps une émotion ressource, afin de pouvoir la mobiliser en situation de stress.

Instructions

1. Choisissez une émotion ressource qui vous fait du bien et que vous aimeriez pouvoir susciter sur demande : confiance, joie, force intérieure, calme...

2. Revivez un souvenir où vous avez éprouvé intensément cette émotion. Replacez-vous dans le contexte, la situation. Impliquez tous vos sens dans cette évocation.

3. Lorsque l'émotion positive est à son maximum, amplifiez-la dans votre corps. Remarquez où vous la sentez, quelle couleur, quelle texture, quelle température elle aurait...

4. Créez un ancrage physique de cette émotion : un geste discret que vous vous associez (pression du pouce et de l'index, friction du poignet...). Faites ce geste en pleine évocation.

5. Défaites l'ancrage (relâchez le geste) et "rompez l'état" en bougeant vigoureusement. Attendez un peu puis refaites uniquement le geste : constatez que l'émotion revient instantanément.

6. Recommencez les étapes 2 à 5 avec le même souvenir, pour renforcer le lien entre le geste et l'émotion. Votre cerveau établit une connexion neuronale de plus en plus rapide.

7. Dans les jours qui suivent, déclenchez volontairement l'ancrage plusieurs fois par jour, dans des situations variées. Votre geste devient une télécommande fiable pour mobiliser la ressource.

8. Lorsque vous faites face à une situation stressante, déclenchez l'ancrage et laissez la ressource positive vous envahir. Affrontez le défi imprégné de cette force nouvelle.

9. Vous pouvez créer plusieurs ancrages pour diverses émotions ressources, en variant les gestes associés. Vous vous constituez ainsi une "trousse d'urgence" anti-stress personnalisée.

Exercice 215 — L'exercice de gratitude envers ses émotions
Description :

Une pratique d'accueil bienveillant de ses émotions pour les apprivoiser, les écouter et en recueillir les messages et les dons cachés.

Instructions

1. Au cours de votre journée, dès qu'une émotion vous saisit (joie, peur, colère, tristesse...), prenez une pause. Installez-vous dans un endroit calme, fermez les yeux.

2. Plutôt que de réagir à cette émotion, de la juger ou de tenter de la contrôler, accueillez-la avec curiosité et ouverture. Dites-lui intérieurement : "Bonjour, je t'écoute..."

3. Ressentez cette émotion pleinement, sans chercher à la retenir ni à la chasser. Observez les sensations physiques qui l'accompagnent : accélération du cœur, tension, chaleur...

4. Respirez avec elle. Sur l'inspir, laissez l'émotion envahir tout votre corps. Sur l'expir, permettez-lui de se diffuser dans l'espace autour de vous... Continuez pendant plusieurs cycles.

5. Maintenant, adressez-vous à cette émotion comme à un hôte précieux, porteur d'un message essentiel. Demandez-lui : "Que viens-tu m'apprendre ? De quoi as-tu besoin ?"

6. Écoutez sa réponse avec une attention bienveillante. Peut-être cette peur est-elle une invitation à sortir d'une zone de confort ? Cette colère, un appel à poser vos limites ?

7. Laissez l'émotion vous livrer son enseignement intime... Puis demandez-lui : "Quel est le don caché que tu m'offres ? Quelle force ou quelle qualité viens-tu éveiller en moi ?"

8. Imprégnez-vous de la réponse... Votre peur peut cacher un don de clairvoyance, votre colère un don d'affirmation de soi, votre tristesse un don de profondeur...

9. Remerciez cette émotion d'être là, dans toute sa légitimité et son mystère. Remerciez-la de prendre soin de vous, à sa façon. Dites-lui votre gratitude pour ses messages...

10. Ressentez que votre émotion se détend sous l'effet de cette écoute et de cette reconnaissance. Une chaleur douce vous parcourt, un sentiment de paix et de réconciliation...

11. Terminez en revenant à votre respiration. Imprimez en vous cette expérience d'accueil inconditionnel de vos émotions. Goûtez la sérénité et la présence qui en émane...

12. Tout au long de la journée, continuez d'écouter vos émotions dès qu'elles se manifestent. Apprenez leur langage, devenez complice de leurs métamorphoses...

13. Petit à petit, une nouvelle relation à vos états intérieurs s'instaure. Vous n'êtes plus victime de vos émotions mais réceptif à leur sagesse, ambassadeur de leurs trésors...

14. Vous réalisez que chaque émotion, même la plus désagréable en apparence, vient vous rendre plus vivant, plus vrai, plus entier. Toutes font partie de votre écologie intime...

15. En cultivant la gratitude envers vos émotions, vous leur permettez de se transformer naturellement. Vous en faites des alliées, des forces de croissance, des chemins d'éveil...

Exercice 216 — Le Regard Compatissant
Description :

Une pratique contemplative pour purifier son regard et rencontrer autrui au-delà des apparences, dans la vulnérabilité partagée.

Instructions

1. Chaque jour, prenez la résolution d'observer les gens autour de vous avec un regard nouveau, lavé des jugements et des projections habituels. Votre intention est de vous relier à leur humanité profonde.

2. Dans la rue, les transports, au travail... posez sur autrui un regard de compassion. Derrière chaque visage, imaginez un cœur qui bat, aspire au bonheur et craint la souffrance, comme le vôtre.

3. Mettez votre attention sur les signes de vulnérabilité, si infimes soient-ils : un froncement de sourcils, un regard fuyant, une épaule voûtée... Ils trahissent une blessure secrète, une bataille intérieure. Votre regard les enveloppe avec douceur.

4. Au-delà des apparences de force, de froideur ou d'agressivité, imaginez l'enfant intérieur de chaque personne. Cet enfant a soif d'amour, de sécurité. Il fait de son mieux pour être heureux avec les ressources du moment.

5. Lorsque vous surprenez un geste d'attention, un élan de générosité chez quelqu'un, admirez la beauté de son âme. Touché par la grâce d'un sourire, d'un regard lumineux ? Savourez le cadeau .

6. Si une personne vous agace, vous blesse, allez plus loin que votre réaction instinctive. Qu'est-ce que son comportement dit de sa

souffrance ? Votre regard compatissant dissout les malentendus, pacifie votre cœur.

7. Étendez ce regard bienveillant aux animaux, aux végétaux, aux objets... Derrière chaque forme de vie se cache une sensibilité unique. En la contemplant avec les yeux du cœur, vous révélez sa beauté cachée.

8. Le soir, remémorez-vous les visages et les situations qui vous ont touché. Remerciez chacun, connu ou inconnu, de vous avoir aidé à ouvrir votre regard, à élargir le cercle de votre compassion.

9. Au fil des jours, vous développerez le réflexe de ce regard compatissant, qui honore la vulnérabilité de chacun. Vous serez le témoin bienveillant des luttes et des espoirs secrets des êtres... Cette empathie silencieuse est un baume pour le monde.

Exercice 217 — Visualisation purificatrice d'une vague d'amour cosmique
Description :

Une pratique méditative pour se libérer de ses blocages et s'imprégner de la vibration d'un amour universel.

Instructions

1. Installez-vous dans une posture confortable, le dos droit, les mains sur le cœur. Fermez les yeux et ancrez-vous dans votre respiration. Imaginez que vous vous tenez sur une immense plage de sable blanc, devant un océan turquoise.

2. Connectez-vous à toutes vos résistances, vos peurs, vos blessures. Visualisez-les sous forme de plaques sombres et denses réparties dans votre corps, notamment au niveau du cœur.

3. Contemplez à présent l'océan infini devant vous. Il est l'incarnation de l'amour cosmique, de la bienveillance universelle, de la guérison. Ses eaux sont d'un bleu lumineux et vibrant, presque surnaturel.

4. Regardez une immense vague d'eau turquoise se former et se diriger vers vous. Quand elle vous atteint, elle déferle sur vous avec puissance et douceur, comme une coulée d'amour liquide...

5. Sentez ce raz-de-marée d'amour qui imprègne chaque cellule de votre corps. Il purifie votre cœur, dissout les plaques de souffrance, répare les mémoires blessées. Votre corps-âme s'emplit d'une lumière bleue éblouissante.

6. Savourez cette eau sacrée d'amour qui vous traverse et vous régénère de la tête aux pieds. Vous baignez dans un océan de douceur, de paix, de pardon. Chaque blessure se remplit de l'amour inconditionnel du vivant.

7. Observez comme votre cœur s'ouvre et s'épanouit à mesure que vos blindages fondent sous l'effet de cette vague purificatrice. Une énergie nouvelle circule en vous, lumineuse et vibrante. La joie et la gratitude vous envahissent...

8. Ressentez profondément que tout est amour, que vous êtes digne d'amour, entièrement pardonné(e) et réunifié(e). Votre cœur est empli d'une compassion immense pour tous les êtres, à commencer par vous-même.

9. Lorsque vous vous sentez comblé(e) de cette vibration d'amour, remerciez l'océan et préparez-vous à revenir à vous. Soyez conscient(e) que vous pourrez convoquer cette vague d'amour cosmique dès que vous en aurez besoin pour vous guérir et vous ressourcer.

Exercice 218 — L'Écoute Empathique en Binôme
Description :

Un exercice de communication en duo pour s'entraîner à l'écoute empathique et créer un espace de compréhension mutuelle.

Instructions

1. Choisissez un partenaire avec qui vous vous sentez en confiance pour cet exercice intime. Installez-vous dans un lieu calme, assis face à face.

2. Désignez la personne A et la personne B. A commencera à parler, B écoutera en silence pendant 10 minutes. Puis vous inverserez les rôles pour 10 minutes aussi. Fixez une minuterie pour chaque cycle.

3. La personne qui parle (A) est invitée à exprimer ce qu'elle vit, ressent, en toute liberté. L'enjeu n'est pas de "bien parler" mais de se livrer simplement, au plus proche de son expérience.

4. La personne qui écoute (B) s'abstient de commenter, questionner, juger. Son rôle est d'offrir une écoute bienveillante et silencieuse. Son attitude corporelle traduit une réceptivité apaisante.

5. B pratique l'écoute avec tout son être : ses oreilles captent les intonations et les silences; ses yeux observent les expressions du visage et du corps; son cœur s'ouvre pour accueillir un vécu différent du sien...

6. Intérieurement, B cherche à comprendre le monde de A, son cadre de référence. Il s'imprègne de son récit sans l'interpréter, suspend ses a priori. Il écoute comme s'il découvrait une terre inconnue.

7. Si des pensées parasites émergent, B les laisse passer et recentre son attention sur A. Périodiquement, il résume dans sa tête les paroles de A pour vérifier sa compréhension et relancer son écoute.

8. Quand B sent une émotion monter en lui, il l'accueille et respire dedans. Il se laisse altérer intérieurement par le partage de A, sans perdre son ancrage. Son non-jugement est une force tranquille.

9. À la fin des 10 minutes, B remercie A pour sa générosité à livrer une part de lui-même. Puis les rôles s'inversent pour un nouveau cycle d'écoute réciproque.

10. Après l'exercice, les partenaires échangent sur leur expérience : vécu de chaque rôle, qualité de présence ressenti, difficultés éventuelles... Chaque binôme affine ainsi son empathie, clé d'une communication reliante.

Exercice 219 — La pratique du Volontariat conscient
Description :

Un engagement altruiste et régulier dans une cause qui nous tient à cœur, en cultivant des attitudes intérieures de présence et de générosité.

Instructions

1. Choisissez une cause ou un projet associatif qui résonne profondément avec vos valeurs et dans lequel vous sentez que votre contribution sera porteuse de sens (solidarité, écologie, éducation...).

2. Informez-vous sur les possibilités de volontariat au sein de cette structure et sélectionnez une mission concrète où vous pourrez mettre vos talents au service de cette cause. Votre enthousiasme est votre meilleur moteur .

3. Avant chaque séance de volontariat, offrez-vous un temps de centrage pour rencontrer votre motivation profonde. Connectez-vous à la joie et la gratitude de pouvoir contribuer au bien commun, au-delà de votre seul intérêt.

4. Clarifiez votre intention : vous engager avec une présence lumineuse, mettre votre cœur dans vos actes, cultiver la bienveillance avec les personnes rencontrées, agir avec un esprit de service et d'humilité...

5. Durant votre mission, exercez-vous à rester conscient de votre respiration et de vos sensations corporelles. Utilisez-les comme une ancre pour revenir à l'instant présent dès que vous vous sentez dispersé.

6. Imprégnez chacun de vos gestes d'une attention soutenue, comme s'il était porteur d'un enseignement subtil. Appréciez les qualités de la matière, savourez les odeurs, les textures, les couleurs de votre environnement...

7. Quand vous collaborez avec d'autres personnes, entraînez-vous à les regarder avec un regard neuf, par-delà les apparences. Reconnaissez en chacun une étincelle sacrée, un être porteur d'une histoire et d'une sensibilité uniques.

8. En cas de friction, respirez profondément et connectez-vous à votre espace de compassion, de non-jugement. Accueillez chaque situation comme une opportunité de développer votre patience et votre ouverture d'esprit.

9. Si des doutes surviennent, rappelez-vous le sens de votre engagement et la chance de pouvoir contribuer concrètement à un monde meilleur. Le découragement est une invitation à approfondir vos motivations .

10. À l'issue de chaque période de volontariat, offrez-vous un temps de réflexion et d'intégration. Qu'avez-vous appris sur vous-même et sur les autres ? Quelles qualités relationnelles avez-vous eu l'occasion de déployer ou de renforcer ?

11. Le volontariat conscient est une pratique d'éveil à soi et aux autres. Il vous permet d'élargir votre zone de confort, de vous ouvrir à l'altérité, de goûter la joie profonde de la générosité en action. En donnant, vous recevez au centuple.

Exercice 220 — Rituel de gratitude matinal
Description :

Un rituel simple et puissant pour commencer la journée avec un cœur ouvert et reconnaissant, en se connectant à l'abondance et aux bénédictions de la vie.

Instructions

1. Choisissez un moment calme et paisible pour pratiquer ce rituel, de préférence le matin au réveil, avant de commencer vos activités.

2. Asseyez-vous confortablement, le dos droit, les mains posées sur les genoux ou le cœur. Fermez doucement les yeux et prenez quelques grandes respirations pour vous centrer.

3. Commencez par ressentir la présence de votre corps, le miracle de votre incarnation. Remerciez la vie de vous avoir accordé ce corps, ce véhicule précieux qui vous permet de faire l'expérience du monde.

4. Portez votre attention sur votre souffle, ce flux constant qui vous relie à la source de toute vie. Ressentez la gratitude pour l'air que vous

respirez, pour vos poumons qui se gonflent, pour le don renouvelé de chaque inspiration.

5. Maintenant, passez en revue les différents aspects de votre vie et laissez émerger un sentiment de reconnaissance pour chacun d'eux. Votre toit, votre lit douillet, l'eau chaude, la nourriture dans votre frigo...

6. Élargissez ce sentiment de gratitude à vos relations - votre famille, vos amis, vos collègues bienveillants. Ressentez la chance d'être entouré, soutenu, aimé. Dites merci pour chaque sourire échangé, chaque geste d'attention.

7. Reconnaissez avec gratitude vos talents, vos forces, vos qualités uniques. Votre créativité, votre compassion, votre résilience... Tous ces dons qui font de vous un être merveilleux et précieux.

8. Etendez votre gratitude aux défis et aux difficultés que vous traversez actuellement. Même s'ils sont inconfortables, ils vous offrent une opportunité d'apprendre, de grandir, de révéler votre potentiel.

9. Terminez en visualisant votre journée à venir comme un cadeau inestimable, une page blanche sur laquelle vous allez pouvoir créer, aimer, vous émerveiller. Dites oui à cette nouvelle journée avec un cœur empli de gratitude.

10. Pour clore le rituel, vous pouvez allumer une bougie, faire une offrande symbolique ou simplement joindre les mains en signe de reconnaissance et de grâce.

11. Prenez un instant pour savourer cet état vibratoire de gratitude. Imprimez-le dans chaque cellule de votre corps, dans le sanctuaire de votre cœur.

12. Puis rouvrez doucement les yeux et commencez votre journée en emportant avec vous cette attitude d'ouverture et d'émerveillement. La gratitude est la clé qui transforme l'ordinaire en extraordinaire, qui révèle la magie et le sacré dans chaque instant.

Exercice 221 — L'écriture d'une lettre de gratitude vivante (à transmettre)

Description :

Un exercice épistolaire pour exprimer sa gratitude de manière authentique et touchante à un être cher.

Instructions

1. Choisissez une personne envers qui vous ressentez une profonde reconnaissance, que vous avez peut-être négligé de remercier pleinement. Prenez une feuille, un stylo et installez-vous dans un lieu propice à l'intériorisation.

2. En haut de la page, commencez votre lettre par une salutation chaleureuse et personnalisée qui capte l'essence de votre relation. Par exemple : "À toi, mon ami fidèle et lumineux..."

3. Puis plongez-vous dans vos souvenirs et remémorez-vous des instants précis où cette personne vous a particulièrement touché(e), inspiré(e), soutenu(e). Revivez ces scènes et les émotions associées.

4. Retranscrivez sur le papier ces "tranches de vie" en les agrémentant de détails évocateurs (un lieu, une image, une sensation...) qui rendent votre témoignage vivant. Votre gratitude s'incarne dans des exemples concrets.

5. Pour chaque scène évoquée, nommez les qualités profondes que la personne a manifestées (générosité, humour, présence, courage...) et la façon dont ces qualités vous ont nourri(e). Soyez précis et parlant.

6. Décrivez ensuite l'impact que cette personne a eu sur votre vie, sur votre évolution. En quoi vous a-t-elle fait grandir, mûrir, guérir ? Qu'a-t-elle éveillé ou confirmé en vous ? Quel homme/femme êtes-vous devenu(e) grâce à elle ?

7. Au fil de votre écriture, verbalisez vos sentiments avec authenticité, osez une parole du cœur sensible et vulnérable. Vous pouvez ponctuer votre témoignage d'images poétiques, de métaphores qui "donnent chair" à votre gratitude.

8. Pour finir, réaffirmez à cette personne combien elle compte pour vous et formulez des vœux bienveillants à son égard (santé, bonheur, réalisation de soi...). Votre gratitude se prolonge dans un élan de générosité.

9. Terminez par une salutation qui ouvre sur un avenir de votre relation, comme une promesse d'amitié et de gratitude renouvelée. Par exemple : "Avec toute mon affection, en chemin à tes côtés..."

10. Glissez votre lettre dans une enveloppe personnalisée et offrez-la en main propre à son destinataire, au moment opportun. Ou bien osez la lui lire de vive voix, les yeux dans les yeux... Votre vulnérabilité est votre force .

11. Vous pouvez rédiger une lettre de gratitude vivante à chaque fois que votre cœur déborde de reconnaissance. C'est un art de célébrer la beauté de vos liens, de raviver la mémoire du cœur.

Exercice 222 — Les Actes de Gentillesse Aléatoires (AGA)
Description :

Une pratique ludique et généreuse pour semer des graines de joie et de bienveillance dans le monde, en réalisant chaque jour des gestes d'attention gratuite envers des inconnus.

Instructions

1. Chaque matin au réveil, prenez un instant pour vous connecter à votre cœur et formulez une intention positive pour la journée, comme "Aujourd'hui, je choisis d'apporter de la joie autour de moi" ou "Aujourd'hui, je serai un rayon de soleil pour les autres".

2. Puis laissez votre créativité imaginer un Acte de Gentillesse Aléatoire que vous pourriez réaliser dans la journée, envers une ou plusieurs personnes inconnues. Par exemple : offrir un café à la personne suivante dans la file, laisser un mot doux sur un banc, aider un passant à porter ses courses...

3. Vous pouvez aussi préparer à l'avance des petits cadeaux à distribuer (fleurs, gâteaux, mots inspirants...) ou avoir dans votre sac des objets facilitateurs de gentillesse (parapluie, barres chocolatées, pièces pour un parcmètre...). Soyez créatif (ve) .

4. Au fil de la journée, restez attentif (ve) aux opportunités d'AGA qui se présentent spontanément. Peut-être un sourire à offrir, une porte à tenir, un compliment à faire... Chaque instant est une invitation .

5. Lorsque vous réalisez votre AGA, faites-le avec le cœur, sans attente de retour ou de reconnaissance. Votre récompense est le plaisir d'offrir, la joie de contribuer au bien-être d'autrui. Savourez la douceur de cet élan altruiste...

6. Si possible, réalisez votre AGA de manière anonyme ou discrète, tel un ninja de la gentillesse. Vous pouvez aussi choisir des destinataires qui ne pourront pas vous remercier - comme glisser un dessin dans la boîte aux lettres d'un voisin absent, ou déposer une offrande aux pieds d'un arbre...

7. En cultivant ainsi votre muscle de la générosité, vous développerez petit à petit une vision plus ouverte, interconnectée et aimante du monde. Vous réaliserez combien chaque geste compte, combien la gentillesse est une force transformatrice puissante .

8. Le soir venu, prenez un temps pour noter dans votre journal les AGA réalisés, ainsi que vos ressentis et vos découvertes. Célébrez les sourires échangés, les étincelles allumées, la joie semée... Chaque AGA est un petit miracle d'humanité .

9. Cette pratique peut se vivre sur un jour, une semaine ou même un mois entier. Vous pouvez aussi la partager avec des amis pour créer un cercle vertueux de gentillesse, et assister avec émerveillement à ses effets ricochet...

10. La gentillesse est un art de vivre, une manière d'être au monde qui illumine à la fois celui qui donne et celui qui reçoit. En réveillant votre générosité innée, vous révélez la plus belle part de vous-même et inspirez les autres à faire de même. Osez la gentillesse.

Conclusion

Nous voici au bout des pages de ce livre, mais certainement pas au bout du chemin. Les 222 pratiques que tu viens de parcourir ne sont pas des cases à cocher : ce sont des portes entre-ouvertes. Choisis-en une, pousse-la doucement, puis entre ; reviens quand le besoin s'en fait sentir, repars quand l'élan t'appelle ailleurs. À force de passages, tu verras que la sagesse ne dort pas dans l'encre de ces lignes : elle circule dans chaque souffle attentif, dans chaque regard que tu offres, dans le moindre geste qui remet de la conscience au cœur du quotidien.

Pense à ce livre comme à une carte griffonnée plutôt qu'à un itinéraire balisé. Oriente-la à ta façon, colorie-la de tes humeurs ; sa valeur naît de la vie que tu lui insuffles. Un merci silencieux, une respiration profonde, un sourire donné sans raison – ces détails infimes déplacent déjà des montagnes intérieures. C'est ainsi que la théorie se fait chair : pas en proclamant de grandes résolutions, mais en répétant de petites victoires discrètes, jour après jour.

Alors, quelle sera ta prochaine étape? Peut-être partager une pratique avec un ami, peut-être inventer ton propre rituel, peut-être simplement fermer les yeux et sentir le miracle de l'air qui entre et qui sort. Peu importe. Souviens-toi seulement que ta présence transforme l'espace, et que vivre – vraiment vivre – est déjà un acte de création.

À toi de jouer !

Pour aller plus loin:

Jung, C. G. (1964). Man and His Symbols. Doubleday.

Cameron, J. (1992). The Artist's Way: A Spiritual Path to Higher Creativity. Tarcher/Putnam.

Bois, D. (n.d.). Méthode Danis Bois : Harmonisation somato-psychique.

Meyer, R. (n.d.). Psychothérapie intégrative : Principes et pratiques.

Lowen, A. (1990). Bioénergie : Thérapie corps-esprit (trad. française).

Rosenberg, M. B. (2003). Nonviolent Communication : A Language of Life. PuddleDancer Press.

Craig, G. (1995). The EFT Manual. Energy Psychology Press.

Dwoskin, H. (2003). The Sedona Method : Your Key to Lasting Happiness, Success, Peace & Perfect Health. Sedona Training Associates.

Hew Len, I. & Vitale, J. (2007). Zero Limits : The Secret Hawaiian System for Wealth, Health, Peace, and More. Hay House.

Usui, M. (n.d.). Le Reiki : Histoire, Nosoki & Application pratique.

Gawain, S. (1994). Creative Visualization. New World Library.

Roth, G. (1998). Maps to Ecstasy : Teachings of an Urban Shaman. Harmony Books.

Grof, S., & Grof, C. (Éds.) (2010). Holotropic Breathwork : A New Approach to Self-Exploration and Therapy (2e éd.). State University of New York Press.

Kabat-Zinn, J. (1990). Full Catastrophe Living : Using the Wisdom of Your Body and Mind to Face Stress, Pain and Illness. Delta.

Bô Yin Râ. (1989). Les Veillées Sacrées. Adyar.

Tolle, E. (1997). The Power of Now : A Guide to Spiritual Enlightenment. New World Library.